LOCUS

LOCUS

LOCUS

LOCUS

mark

這個系列標記的是一些人，一些事件與活動。

mark 061

搖滾記 Chronicles, volume one

作者：巴布・狄倫(Bob Dylan)
譯者：吳貞儀
責任編輯：陳郁馨
法律顧問：全理法律事務所董安丹律師
出版者：大塊文化出版股份有限公司
www.locuspublishing.com
台北市105南京東路四段25號11樓
讀者服務專線：0800-006689
TEL: (02) 87123898 FAX: (02) 87123897

郵撥帳號：18955675
戶名：大塊文化出版股份有限公司

總經銷：大和書報圖書股份有限公司
地址：台北縣五股工業區五工五路二號
TEL: (02) 8990 2588 FAX: (02) 22901658

初版一刷：2006年11月
初版 3 刷：2015 年 9月

定價：新台幣320元

Printed in Taiwan

搖滾記

[BOB DYLAN 自傳]

著— BOB DYLAN
譯— 吳貞儀

寫下分數

❶

[MARKIN' UP THE SCORE]

「里茲音樂公司」的老闆路・雷維帶我搭上計程車，前往西七十街去看超小型錄音室「阿波羅神殿」，就是在這家錄音室裡，比爾・哈利的彗星樂團錄製了〈全天候搖滾〉一曲。接著，我們前往傑克・丹普西的餐廳，位於五十八街和百老匯街的路口。我們坐進餐廳裡有椅墊的小包廂，面對前窗。

雷維把我引介給餐廳老闆，優秀的拳擊手傑克・丹普西。丹普西對我揮了揮拳頭。「你看起來太瘦弱，不像重量級的選手。要吃胖一點。還要穿好一點，打扮時髦些；雖然拳擊場上其實用不著怎麼打扮。然後，別擔心出手太重。」

「傑克，他不是拳擊手，他是寫歌的人。我們要替他出唱片。」

「喔，這樣啊。那麼，希望很快能聽到你的作品。祝你好運，小夥子。」

外面颳著風，雲影疏落。雪花在掛著紅燈籠的街道上飄著。形形色色的都會人群，全身裹緊，戴著兔毛耳罩的小販叫賣著小玩意兒。還有人在賣栗子。蒸汽從下水道排水口的孔洞冒出來。

這些都不重要。我剛剛和里茲音樂公司簽下合約，授權他們出版我的歌，不過作品沒多少就是了。我寫的作品還不多。雷維為了說服我簽約，答應從版稅中預支一百元美金給我，我說好。

當初是哥倫比亞唱片公司的約翰・漢蒙帶我去找雷維，並請他照顧我。漢蒙只聽過我的兩首曲子，但他有預感我會寫出更多。

回到雷維的辦公室後，我打開樂器盒，拿出吉他，開始撥弦彈奏。這個房間亂七八糟，一箱又一箱樂譜堆積如山，布告欄上貼著歌手的錄音日期，到處是黑膠唱片、貼了白色標籤的母帶，以及藝人的簽名照和畫像，譬如傑瑞・維爾、艾爾・馬汀諾、安德魯斯姊妹（姊妹之一嫁給了雷維）、納・京・高、派蒂・佩吉、平頭合唱團。另外，有兩台盤帶錄音機控制台，和一張堆滿雜物的深褐色大型木質工作桌。雷維放了一支麥克風在我面前的桌上，並把線路插進其中一台錄音機。做這些事兒時，他嘴裡一直叼著根廉價外國粗雪茄。

「約翰對你寄予厚望。」雷維說。

雷維口中的約翰就是約翰・漢蒙。這位偉大的星探發掘了好些個在音樂史上占有舉足輕重地位的重量級藝人，譬如比莉・哈樂黛、泰迪・威爾森、查理・克里斯汀、凱伯・凱洛威、班尼・古德曼、貝西伯爵、萊諾・漢普頓等人；這些藝人創作出了引起美國人共鳴的音樂，漢蒙則把這些藝人介紹給社會大眾認識。漢蒙甚至親自指揮貝熙・史密斯最後幾場錄音。漢蒙自己就是個傳奇人物，不折不扣的美國精英。他母親出身范德比爾特家族，漢蒙在上流社會長大，從小生活安逸，但他並不就此滿足，卻勇於追求他所熱愛的音樂事業，特別偏好節奏感十足的熱爵士、靈歌和藍調，並且一輩子支持與捍衛這些類型的音樂。誰都擋不住他，而他也沒有多餘的時間可以浪費。坐在他辦公室的我，不敢相信他把我簽給了哥倫比亞唱片；把這件事說給別人聽，別人會以為是瞎掰。

那時哥倫比亞是全美頂尖的老牌唱片公司之一，對我來說，能踏進哥倫比亞的大門就夠不得了了——因為民謠音樂被看成低劣而次等的作品，只有小唱片公司才會發行，大唱片公司只為精英大牌出唱片，而且只出版消毒過的淨化音樂。除非遇到極為特殊的狀況，否則像我這樣的歌手絕對進不了大門。但漢蒙就是與眾不同，他不做青少年音樂也不捧偶像藝人，卻很有眼光和先見之明。他看過也聽過我的表演，對於我的想法有感覺，對於我的未來發展有信心。他說他把我看成一個延續了藍調、爵士和民謠傳統的人，而不是某個走在尖端的天才新秀。我其實沒有走在什麼尖端。五〇年代末、六〇年代初的美國樂壇頗為沉寂，大眾電台可說處於停滯狀態，只聽得到空洞的插科打諢。還要再過幾年，「披頭四」、「何許人」和「滾石」等樂團才會為樂壇注入新意和活力。我那時唱的是火藥味濃厚的艱澀拗口民謠，不需要做民意調查都知道我的歌曲不是電台播放的音樂類型，而且不利於商業行銷。但漢蒙告訴我，他不把電台和商業利益放在心上，他說他了解我作品的涵義。

「我知道什麼叫做誠懇。」說這話時，漢蒙的口吻強悍而大剌剌，但眼中閃著讚賞的光芒。

他不久前把彼特・席格引進哥倫比亞唱片。席格其實不是漢蒙發掘的。席格出道多年，是頗受歡迎的民謠樂團「織布工」的成員，在麥卡錫年代被列入黑名單，吃了苦頭，不過席格從來沒有中斷他的音樂工作。漢蒙談起席格時顯得憤憤不平，他說席格的祖先搭「五月花號」來到美國，他的親戚打過碉堡山戰役，看在老天爺份上，「你能想像嗎，那些王八蛋竟然把他列入黑名單？真該把他們抓來好好教訓一下。」

「我跟你說真的，」漢蒙對我說：「你是個有才華的年輕人，假如你能專心發揮才華，並且好好兒把握住，你是會成功的。我要帶你入行，替你出唱片。我們等著瞧。」

這樣就夠了。他把一份合約擺在我面前，標準形式的合約。我當場簽名，瞧也不瞧條文細節——我不需要律師、顧問或任何人幫我看過合約，他放任何表格在我面前，我都會欣然簽字。

他看著月曆，指著某個日子並把它圈起來，告訴我幾點鐘來錄音，然後要我回去考慮我要唱什麼。然後他叫宣傳部主任比利・詹姆士進來，請他幫我寫宣傳文字和給新聞媒體使用的個人資料。

詹姆士一身長春藤名校的穿著風格，看起來像個畢業於耶魯大學的人。他中等身高，一頭黑色捲髮，看起來像從來沒因嗑藥而恍惚，也沒惹過任何麻煩。我漫步走進他辦公室，在辦公桌對面坐下，而他試圖讓我吐露些真心話，一副我應該對他掏心掏肺的樣子。他拿出筆記本和鉛筆，問我打哪兒來，我說我來自伊利諾州，他把我的話記下。他問我有沒有做過其他工作，我說我做過十幾個工作，開過麵包店送貨卡車；他又記下，然後問我還有沒有別的，我說我當過建築工，他問我在哪裡做的。

「底特律。」

「你到處跑？」

「對。」

他問我家裡的情形，家人在哪裡。我說我不知道，他們已經去世很久了。

「你以前和家人感情好嗎？」

我告訴他我被父母趕出家門。

「令尊做什麼職業？」

「電工。」

「令堂呢？」

「家庭主婦。」

「你演唱哪一種音樂？」

「民謠音樂。」

「民謠是什麼樣的音樂？」

我說民謠就是前人留下來的歌。我很討厭這類的問題，覺得可以不予理會。詹姆士看起來對我沒什麼信心，我無所謂。反正我也不想回答他的問題，我覺得沒有必要對任何人解釋任何事。

「你是怎麼來到這裡的？」他問我。

「我搭載貨火車。」

「你是說載客火車？」

「不，是運載貨物的火車。」

「你是指，像貨車車廂那種？」

「對，像貨車車廂。就是載貨火車。」

「好，載貨火車。」

我把視線移開，越過詹姆士，越過他的椅子和他背後的窗戶，到對街的一棟辦公大樓。

我看到那裡有個外型搶眼的女祕書坐在辦公桌旁振筆疾書，十分入神。她看起來一本正經，我真希望我手上有望遠鏡。詹姆士問我，我認為自己像當今歌壇的哪個藝人。我說，我誰都不像；這是實話，我真的不認為自己像任何人——這句話之外的其他話都是鬼扯。

我根本不是搭運貨火車來的，而是乘著一輛五七年的四人座雪佛蘭「Impala」從中西部而來——我從芝加哥出發，離開那個鬼地方，一路疾駛，行經煙霧瀰漫的城鎮、蜿蜒公路和白雪覆蓋的野地，向前行，往東穿過州界，俄亥俄州、印第安那州、賓州。車子二十四小時不停，我大多數時間都在後座打盹和閒聊。我惦記著那些藏在心底的音樂……最後車子跨越喬治華盛頓大橋。

我搭的這輛大車在橋的一端停下，放下我。我甩上車門，揮手道別，踩著堅硬的積雪。刺骨寒風迎面襲來，我終於來到紐約市；這個城市是一難解的複雜網絡，但我不打算去了解它。

我來，是為了尋找幾個我聽過他們唱片的歌手：大衛・范・朗克、佩姬・席格、艾德・麥克迪、布朗尼・麥吉、桑尼・泰瑞、喬許・懷特、新墮落城市浪人、蓋瑞・戴維斯牧師等人——最重要的是，我想來找伍迪・蓋瑟瑞。紐約將會改變我的命運。這兒，是現代的蛾摩拉。我站在起點，但我一點都不是生手。

正值寒冬，城市裡的主要幹道都被積雪覆蓋。但我來自飽經霜雪之害的北地，眼前這地球一小角落的黝暗樹林和結冰道路是嚇不倒我的。我可以超越極限。我追求的不是金錢或愛情，我有高度清醒的心靈，蓄勢待發，不切實際且懷抱春秋大夢。我的心意如同羅網般堅定，不需要任何人向我擔保我的夢想會實現。在這陰暗且冰天雪地的大都會，我一個人也不認識，但事情將會改變——而且很快就會改變。

「啥?咖啡館」位於格林威治村中心的麥杜格街。這咖啡館是個地下洞穴，不賣酒，燈光晦暗，天花板很低，像個有桌有椅的寬敞食堂——它中午開店，凌晨四點打烊。有人教我到這兒找一個名叫弗瑞迪・尼爾的歌手，他負責安排「啥?」的日間節目。

我找到了地方，聽人說尼爾在地下室的衣帽間;我就在衣帽間見到他。尼爾是節目主持人，還負責管理所有表演者。他人很好。他問我做什麼樣的表演，我說我唱歌、彈吉他，也吹口琴。他叫我隨便表演點東西來看看。我差不多表演了一分鐘，他說我可以在他的時段吹口琴。我欣喜若狂。至少有個地方避寒了，真不錯。

尼爾演奏大約二十分鐘，然後介紹其他演出者上場。接下來，他會隨興回到台上，只要他高興，只要店裡客滿。那些表演節目的結構鬆散，技巧不夠純熟，有點像熱門電視節目《泰德・麥克業餘表演秀》。觀眾主要是大學生、郊區居民、午休的祕書、水手和觀光客。每位表演者演出十到十五分鐘，尼爾則自己決定他高興表演多久，全看靈感能讓他持續多久。尼爾的表演流暢，而他的穿著保守，他總是板著一張臉，露出謎樣的凝視眼神，氣色紅潤，滿頭捲髮，不管有沒有麥克風都以憤怒且強力的男低音唱出足以震動屋子的藍調音階。他是這裡的皇帝，甚至擁有自己的後宮和樂迷。他可望而不可及，地球繞著他運行。幾年後，尼爾將會寫出熱門歌曲〈大家都在講〉。我沒有自己的演出時段，都是在尼爾唱歌時幫他伴奏。這兒，是我在紐約開始固定演出的地方。

「啥？」咖啡館的日間節目是個大雜燴，什麼人都能上台，什麼表演都可以做：有人做單口相聲、表演腹語、打鋼鼓、吟詩，有個女演員專門表演模仿秀，有一組演唱百老匯歌曲的二重唱，有個魔術師從帽子裡變出兔子，有個纏頭巾的傢伙對觀眾表演催眠，還有人表演臉部特技——打算進入演藝圈的各路人等，這裡應有盡有。但沒有誰的表演能改變你對世界的看法。我不會為了看尼爾的表演而付出任何代價。

到了大約晚間八點鐘，日間雜耍團結束，專業表演者上場。譬如李察．普萊爾、伍迪．艾倫、瓊．瑞佛斯、藍尼．布魯斯等脫口秀藝人，以及像「旅人」這類的商業性民謠樂團紛紛登台。白天那些人都離開了。白天表演者裡面有個用假音說話的小提姆，他彈四弦琴，並裝出女聲唱二〇年代經典曲目。我和他聊了幾次，問他附近還有哪兒可以表演，他說他有時在時報廣場一個叫「赫伯跳蚤馬戲團博物館」的地方表演。後來我也接觸了那個地方。

那些想上台表演的乞丐群老是來騷擾尼爾，給他壓力。其中最可悲的人物要算是一個叫「屠夫比利」的人了。他看起來像是個從惡夢暗巷中走出來的人物，老是演奏同一首歌〈高跟運動鞋〉，彷彿對藥物上了癮似的。尼爾通常會在白天某個時間讓他上台，多半是沒有觀眾的時候。而比利每一次唱歌前總是要說相同的話：「這首曲子獻給你們這些小妞。」他的大衣太小，胸間的鈕扣綳得很緊。他很神經質，以前待過精神病院，還曾經在牢房燒過床墊。什麼樣的慘事比利都碰過。他和誰都會起衝突，但他倒是把那首歌唱得不錯。

另一個受歡迎的傢伙，身穿牧師服，腳踩飾有小鈴鐺的紅頭靴子，把聖經裡的典故拿來加油添醋一番。這裡還有個「月狗」，他是個看不見的詩人，常常睡在街頭，頭戴海盜頭盔，身披毯子，腳下是毛皮高統靴。月狗的表演是單口獨白，並吹口哨、演奏和竹笛。他大都在四十二街表演。

那裡的歌手之中，我最喜歡凱倫・達頓。這位白人女子是個藍調歌手兼吉他手，個性古靈精怪，身材修長，姿態撩人。其實我以前就見過她。前一年夏天，我在丹佛附近一個山中小城的民歌俱樂部裡見過她。她的聲音像比莉・哈樂黛，吉他彈得像吉米・瑞德，而且一直保持同樣的風格。我和她合唱了幾次。

尼爾很努力為多數的表演者安排演出，也儘可能和所有人維持友善關係。店裡有時莫名其妙空蕩蕩的，有時半滿，有時突然湧進人潮，還有人排隊等著進來。尼爾是這裡的老大，主要的號召，招牌上寫著他的名字，所以很多人可能是來看他的吧。我不知道。他彈奏一把厚重的大型吉他，不時敲打它，節奏銳利而活潑——他一個人就是一個樂團，歌聲鏗鏘。他把昔日服勞役的犯人們所唱的歌曲加以變化，並以濃烈方式演唱，觀眾聽得近乎瘋狂。我聽過他的一些傳聞，有人說他是四海為家的水手，說他在佛羅里達州有一艘小艇，有人說他是地下警察，與幾名妓女關係友好，說他有一段神祕的過去。他出現在田納西州的納許維爾，抛出幾首他寫的歌，然後來到紐約蟄伏，等待機會賺大錢。不管實情如何，都不是什麼了不起的故事。他似乎胸無大志。我們很合得來，完全不談私事。他和我很像，對人保持禮貌但不過度友善，他會在一天的事情結束後給我零用錢，說道：「拿去……免得你遇上麻煩。」

不過，和他一起工作最棒的地方，完全是在飲食方面——薯條和漢堡任我取用。小提姆和我會在一天裡的某個時候走進廚房閒晃，這時廚師諾伯往往已經做好了油滋滋的漢堡等著我們，或者是讓我們打開罐頭裝的豬肉燒豆或義大利麵，下鍋熱來吃。諾伯是個怪胎，身上穿的圍裙沾上了蕃茄醬印漬，多肉的臉龐線條堅毅，雙頰圓鼓鼓，臉上的疤像爪痕。那自認很有女人緣的他，正在存錢，打算去義大利的維洛納造訪羅密歐與茱麗葉的陵墓。那個廚房，像一個在崖壁上鑿出的洞穴。

一天下午我在廚房裡，把可樂從牛奶壺裡倒入玻璃杯中，這時我聽到收音機傳出一陣清新的歌聲，那是瑞奇·尼爾森在唱他的新歌〈旅人〉。尼爾森用平和的手法表現快拍，而他的唱法也很柔和。他和別的青少年偶像不同，他有一個很棒的吉他手，彈奏風格融合了大眾酒吧紅牌樂手和鄉村舞會小提琴手的手法。尼爾森從來不是大膽的創新者，不像早期歌手唱歌時像是在駕駛一艘著了火的船；他在演唱時不會唱到渾然忘我，把自己掏空，聽者絕不會誤以為他是巫師。感覺上，他的忍耐力從未被挑戰至極限，但這不重要。他唱歌時冷靜平穩，彷彿泰山崩於前，他身旁的人已經站不穩了，他還是面不改色。他的聲音帶有一絲神祕氣息，引人陷入某種情緒。

我一直是尼爾森的歌迷，然而他那種音樂已漸趨式微，沒有機會成大器。這種音樂沒有未來，它只是一種錯誤。真正不會錯的，是比利·萊恩斯的鬼魂；「在山裡大肆搜尋，站在開羅東邊，黑貝蒂啦啦啦。」那可不是錯誤，那是深入人心的東西。這種東西會使得你質疑自己的根本信念，會把人心撕裂，並擁有精神力量。尼爾森一如往常唱著漂白過的歌詞。這些歌詞或許是為他量身定做的，不過我會覺得跟他很親近。我們年紀相仿，也許喜歡同樣的事物，然而同一世代的我們擁有截然不同的生活經驗：他在西部看著適合全家觀賞的電視節目長大，彷彿是在梭羅筆下萬物美好的華爾騰湖畔出生成長；至於我，我則來自黑暗的惡魔叢林。同樣是森林，只不過我們看事情的角度不同。我很能了解尼爾森的才華，我覺得我和他有很多共同點。幾年後，他會翻唱我的一些歌，把那些歌唱得彷彿是他自己寫的作品。最後他真的自己寫了一首歌，並提到我的名字。大約十年後，尼爾森甚至會因為改變了大家公認屬於他的音樂風格，而在舞台上收到噓聲。我們果然有很多共同點。

我站在「啥？」的廚房裡，聽著那柔和而單調的溫吞長音，根本不知道後來會發生許多事。我知道的是，尼爾森繼續在出唱片，而我也想要。我想像著自己為「民風唱片公司」錄音；我很想進這家公司，那時所有厲害的唱片都出自這家唱片公司。

尼爾森唱畢。我把吃剩的薯條給了小提姆，走出廚房去看尼爾在做什麼。我問過尼爾有沒有出過唱片，他說：「我不搞那個。」尼爾把陰鬱當作音樂上的強力武器，可是，儘管他在這方面有技巧也有勁道，但他缺少了表演者的某種特質。他少了什麼，我還不知道——直到我看到大衛・范・朗克表演，我才明白。

□

范・朗克在「煤氣燈」工作，那是一間頗為隱密的俱樂部——這家店的地位舉足輕重，頗富聲望。「煤氣燈」帶著一圈神祕氣氛，店前掛了大幅彩色旗幟，而且以週薪方式支付表演者。它隔壁是一家名為「魚壺」的酒吧。往下走幾層階梯到地下室，進到「煤氣燈」。這兒不賣酒，但你可以拎個紙袋裝酒進去。這裡白天不開門，傍晚才開始營業，整晚大約六名表演者輪流上台；這是個外人打不進去的小圈子。這裡不辦試唱。我想要來這裡演出；我也需要來這裡表演。

范・朗克在這裡表演。我還在家鄉時就聽過范・朗克的唱片，覺得他很棒，還一句一句學他的若干曲子。他充滿熱情而且火辣，唱歌的模樣像個命運戰士，而且聽起來彷彿他已為此付出代價。范・朗克既能大聲咆哮，也能低聲輕語；他能把藍調唱成抒情歌謠，也能反過來把抒情歌唱成藍調。我很愛他的風格。對那時的我來說，他代表這座城市。在格林威治村，范・朗克是街頭之王，地位崇高。

一個寒冷的冬日，細雪微飄，稀微的陽光從薄霧中透出。我在湯普森街和第三街交叉口附近看到范・朗克朝我走來，沉默一如冰霜。那種感覺，彷彿是風把他朝我這端吹過來。我想對他說話，但鼓不起勇氣。我看著他走過，看到他眼裡的光芒。那一刻很短暫，我就這樣任它過去。但，我真想唱歌給他聽；事實上，我想唱給每一個人聽。我不能一直關在房間裡彈唱給自己聽，我需要唱給別人聽，我需要一唱再唱，不斷地唱。你可以說我是在大庭廣眾之下練習的，而我的練習成就了我的人生。我一直密切注意「煤氣燈」的動靜，我怎麼可能不注意它？與它相較，街上其他地方都沒有名氣而且狀況糟糕，都是些矮房子或小咖啡屋，表演者像是捧著帽子在乞討。然而，我只能盡可能表演。我別無選擇。狹窄的街上都是這類表演場所。它們的空間狹小，座位一排一排，相當嘈雜，迎合的是夜間湧上街道的觀光客的口味。每一處都差不多——兩扇門的接待室、店面、兩層樓無電梯公寓、比路面低的地下室、牆上有許多洞。

第三街有個很特別的店，它賣啤酒和葡萄酒，以前曾是艾倫・柏爾的馬車出租店，如今成為「奇異咖啡館」。這兒的主顧大多是工人，他們圍坐一桌說笑咒罵，大口吃肉，大聲講黃色笑話。店的最裡面有個小舞台，我在那裡表演過一兩次。大概所有的地方我都去做過表演，大多數地方營業到天亮，點著煤油燈，地上有鋸木屑，有些店裡擺的是長木椅，門口有壯漢看守——沒有最低消費的限制，老闆卯足全力賣咖啡。表演者坐在窗台前或是站在窗台，路人在店外面可以看得清清楚楚；有的表演者則是被安排在店裡面與大門相對的一端，扯開嗓子唱歌，沒有麥克風或其他東西。

星探不會來這類地方。這類地方又暗又髒，一團混亂。表演者在這兒唱歌然後遞出帽子要錢，或者對著排排坐的觀光客演奏，期望有人會丟幾個銅板到麵包籃或吉他盒中。週末時，假如你到全部的場地都表演一輪，從黃昏唱到天亮，也許能賺到二十美元。平常日子的晚上比較難講，有時不多，因為競爭很激烈，你要會耍把戲才能生存。

我常碰到一個叫理奇·海芬斯的歌手，他總是找一個漂亮女孩幫他拿帽子募款，我注意到他的收穫都很不錯。有時，女孩會拿兩頂帽子出來。假如你沒有一點花招，你就會變成隱形人，這就不妙了。我有幾次和一個在「啥？」裡認識的女孩合作，她是個面貌姣好的女侍。我們去了很多地方，我表演，她募款。她戴著一頂古怪的小帽，刷上又濃又黑的睫毛膏，身穿低胸蕾絲襯衫——斗篷式外套下的上半身，看起來好像什麼都沒穿。表演結束後我跟她拆帳。老是這樣做挺麻煩的，但有她在時，我賺到的錢比我一個人唱的時候多。

那時候，使得我有別於其他表演者的是我的曲目。我演唱的歌曲曲目比其他咖啡館歌手更強悍，我唱的是赤裸批判社會的民歌，以不間斷且音量很大的吉他撥弦伴奏。聽眾的反應只有兩種：不是被我趕走，就是湊上前聽我唱，沒有介於中間的狀況。當時這類表演場所有很多更棒的歌手和樂手，但沒有人的表演和我相像。民謠是我探索世界的工具；它們是圖畫，而這些圖畫的價值遠高於我所能言說的一切。我了解這種音樂的內在本質，我很快就能看出各張圖畫之間的關連。我覺得喃喃唱出〈哥倫布市軍人監獄〉、〈豐饒的牧草地〉、〈在韓國的兄弟〉和〈輸了就輸了〉之類的歌沒有意義。大多數的歌手表演時是在突顯自己，而不是歌曲，但我不想那麼做，我想要表現的是歌曲。

我下午不再去「啥？」咖啡館了。我從此沒有踏進那裡一步。我也和弗瑞迪・尼爾失去聯絡。我轉移陣地，有空就去「民俗中心」。這兒是美國民謠音樂的堡壘。「民俗中心」也位在麥杜格街上，介於布理克街和第三街之間。這家比地面高幾層階梯的小店，散發優雅古風；它像一處古老的禮拜堂，一間迷你研究中心。「民俗中心」販賣各種與民謠音樂有關的東西，也報導相關訊息。這兒有一扇寬大的厚玻璃窗，展示著唱片和樂器。

一天下午，我走上「民俗中心」前面的階梯，進去閒晃。我隨意瀏覽，並結識了此處的老闆，伊席・楊恩。楊恩熱愛傳統民俗，說話時帶挖苦之意，臉上架著厚重的角質框眼鏡，一口布魯克林方言，身穿羊毛長褲、細皮帶和工作靴，領帶微斜。他的大嗓門好像一部堆土機，對於那個小小空間來說稍嫌大聲了點。楊恩隨時在叨念什麼或忙著什麼。他算是個本性善良的人，事實上他是個浪漫派。對他來說，民謠音樂好比一座黃金小山那般閃閃發光。我也這麼認為。這地方匯集了你說得出的各種民謠音樂活動，隨時能在這兒看到真正實力派的民謠歌手。有些人定期來這裡拿取郵件。

楊恩有時會辦民謠演唱會，他去正統的民謠和藍調歌手，把他們從外地帶到這裡的市府表演廳或某大學演唱。我看過克雷倫斯・艾許利、葛斯・坎能、曼斯・理普斯康、湯姆・派利、艾瑞克・達林等人在這裡出沒。另外，這處中心裡有很多深奧難懂的民謠唱片，我都很想聆聽。各種曲風的絕版樂譜，譬如漁村歌謠、內戰歌曲、牛仔歌、哀歌、教堂歌曲、反對「吉姆・克勞」的歌曲、工會歌曲；還有古舊的民間故事書、產業工人組織會刊，以及各種主題的活動宣傳刊物，主題從女權到酗酒風險等各式各樣，其中一本手冊出自著有《情婦法蘭德斯》的英國作家狄福之筆。這家民俗中心並且販賣樂器，諸如洋琴、五弦琴、卡祖笛、小哨子、木吉他、曼陀林等等。假如你好奇民謠音樂為何物，此地可讓你獲得詳盡解答。

楊恩有一間後室，裡面擺了一座爐腹圓滾滾的燒柴爐。這房裡有邊角皺曲的照片和坐上去會搖晃不穩的椅子，牆上貼著舊時代的愛國人物和英雄人物的肖像，擺著有交叉花紋的陶器和上了亮光漆的黑色燭臺……許許多多手工藝品。這小房間塞滿了美國唱片，並有一部唱機，楊恩會讓我待在這裡聽唱片。我聽了很多張，還翻閱他的許多古董民俗文件。我對於複雜異常的現代世界沒興趣，這種世界與我無關，它沒有重量，對我沒有吸引力。對我來說，像「鐵達尼號」沉船事件、加耳維斯敦水災、約翰・亨利把鋼柄打入石頭、約翰・哈迪在西維吉尼亞州州界開槍殺人之類的事才是重大時事。這些都是當今的、近在眼前的，而且在大自然之中發生的事，這種新聞，才會引起我的思考和關注，我並且會追蹤。說到追蹤記錄，楊恩也寫日記。他總是把日記放在桌上，像帳冊似的攤開。他會問我一些私人問題，例如我小時候住哪兒、我如何對民謠產生興趣、我如何發現民謠音樂等等問題。然後，他會在日記裡寫到我。我不懂他為何這樣做。他的問題很煩人，但我喜歡他這個人，因為他對我很親切，所以我盡可能對他體貼，採取合作態度。我和外人談話時都很謹慎，但面對楊恩我沒問題，我都對他說實話。

他問起我家裡的情形，我便談到住在我們家的外婆。我外婆一身高貴氣息，個性善良；她曾告訴我，幸福不在通往任何地方的道路上，幸福卻是這條道路本身。她也教導我與人為善的道理，因為人人都在為自己辛苦戰鬥。

我無法想像楊恩所打的是什麼樣的仗，是內心之戰，還是外在的戰爭？誰曉得。楊恩關心社會不公、飢餓問題和無家可歸的人，而且他不介意讓你知道他關心這些。他的英雄是林肯和富萊瑞克・道格拉斯，而《白鯨記》這個終極的魚故事則是他最鍾愛的離奇故事。討債者和房東的說教經常來圍攻楊恩，總是有人追著他要錢，但他似乎並不擔憂。他很能忍耐，甚至與市政府對抗，說服他們准許民謠在華盛頓廣場公園演出。大家都支持他。

他找唱片給我聽，給了我一張「鄉村紳士樂團」的唱片，說我該聽聽〈吧台後方的女孩〉這首歌。他播放查理・普爾的〈白屋藍調〉給我聽，說這首歌很適合我；他還說「新墮落城市浪人」唱的正是這個版本。他為我播放大比爾・布魯錫的〈有人得走〉，那首也很合我胃口。我喜歡在楊恩的店裡消磨時光，這兒總有火焰燃燒。

某個冬日，一個高大魁梧的傢伙從街上走來，進入店裡。他看起來彷彿來自俄國大使館，只見他甩掉外套袖子上的雪花，脫下手套放在櫃檯，說要看一看掛在磚牆上的一把吉卜森吉他。這人是大衛・范・朗克。他聲音粗啞，頭髮凌亂，一副蠻不在乎的神情，像個自信滿滿的獵人。我腦中一片混亂。他就站在我旁邊。楊恩把吉他拿下來給范・朗克，他撥彈出帶有爵士味的華爾茲節奏，然後把吉他放回櫃檯上。吉他一放下，我便走上前，把手放在吉他上，問他，我要怎麼做才能進「煤氣燈」工作，我是不是必須透過誰的介紹。我並不想與他攀關係，我只是想知道答案。

范・朗克好奇地看著我，神色傲慢且不友善，問我做不做門房雜工。

我說，不，我不做雜工，他可以打消這個念頭，但我能唱點東西給他聽嗎？他說：「當然。」

我便唱了〈當你貧困潦倒，無人理會你〉。范・朗克聽了挺滿意，問我是誰，來紐約多久了。然後他說，我晚上八、九點時可以去他的場子唱幾首。我就這樣認識了大衛・范・朗克。

我離開「民俗中心」，回到冰冷的空氣中。傍晚，我去了布理克街的「磨坊客棧」，那些矮房子歌手都會聚在這兒閒聊。我有個彈佛朗明哥吉他的朋友璜・莫連諾告訴我，第三街有家叫「過火」的咖啡館剛剛開幕，但我根本沒聽入耳。莫連諾的嘴唇在動，但彷彿沒有聲音。我從頭到尾沒踏進「過火」表演；我不需要。沒多久，我應聘在「煤氣燈」表演，再也沒去矮房子。「磨坊客棧」外的溫度計爬到零下十度，我吐出的氣息在空中變成白煙，但我不覺得冷。我正朝向璀璨的光明前進。無庸置疑。我這是受騙上當嗎？不太可能。怎麼想都不覺得如此。我也沒有錯誤的期望。我大老遠跑來，從最底處往上爬。但如今，命運即將顯現它的面貌，我感覺它盯著我看，只看著我，不看別人。

失落之地

❷

[THE LOST LAND]

我在床上坐起身，環顧四周——這張所謂的床是客廳裡的一張沙發。鐵製暖氣機冒著蒸氣。壁爐上方有個畫框，畫中戴假髮的殖民時期人物盯著我看。沙發旁有個由刻花圓柱支撐著的木櫃；木櫃旁，是張有圓形抽屜的橢圓形桌子、模樣像手推車的椅子、有紫色木飾板的落地帶抽屜小書桌、一張有彈簧襯墊的汽車後座座椅做成的躺椅，以及一張扶手有渦捲紋路的圓背矮椅。地上是一張法式厚地毯。從百葉窗透進了銀白亮光，漆上油漆的木板突顯了屋頂線條。

房裡瀰漫著通寧水加琴酒的氣味，還有甲醇和鮮花的味道。這地方，是一棟聯邦風格的無電梯公寓的頂樓，靠近維斯特里街和哈得遜河，還不到運河區。這個街區有家酒館叫「牛頭」，當年刺殺林肯——如同布魯特斯刺殺了凱撒——的演員約翰・布思，就常在這家店裡喝酒。我去過「牛頭」一次，從鏡子裡看到布思的鬼魂——那真是一個惡鬼。范・朗克有個民謠歌手朋友保羅・克雷頓，是個秉性善良但孤僻而憂鬱的人，他應該出版過至少三十張唱片，但美國大眾不認識他。這個兼具讀書人、學者和浪漫派的身分，並且滿腹抒情民謠知識的人，介紹我認識了這間房子的主人：雷・古屈和克蘿伊・姬爾。我走到窗邊，遠眺白灰夾雜的街道和遠方的河流。天氣酷寒，氣溫總是低於零度，但我心中的火苗不曾熄滅，如同一個不斷旋轉的風向計。現在大約下午三點鐘，古屈和姬爾都不在家。

古屈比我年長大約十歲，來自維吉尼亞州。他像一隻老狼，枯瘦且歷經風霜。他來自一個歷史悠久的家族，祖先裡面有人當上主教、將軍，甚至有一位殖民地總督。他不依循體制過活，不願墨守成規，而且他是個南方民族主義者。他和姬爾住在這兒像是在逃亡似的。古屈就像是我所唱的歌中的人物，見過世面、歷經大風大浪而且情史有聲有色——他四處遊歷，很了解國家的整體現狀。當時我們國家暗潮洶湧，而且幾年後歷經動亂，但古屈並不感興趣，他說真正的革命「在剛果」。

姬爾則有一頭紅金色頭髮，一雙淡褐色眼睛，一抹似笑非笑的神情，一張洋娃娃般的臉孔，身材尤其棒，兩手手指塗上了黑色指甲油。她在第八大道上的肚皮舞餐廳「埃及花園」當衣帽間服務員，並為雜誌《騎士》擔任模特兒。她說：「我一直在工作。」他們倆到底是以夫妻身分、還是兄妹身分還是親戚身分一同住在這兒，實在很難判斷，總之他們就是一起住。姬爾有自己一套看事情的原始方法，總是說出讓人聽不懂的瘋言瘋語。有一次她說我應該塗上眼影來避開邪惡之眼。我問她，是要避開誰的邪惡之眼，她說：「喬・布洛的眼睛，或者是喬・許莫的眼睛。」根據她的說法，統治世界的是吸血鬼卓古拉，而卓古拉的爸爸是發明活字印刷術的古騰堡。

我成長於四〇、五〇年代，對這種言論沒有意見。古騰堡也可能是從某一首老民謠走出來的人物。說實話，五〇年代文化就像個即將退休的老邁法官，差不多該走了；在接下來的十年裡，它會掙扎著東山再起，然後徹底崩潰。民謠音樂已宛如宗教一般在我心上扎了根，因此我對那種話語覺得無所謂。民謠歌曲超越了當前文化。

我在搬進自己的住處之前，大概住遍了格林威治村。有些地方住一兩晚，有些則住幾個星期或者再久一些。我常常住范・朗克家。我在維斯特里街斷斷續續居住的時間，加起來可能比我住其他地方的時間都長。我蠻喜歡住古屈和姬爾的家，我覺得很自在。古屈有菁英分子的背景，甚至在南加州的坎登軍事學院讀過書，而後帶著「衷心而徹底的恨意」離開那所學校。他也曾經被魏克森林神學院「以感激之情將他退學」。他能背誦拜倫的長詩〈唐璜〉裡的幾段，並且會加以引用。他也會引用朗費羅詩作〈伊凡潔琳〉的若干美麗詩句。他在布魯克林一家製作工具和鋼模的工廠工作，但在此之前他四處流浪，曾在印第安那州南灣的史都德貝克車廠上班，也曾在內布拉斯加州的奧馬哈當屠宰工。有一次我問他當屠宰工的感覺。「你聽說過奧許威茨這地方嗎？」當然聽說過。誰沒聽說過？那是位在歐洲的一處納粹集中營，當年掌管這些集中營的納粹蓋世太保主要頭子亞道夫・艾希曼，最近在耶路撒冷接受審判。他在二次世界大戰後脫逃，而後在阿根廷某個公車站被以色列人逮捕。這場審判引起舉世矚目。艾希曼在證人席上宣稱他只是奉命行事，但起訴者不費吹灰之力就能證明他是以高度熱忱和興致在執行他的任務。艾希曼被定了罪，死期不遠。很多人主張饒他一命，甚至送他回阿根廷；但這樣做太過愚蠢。就算他被釋放，可能也活不過一小時。以色列政府認為自己有權為在納粹大屠殺中犧牲的人擔任繼承者和執刑者。這場審判提醒了全世界，以色列是為了什麼而要獨立建國。

□

我出生於一九四一年的春天，彼時二次世界大戰的戰火席捲歐洲，即將延燒到美國。世界分崩離析，連新生兒也能感受到迎面而來的混亂局勢。假如你在這段時間出生或生活，你會感受到舊世界逐漸離去而新世界正在展開。就像時光倒流到公元紀年前後之交，所有與我一樣出生於這段時間的人都跨越了兩個時代。歷史上不會再出現像希特勒、邱吉爾、墨索里尼、史達林、羅斯福這類的巨頭人物，這類人物倚賴自己的意志，意欲獨自行事，不在乎自己的做法是否得到認可，也不在乎財富或愛情，他們掌控著人類的命運，有能力把世界化作灰燼。上溯自亞歷山大、凱撒、成吉思汗、查理曼和拿破崙，這些人把世界當作可口晚餐一般切塊享用；不管是把頭髮中分還是戴上維京頭盔，他們都不接受別人的拒絕，難以應付——他們是粗魯的野蠻人，四處踐踏大地，據地為王，採行他們自己的地理概念。

我父親罹患小兒痲痹症，不必當兵，但我的叔叔舅舅們都從軍去了，也都平安歸來。保羅、莫里斯、傑克、馬克斯、路易士、維南等幾位叔舅，分別去了菲律賓、義大利的安茲奧或西西里、北非、法國和比利時。他們帶回紀念品，例如日本香菸盒、德國麵包袋、英國搪瓷馬克杯、德國護目鏡、英國戰刀、德國手槍——總之是各式各樣的垃圾。他們回到平民生活，彷彿什麼事都沒有發生，從來不講他們的作為或見聞。

一九五一年，我上了小學。在我們所接受的教育當中有一種訓練，就是要在空襲警報響起時躲到書桌下，因為俄國人可能會用炸彈攻擊我們。我們聽到大人說，俄國傘兵隨時可以從飛機往下跳，降落在我們的鎮上。幾年前我的叔叔舅舅們還和俄國人並肩作戰，而今俄國人變成要來割我們喉嚨、燒死我們的怪物。這種感覺真奇怪。活在這種恐懼之中，孩子們的精神會被削弱。害怕有人拿槍對著你是一回事，害怕一種並不真實的東西卻是另一回事。然而，我們週遭很多人非常認真對待這種威脅，而這會造成影響。你很容易成為這種人的奇怪幻想之下的被害者。我和我母親被同樣一批學校老師教過；他們在教我母親時還很年輕，到了教我的時候就年長很多。上美國歷史課時，老師說，共產黨無法只靠槍枝或炸彈就把美國毀滅掉，他們得先毀掉美國憲法——這是美國的立國根基——才做得到。但這又怎樣，萬一警報響起，你還是必須低頭躲到桌子底下，一根寒毛都不能動，也不能發出任何聲音。彷彿這樣做就能逃過轟炸。可能會有被殲滅的危險，這實在令人恐懼。我們不知道自己做了什麼竟惹得對方如此憤怒。老師說共產黨無所不在，而且準備大開殺戒。我那些保衛國家的叔叔們在哪兒呢？他們忙著掙錢、工作，想辦法討生活。他們怎會知道學校裡發生了什麼事、而我們被激起了什麼樣的恐懼？

那些都結束了。不管有沒有共產黨徒，我現在已在紐約市；這裡可能有很多共產黨徒，還有很多法西斯主義者、很多未來的左翼獨裁者和右翼獨裁者和各種激進份子。人們說，二次大戰為啓蒙時代劃下句點，但我不認為。我還活在啓蒙時代裡，我多少仍記得、也還感覺得到啓蒙主義的亮光。我讀過。伏爾泰、盧梭、洛克、孟德斯鳩、馬丁・路德——這些有遠見的夢想家、革命家……我彷彿認識這些人，他們彷彿一直住在我家後院。

我走到房間另一端的米白色窗簾旁，把百葉窗拉起來，望向白雪皚皚的街道。這房裡的家具很不錯，有些還是手工製的。工業藝術風格的梳妝衣櫃，有華麗的雕工和華美的門鎖；裝飾性的書櫃由地面延伸到天花板；一張窄而長的餐桌桌面有某種以不規則方式呈現的幾何圖案金屬裝飾——這件傢具很有趣；還有一張形狀像一根大腳趾的牆邊小桌。電熱板很巧妙地安裝在櫥櫃層板上。小小的廚房像一座森林，盆栽盒裡種了薄荷、車葉草、紫丁香葉等等香草植物。姬爾是位流著北方血液的南方姑娘，很擅長運用浴室裡的曬衣繩，我有時會發現我的襯衫掛在浴室裡。我通常在天亮之前回來，悄悄走向客廳裡的摺疊式沙發床。我常伴著轟隆轟隆疾馳於新澤西的夜班火車入睡，那是以蒸汽為血液的鐵馬。

我年紀很小的時候就看過火車，也聽過火車聲響；火車的畫面和聲音總是會讓我覺得安心。有頂大貨車車廂、鐵礦車廂、載貨車廂、載客車廂、臥車車廂。在我的家鄉，一天裡，不管走到哪裡難免都會遇到需要等待長長火車通過的十字路口。火車鐵軌穿越鄉間道路，或者和小路平行。遠方的火車聲多少使得我有種人在家鄉的感覺，一切無恙，彷彿我置身一個平穩之地，從未陷入險境，萬事安好。

我倚窗眺望。對街是一座有鐘樓的教堂；鐘聲也讓我有在家的感覺。我總是豎耳傾聽鐘聲，鐵鐘、銅鐘或銀鐘——鐘是會唱歌的。禮拜天會敲鐘；有禮拜儀式時敲鐘；節日也會敲鐘。重要人物去世、有人結婚，或其他特殊場合也會響起鐘聲。聽到鐘聲會讓你產生愉悅感。我甚至喜歡門鈴聲，也喜歡國家廣播電台播出的鈴響。我透過雕飾了鉛條的窗戶看著對街的教堂。現在沒有鐘聲響起，雪片在屋頂飛舞。一場暴風雪綁架了城市，生命繞著單調無趣的畫布旋轉。冰天雪地。

對街，一輛黑色「水星芒特克萊」汽車被雪覆蓋著；一個穿皮衣的男子正用鏟子把擋風玻璃上的霜雪剷除。他後方有個穿紫色斗篷的神父，從敞開的大門走出，悄悄走過教堂的庭院，準備去執行某種神聖職務。不遠處，穿靴子的光頭女人奮力扛著洗衣袋往前走。只要你願意留心，紐約每一天都上演著一百萬個故事。它們一直發生在你面前，但所有故事混合在一起，你必須一一拆開才能理解。情人節來了又去，我沒有注意到。我沒時間談情說愛。我轉身，離開窗戶，離開冬陽，走過客廳來到火爐旁，為自己倒了一杯熱巧克力，然後打開收音機。

我總是會想在廣播節目裡聽到一點什麼。廣播就和火車與鐘聲一樣，是我人生的配樂。我上上下下調動頻道鈕，轉了一會兒，小擴音器裡突然冒出羅伊・歐比森的歌聲，他的新歌〈戰戰兢兢〉在房間中大聲響起。我最近在找一些有民謠涵義的歌來聽，以前有一點這樣的作品：〈使壞的大約翰〉、〈麥可划船靠岸〉、〈一百磅的泥土〉。布魯克・班頓把〈棉子象鼻蟲〉唱紅了；「金斯頓三重唱」和「四兄弟合唱團」也獲得廣播電台的青睞。我喜歡「金斯頓三重唱」，雖然他們的風格很工整，是大學生式的音樂，我仍然喜歡他們大部分的歌，例如〈逃走的約翰〉、〈緬懷阿拉摩之役〉和〈黑色長來福槍〉。總是會有某首民謠形式的歌突破重圍。裘蒂・雷諾茲多年前唱紅的〈不醒的睡眠〉，本質上根本就是民謠。然而，歐比森超越了民謠、鄉村、搖滾或任何種類。他的東西混合了所有的樂風，有些甚至是尚未被創造出來的風格。他可以狠狠唱出一句歌詞，然後下一句轉成用類似法蘭基・瓦里的假音唱。聽歐比森唱歌，你會不知道自己聽的是墨西哥街頭樂隊還是歌劇，他會讓你隨時保持警覺。他是用血淚在唱歌。他彷彿站在奧林匹斯山山頂唱歌，而他非常認真。他早期的一首歌〈嗚比嘟比〉很久以前就紅了，但這首新歌〈戰戰兢兢〉很不一樣。〈嗚比嘟比〉簡單得像是在騙人，但歐比森進步了。他現在唱自己寫的歌，橫跨三、四個八度的歌，聽了讓人想開車飛躍懸崖。他唱歌時像一個慣犯。通常，他會先從低沉得幾乎聽不到的音域開始，唱一會兒，然後變成令人錯愕的戲劇性演出。他的歌聲可以讓死人從棺材裡跳出來，會讓你對自己咕噥：「天哪，真不敢相信有這種東西。」他的歌中有歌，不遵循任何邏輯就從大調轉到小調。歐比森非常認真——他可不是歌壇菜鳥或乳臭未乾的小夥子；廣播節目裡沒有人唱得像他一樣。聽完，我會等著下一首歌，但接下來的歌很無聊……沒種，軟趴趴，好像把聽眾當成腦袋空空的笨蛋。至於鄉村音樂，除了喬治・瓊斯的作品之外我都不喜歡；很難了解吉姆・瑞夫斯和艾迪・亞諾的音樂裡面哪裡有鄉村味道，毫無鄉村音樂該有的野性和怪異。貓王的歌，也沒有人聽了；他那些時髦歌曲已經是幾年前的事了，而他也帶著音樂去了別的星球。但是，我還是把收音機開著，也許只是出於無心的習慣吧。可惜電台播放的音樂都只讓人聽到牛奶和砂糖之類的東西，並沒有反映出當時的真實時代氛圍。像《旅途上》、《嚎叫》和《汽油》等等著作，標示了新的人類存在形式的街頭意識型態，但這些東西在廣播音樂裡根本找不到。但你能期待什麼？四十五轉唱片根本做不到這件事。

我掙扎著要不要錄製唱片，但我想的不是單曲唱片或四十五轉唱片——也就是電台播放的那些。民謠歌手、爵士藝人和古典樂手錄製的都是LP，也就是收錄較多首歌曲的密紋唱片——這種唱片可以塑造印象，造成決定性的影響，較能展現全貌。LP像地心引力一樣有力道，它有封套、有前封面和後封面，讓你可以盯著瞧好幾個小時。相較之下，四十五轉唱片顯得單薄而且沒有一個樣子，它們只是堆成一疊，看起來不是什麼重要東西。反正我的曲目裡沒有適合商業電台播放的歌。那些關於不檢點的私酒販賣商、淹死自己小孩的母親、一加崙汽油只能跑五哩的凱迪拉克、水災和工會大樓的火災、河底的黝暗世界與死屍……這樣的歌，不是廣播迷愛聽的東西。我唱的民謠歌曲絕對不容易入耳，它們並不友善，也不圓潤滑順。它們不會帶你平緩地靠岸，我想你可以說它們不商業。不但如此，我的風格對於電台來說是過於乖僻而難以歸類的作品，然而歌曲對我來說遠不只是輕鬆的娛樂而已。歌曲是我的導師，它們引領我，使我對現實的認知有所不同，它們帶我到某個不一樣的共和國，某個解放的共和國——三十年後，音樂歷史學家葛瑞・馬可斯會說那是一個「看不到的共和國」。但無論如何，我並不是反對流行文化，我也沒有興風作浪的野心。我只是覺得主流文化軟弱無力，而且是一齣大騙局。它就像窗外結了冰的海，你必須穿上不舒適的鞋才能踩上去。我不知道我們身處何種年代，也不知道這年代的真理是什麼。沒有人在乎這個。假如你說真話，很好，假如你不說真話，呃，也很好。民謠歌曲讓我明瞭這一點。至於現在是什麼樣的時代，現在永遠是黎明將近的時候，我對歷史略知一二——某些民族和國家的歷史——歷史總是在重複。在某個古早年代，社會蓬勃發展；然後某個古典年代的社會臻於成熟，然後漸趨停滯，墮落，一切崩解。我不知道美國現在屬於上述哪一個階段，沒有人能給個答案。但是，某種粗野的節奏正在晃動著美國。想這些是沒有意義的，不管你怎麼想，都有可能錯得離譜。

□

我關掉收音機，在房間裡來回踱步。然後我打開黑白電視機，電視上播放著電影《篷車隊》，感覺像是來自異國的影像。我關掉電視，走向另一個沒有窗戶、房門上了漆的房間——這是一處有落地書櫃的黑暗洞穴。我把燈打開。這個房間裡存在著力量強大的文學，使得你很自然就變得沉默。我在過去成長的環境中所接受到的文化薰陶，使得我的心像煤煙一般黑忽忽。馬龍・白蘭度、詹姆士・狄恩、米爾頓・伯利、瑪麗蓮・夢露、露西、厄爾・華倫和赫魯雪夫、卡斯楚、小岩城和《冷暖人間》電視影集，田納西・威廉斯和喬・狄馬喬，胡佛和西屋、尼爾森家族，假日飯店和改裝雪佛蘭汽車，米奇・史匹蘭和喬・麥卡錫，李維特鎮。

當你站在這房間裡，真可以把上述那些名字都當成笑話。這房裡應有盡有，包括活版印刷術、碑銘研究、哲學和政治意識型態的書。這些東西會讓人目瞪口呆。例如《殉道史》、《凱撒眾皇生平錄》，以及塔西佗的演講稿和寫給布魯特斯的信，還有伯里克利的《民主的理想狀態》、修昔底德的《雅典將軍》——這本書的論點會令你打寒顫；這本撰寫於公元前四百年的書，描寫了人性總是與任何更高等的事物為敵。修昔底德在這書裡論道，在他的時代，文字是如何改變了原本的一般含意，行動和主張如何可以在眨眼之間加以改變。從他的時代到我的時代，一切似乎沒什麼不同。

這裡有果戈里、巴爾札克、莫泊桑、雨果和狄更斯的小說。我通常把某本書翻到中間，讀幾頁，假如喜歡它就從頭開始讀。《本草綱目》（講的是疾病的原因和療法）是一本不錯的書。我在這些書裡尋找我在過去所接受的教育中不曾得到的東西。有時我打開某本書之後，會看到書頁上有手寫的潦草筆記，例如在馬基維利的《君王論》裡寫著「騙子的精神」，在但丁《神曲地獄篇》書名頁上寫著「世界主義者」字樣。這房裡的書籍並未按照任何順序或主題排放，所以盧梭的《社會契約論》旁邊放著《聖安東尼的誘惑》，奧維德的《變形記》這本恐怖故事與大衛・克羅克特的自傳比鄰。一排又一排的書——譬如古希臘悲劇詩人索福克雷斯探討諸神本質與功能的書，講到為什麼只有兩種性別。亞歷山大大帝出征波斯，他征服了波斯之後，為了不引起民怨，於是叫部屬娶波斯女人為妻，此後他與波斯人相安無事，沒有發生過起義之類的事件。亞歷山大深知如何取得絕對的控制。這裡也有西蒙・玻利瓦的傳記。我真想讀完那裡所有的書，但恐怕得到住進了養老院之類的地方才辦得到。我讀了一點《聲音與憤怒》，不是很懂，但福克納很有力量。我讀了阿貝特斯・馬納斯的若干著作……這傢伙把科學理論和神學混在一起，不過他的東西跟修昔底德比起來算是小品。馬納斯似乎是個睡不著覺的人，在深夜裡振筆疾書，衣服黏在汗濕的身體上。這些書大都太厚了，像是為大腳丫的人製作的巨鞋。大多數時候我讀的是詩集。拜倫和雪萊和朗費羅和艾倫・坡。我把艾倫・坡的〈鐘〉背起來，並用吉他為這首詩譜了曲。有一本書寫的是正宗美國先知喬瑟夫・史密斯的事蹟，此人自比為《聖經》裡的先知以諾，並說亞當是第一位人神。這玩意兒和修昔底德比起來也是立即遜色。這些書使得整個房間震動，令人暈眩欲嘔。萊奧帕爾迪的《孤寂生活》，像是從樹幹裡冒出來的東西，充滿絕望和難以抑遏的感傷。

潛意識之王佛洛伊德有一本著作叫《超越快樂原則》。有一回，古屈走進房裡看到我在翻閱這本書。他說：「那個領域的頂尖者都在廣告公司工作，他們販賣空氣。」我把這本書放回去，從此沒有再拿起它來。不過我讀了美國內戰時期南軍統帥羅伯・李將軍的傳記，讀到他父親在一場暴動中被毀容，眼部被倒入了鹼液，而後便拋妻棄子前去西印度群島。李將軍在沒有父親的情況下長大，靠自己的力量得到成就。而且，由於他的一席話，美國得以不陷入一場可能會打到今天的游擊戰。那些書很了不起，真的很了不起。

我常常大聲朗讀書中段落，我喜歡那些文字的聲音，語言的聲音。米爾頓的抗議詩〈皮德蒙大屠殺〉，是一首政治詩，講述義大利薩佛公爵濫殺無辜的史實，詩句聽起來像民謠的歌詞，但比較優雅一些。

書架上的俄國書籍特別黑暗，其中包括了被視為革命分子的普希金所寫的政治詩。普希金在一八三七年死於一場決鬥。有一本書出自托爾斯泰，我二十多年後去參觀了他家族的莊園，他在這裡教育農夫。莊園位於莫斯科城郊，托爾斯泰後來便是在這莊園裡放棄寫作，並聲明退出各種形式的戰爭。他八十二歲的某一天，留了張字條告訴家人不要尋找他，然後獨自走進白雪覆蓋的樹林；幾天後有人發現了他，他已死於肺炎。導遊讓我騎上他的單車。另外，杜斯妥也夫斯基有一段悲慘人生。一八四九年，杜斯妥也夫斯基被沙皇關進西伯利亞的拘留營，罪名是他撰寫了鼓吹社會主義的宣傳文字。他最後獲得了赦免，並藉著寫書來打發債主，就像我在七〇年代初藉著寫歌來打發我的債主。

我從來不曾像現在這樣貼近書本和作家，但我一直很喜歡故事。艾格・伯若夫寫下了神祕的非洲；路克・修特寫出神話般的西部故事；還有科幻小說家凡爾納與HG威爾斯。這些人是我鍾愛的作家，但那是在我發現民謠歌手之前的事。民謠歌手能用幾段歌詞就唱出一整本書。很難說清楚一個人物或者一首敘事民謠曲是因為什麼而有價值，可能和該人物的誠實坦率追求公義有關，那是某種抽象的勇敢。艾爾・卡朋是個很像樣的幫派大哥，掌控芝加哥的地下社會，但沒有人寫歌稱頌他。不管就哪一方面來看，卡朋都不是有意思的人物，也不是英勇人士。他很呆板，像一條魚一樣無趣，他像是個一輩子都沒有獨自走進大自然的人。他被人看成是惡棍或流氓，就像某首歌唱的……「尋找那鎮上的流氓」。他甚至不配擁有名姓——有時他被人唱成一個無情的吸血鬼。但是，與卡朋相反的，「美少年弗洛德」就可以激勵別人的冒險精神，連他的名字都有故事可以說。他有一股不羈的氣息，一點都不僵硬。他永遠不會治理任何一座城市，不會操控機器，也不會強迫別人屈服，但他是有血有肉的人，代表一般的人性，並且給你一種有力量的印象，至少他在僻野被逮到前是如此。

□

古屈家非常安靜，如果我不打開收音機或聽唱片，這裡就會像墓園一般寂靜，而我總是會鑽進書堆裡……像個考古學家似的往書中挖掘。我讀了共和黨激進分子柴德斯・史蒂文斯的傳記。他是十九世紀初期的人，一生事蹟相當精采。他來自蓋茨堡，和英國詩人拜倫一樣有一隻腳是畸形足。史蒂文斯小時候家裡很窮，長大後發了財，便開始為那些無法與社會平等抗爭的弱勢族群奮戰。史蒂文斯有一股黑色的幽默感和一張利嘴，以及滿腔對當時傲慢貴族階級所懷抱的恨意。他想要把那些蓄奴的上流階級的土地沒收充公，曾指稱他一位國會同事為「陷入自己的爛泥巴裡」。史蒂文斯反對共濟會，並責罵他的對手們嘴上沾染了人血。他什麼都不怕，說他的對手是「一群軟弱而低等的爬蟲類，不敢見光，只會躲在自己的巢穴」。史蒂文斯是個令人難忘的人物，我對他印象深刻，並受到他的激勵。我還受到羅斯福的激勵；他可能是美國史上最強的總統。我也讀有關羅斯福的書，他曾是牧場主人和罪犯剋星，而他想對加州宣戰，好不容易才被勸阻；他曾經與企業鉅子JP摩根大吵，當時的摩根可說是擁有大半個美國的超重量級人物。羅斯福把摩根逼退，並揚言要把他打進大牢。

這些人，史蒂文斯、羅斯福或JP摩根，都可能是民謠裡的人物。例如〈行走的老闆〉、〈囚犯之歌〉，甚或〈查爾斯・吉托之歌〉等歌裡都有他們的影子，雖然也許並不明顯。加一點電子樂器和鼓，早期的搖滾樂裡也有他們。

這房裡的書架上也有藝術書籍。馬瑟偉爾的書、賈斯伯・強斯早期作品、德國印象派的宣傳小冊、格魯渥的作品，亞道夫・凡・曼澤爾的書。架上還有指南式的實用書籍：如何矯正畸形膝蓋，如何接生，如何在臥室執行盲腸切除手術。這些玩意兒會讓你整夜做著很刺激的夢。還有一些東西很引人注意：法拉利和杜卡提重型機車的粉筆素描、關於亞馬遜女人的書、埃及法老王、關於馬戲團特技演員、情侶和墓園的攝影集。這附近沒有大型書店，應該很難在一個地方就找齊這所有的書。我很喜歡讀傳記，我讀了幾頁腓特烈大帝的傳記，很驚訝地發現這位普魯士國王也是一位作曲家。我也讀了克勞塞維茨的《戰爭論》，此人被譽為最厲害的戰爭哲學家，他的名字念起來會讓你以為他長得像興登堡將軍，其實不然；從書上的肖像看來，他長得像十八世紀的蘇格蘭詩人羅伯・伯恩斯或是演員蒙哥馬利・克里夫特。這本《戰爭論》出版於一八三二年。克勞塞維茨十二歲從軍，他後來帶領的軍隊是受過嚴格訓練的職業軍人，而不是只服役幾年的年輕士兵。他的部屬不是泛泛之輩。他在書中詳述如何掌握情勢，做到讓敵方自認沒有勝算，不戰而降；在他那個年代，挑起大規模戰役的結果往往是輸的機會多。對克勞塞維茨來說，朝對方丟石頭不算是在作戰——至少不是理想的戰爭。他滔滔談論戰場上的心理因素多麼重要，而無法預期的因素譬如天氣和氣流等等是如何造成重大影響。

我對這類事物有病態的迷戀。幾年前，我還不知道自己會當上歌手，也還沒有定下人生方向，我那時甚至想去讀西點軍校。我希望自己能英勇戰死沙場，而不是死在床上。我想成為擁有大軍的將軍。我不知道如何才能進入這美好的國度。我問我父親要怎樣才能進西點軍校，他似乎很震驚；他說我們並不是系出名門的人家，而進入西點軍校是需要靠關係和相關證書的。他建議我們可以努力去爭取這些東西。我叔叔的反應更冷淡，他對我說：「你不會想替政府工作的，士兵就像是家庭主婦，也像是實驗室的白老鼠。你應該去當礦工。」

當不當礦工是一回事，令我惱火的是要靠關係和證書才能進西點。我不喜歡這種說法，這讓我覺得自己好像被剝奪了什麼——不多久，我便知道我被剝奪了些什麼，以及這些東西會如何擾亂你的某些計劃。早期我只要組了個樂團，那樂團常常會被某個缺樂團的歌手搶走；似乎只要我湊齊一個樂團，這種事就會發生。我不懂為什麼會這樣，那些傢伙唱得沒有我好，彈奏功夫也不比我強，但他們就是能得到表演機會，而唯有表演才能賺到錢。任何樂團都能去公園涼亭、才藝比賽、露天市集、拍賣會和商店開幕上表演，但這些演唱可能只有車馬費，有時連車馬費都沒有。而其他歌手能去小型會議、私人婚禮、飯店宴會廳的金婚週年慶、哥倫布騎士會的聚會等場合表演——這些演出是有錢拿的。我所組的那些個樂團就是受到了利誘。我常向與我們同住的外婆抱怨，她是我唯一的知己。外婆教我別太在意。她說：「有些人你永遠贏不過，不要放在心上——事情會過去。」話說起來容易，但我聽了並沒有比較好過。事實上，搶走我樂團的傢伙，是和商會、市議會或商業協會的某位高層人士有親戚關係的人，而這些團體又和全郡的各種委員會有關聯。親戚關係這玩意兒讓我印象深刻，讓我覺得自己好像赤裸著身子。

這種事根深蒂固，導致某些人獲得不公平的優勢，有些人則被排擠。如此一來，有些人就永遠無法出頭。這似乎是人生的定律——就算它是人生定律，我也不要為此感到憤怒，不要像外婆說的，覺得這是針對我個人而來的事。親戚關係是正當的事實，不能因此就怪罪別人。於是，我預期我會失去我已組好的樂團，因此當事情真的發生時我根本不覺得驚訝了。而我繼續組樂團，因為我下定決心要走表演這條路。這段歷程充滿阻礙和等待，少有認可和肯定，但只要得到一個出乎預期的眨眼或點頭，就能使原本無聊難耐的生存狀態得到調劑。

那樣的事情，在偉大的摔角手「妙喬治」來我家鄉時發生過。那是五〇年代中期，我在退役軍人紀念大樓的國民警衛隊訓練中心大廳演唱。這個地點，是所有重要活動舉行之處——家畜展、曲棍球比賽、馬戲團、拳擊賽、信仰復興布道會、鄉村音樂會。我在那裡見過史林・懷特曼、漢克・史諾、韋伯・皮爾斯等人。每一年，妙喬治會帶他的表演團來到鎮上一次：巨人、吸血鬼、龍捲風、勒人王、碎骨王、淘氣鬼、侏儒摔角手，還有幾個女摔角手等等角色。我在這棟紀念大樓的大廳裡架起的臨時舞台上演唱，台下人來人往，一如往常，沒什麼人理我。突然間，大門敞開，妙喬治本人走了進來。他像一陣暴風似的呼嘯進來，不往後台走，直接穿越大廳。他看起來巨大無比。他是妙喬治，帶著你所期待的諸般華美、光芒和活力。在侍從和手持玫瑰的女人環繞之下，他一身鑲了毛皮邊飾的威風金色斗篷，一頭長長的金色捲髮隨風飄動。他走過臨時舞台，朝著音樂的出處看；他沒有跨上舞台，卻看著我，眼中閃著月光。他對我眨了眼，似乎以嘴型說出「你把音樂唱活了」幾字。

他到底有沒有這麼說，並不是重點，要緊的是我認為自己聽到他說了什麼，而我永遠銘記心中。那正是能讓我繼續往下走的肯定和鼓勵。有時候需要的只是這樣——當你不為任何目的去做一件事而且認真做著它的時候，你就需要這種肯定——只不過我尚未獲得。妙喬治啊。一個大人物。有人說他系出名門，或許吧。我必定很快就會失去我在退役軍人大樓與我一起合作的樂團；有人看到了他們，然後把他們帶走。我得努力加強我的人際關係。我逐漸領悟到，在我有能力花錢養一個樂團之前，我應該學會不靠樂團而能自彈自唱。人際關係和證書不應該造成影響才對；但我的確獲得那麼一刻的快樂。遇見妙喬治，真是件美事。

克勞塞維茨的書似乎已過時，但其中仍有許多真理，而且讀了它會讓你懂得很多傳統生活和環境壓力。當他說政治取代了道德，當他說政治是一種野蠻力量，他可不是開玩笑的；你不得不相信這些話。不管你是誰，你都得聽命行事；不服從的人就是死路一條。別跟我奢談什麼希望或正義，別跟我嚷著上帝與我們同在，或上帝支持我們。面對事實吧，世界是沒有道德秩序的，別再奢望。道德和政治之間毫無共同點。你不是占優勢就是處於劣勢。世界就是這樣運作，不會改變。這是一個瘋狂而混亂的世界，你必須看清楚它的面目。在某些方面，克勞塞維茨是先知，他書中有些東西會在不知不覺間就成為你的觀念。假如你自認是夢想家，你讀了他的書會明白自己其實連作夢的能力都沒有。作夢是危險的，讀克勞塞維茨，可以讓你不至於把自己的想法太當一回事。

我也讀了羅伯・葛雷夫斯的《白色女神》。這時的我還沒有本事召喚詩歌女神，我的學問還不足以煩惱這檔事。幾年後我將會在倫敦見到葛雷夫斯本人，和他在派丁頓廣場輕快散步，我本想問他一點他書中寫的事，但我不太記得他寫了什麼。我很喜歡法國作家巴爾札克，我讀了《粗皮》和《彭堂弟》。巴爾札克很有趣，他的哲學很簡單，他基本上認為純粹的物質主義會導致瘋狂。對他來說，唯一的真知識似乎存在於迷信之中。對他來說，萬事都應該加以分析。集中精力，便是生命的祕密。你可以從巴先生身上學到許多，跟他在一起會很有意思。他身穿修道士的長袍，咖啡一杯接一杯喝不停。過多的睡眠阻塞了他的頭腦。掉了一顆牙齒，他說：「這意味著什麼？」他質疑一切。當他的衣服因碰到蠟燭而著火，他思索著這算不算一個好徵兆。巴爾札克好笑極了。

□

「煤氣燈」一點都不高級，沒有好的觀眾席位安排，卻總是從開場到結束都客滿——有人坐著，有人擠著站在牆邊——那是光用磚塊砌成的牆，而低矮的燈光照明和管線也裸露在外。就算是寒冷的冬夜也有人在樓下兩個入口處排隊等著進場。店裡總是人山人海，令人呼吸困難。我不知道此店能容納多少人，但每次看來都像是有一萬人以上。消防人員經常進進出出，空氣中總瀰漫著期待與緊張的氣息，同時也有一股狂妄，你會覺得隨時會有某件事或某個人冒出來把霧氣驅散。

我的表演為時二十分鐘；我演唱自己的民謠歌曲，並留意現場動態。「煤氣燈」太熱，也太容易引發幽閉恐懼症，表演者在演出後完全不想逗留在店裡，所以表演者通常都到店的樓上一間後房裡。先往後走，穿越廚房，走過小院子，然後爬上冰冷的消防梯，就來到那間房。房裡總是有人在打牌，范・朗克、諾爾・史都奇、休・朗尼、霍爾・瓦特斯、保羅・克雷頓、路克・佛斯特、藍・錢德勒等人，會在這房裡玩一整夜的撲克牌。來者隨時可以加入牌局，也隨時可以離開。房間裡的小收音機擴音器會播放樓下的表演，好讓眾人知道是不是到了自己上台演出的時間。賭注通常是零錢銅板，一毛錢、兩毛五之類的。但有時桌上的賭注會累積到二十元。假如到了第二或第三次發牌，我手上還沒有一個對子，我通常就會遮著我的牌。錢德勒告訴過我：「你該學點唬人的工夫，否則你永遠贏不了牌。有時甚至得故意被別人抓到你在吹牛，這樣以後你假如手上有一副穩贏的牌，別人就會以為你在唬人。」

我不常待在樓下，那裡實在又擠又悶。我不是在樓上的玩牌室，就是在隔壁的魚壺客棧；魚壺客棧通常也是天天客滿。那兒的氣氛非常熱鬧，形形色色人等，快言快語，快手快腳；有些人溫文爾雅，有些則活潑俏皮。留黑鬍子的文藝青年、板著一張臉的知識分子；走折衷路線的女孩，非家庭主婦的女孩。不知來自何方而一進店裡就往後頭走的人；攜帶手槍的猶太牧師；胸前掛副大十字架的暴牙女孩——各式各樣的人來這裡尋找刺激。我覺得自己如同坐在山崖頂上往下看，一覽無遺。有些人甚至有封號：「創造歷史的人」、「種族間的連結」——他們希望別人這樣叫他們。像李察・普萊爾那樣的喜劇演員也常造訪。你可以坐在高腳凳上，透過窗戶看白雪皚皚的街，看著重量級人物經過：全身包裹得暖暖的大衛・安藍、葛雷格利・柯索、泰德・瓊斯、弗瑞德・海勒曼。

一晚，有個叫巴比・紐渥斯的傢伙和幾個朋友進門來，引起騷動。我日後和紐渥斯在一個民謠音樂節上再次聚首。初次見面，就會發現紐渥斯喜歡興風作浪，自由不羈。他處於一種想要反對某個事物的造反情緒中，和他說話要小心。紐渥斯的年紀與我相仿，來自俄亥俄州的亞克朗，演奏五弦班鳩琴，知道一些曲子。他那時要去波士頓讀藝術學校，他也會畫畫——他說他春天要回愛荷華州幫老家的房子拆下擋風窗板並換上紗窗。這是他的例行公事，我本來也年年要做這些事，不過那時我不打算回家。後來我們變得很熟稔，並一起四處闖蕩。就像凱魯亞克的《旅途上》一書讓主角尼爾・卡薩迪永垂不朽，也應該有人來讓紐渥斯永垂不朽；他就是那種厲害人物。他和誰講過話都可以講到對方認為自己的腦袋已經空空如也。他那張利嘴可以撕裂一切東西，讓人覺得不安，但他的一張嘴也能勸阻止事情發生。沒有人搞得懂他。他可以說是一個活蹦亂跳的文藝復興時代人士。紐渥斯是隻惡犬，但他從來不挑釁我。我對於他做的事情都覺得有趣，我很喜歡他這個人。紐渥斯有才華，但沒有野心。我們喜歡的事物很相像，連在點唱機裡點播的歌曲都一樣。

那裡的點唱機裡大都是爵士音樂，譬如祖特・辛斯、漢普頓・霍斯、史坦・蓋茲的作品，以及若干節奏藍調唱片譬如邦伯・比・史林、瘦子蓋烈得、波西・梅菲爾德。這一「垮掉世代」可以接受民謠音樂，但並不喜歡民謠，他們只聽現代爵士和咆勃樂。有幾次，我投入硬幣，點播茱蒂・嘉蘭的〈逃走的男人〉。這首歌總是會讓我有某種感受——並不是目瞪口呆那種強烈感受，它不會喚起任何奇怪想法，只是首好聽的歌。茱蒂・嘉蘭來自明尼蘇達州大湍城，離我家鄉大約二十哩。聽嘉蘭唱歌就像在聽鄰家女孩唱歌。她比我早好幾世代，好比艾爾頓・強唱的：「我希望我認識你，但那時我只是個孩子。」這首〈逃走的男人〉是哈洛・亞倫所寫的歌，他還寫了茱蒂・嘉蘭另一首家喻戶曉的名曲〈彩虹盡頭〉。他其他受歡迎的作品包括：強勁有力的〈深夜藍調〉、〈暴風雨〉、〈不論好壞〉、〈快樂起來〉。我在亞倫的作品中聽到了鄉村藍調和民謠的元素，那對我來說有種親切感，我立刻就注意到。在伍迪・蓋瑟瑞的歌占領我的世界之前，漢克・威廉斯是我最喜愛的詞曲創作者

——雖然我一開始把他當成歌手；其次是漢克・史諾，然而，我永遠逃不出哈洛・亞倫所寫的那個甘苦參半、極度孤寂的世界。范・朗克能演唱和彈奏這些歌，我也能，但我從沒夢想過自己唱這些歌。這不在我的劇本裡，不在我的未來中。未來是什麼？未來是一道硬實的牆，不帶來希望，但也沒有脅迫性——未來是唬人的。不能保證任何事，甚至不保證人生不是一場大笑話。

你永遠猜不到會在「魚壺」碰到誰，每個人看起來都既像是大人物也像是無名小卒。有一次，我和克雷頓等人同坐一桌喝酒，座上有一個人以前曾為廣播劇做音效。當年我在中西部過著似乎永無休止的青少年生活時，廣播劇占據我思想世界的一大部分。《密室》、《獨行巡警》、《聯邦調查員》、《菲伯・麥吉和茉莉》、《胖子》、《黑影》、《懸疑》。《懸疑》總是有你想像不到的恐怖吱嘎開門聲，每週都有令人神經緊張、胃部翻騰的故事。《密室》融合了恐怖和幽默。《獨行巡警》讓你的收音機傳出四輪馬車和馬刺的聲音。《黑影》中的有錢男人和理工科學生出面維持世界正義。《搜索網》是警探節目，主題曲活像出自某首貝多芬交響曲。《柯蓋特脫口秀時間》讓人忍俊不住。

從此沒有地方叫做遠方，我什麼都能知道。關於舊金山，我只需要知道殺手帕拉丁住在那裡的一間旅館，給他錢他就為你開槍殺人。我知道「石頭」指的是珠寶，惡棍開的是敞篷車，而當你想要藏一棵樹，最佳地點是森林。我聽這種東西長大，有時會聽廣播劇聽到興奮顫抖。它們讓我明瞭世界的運作模式，為我的白日夢加薪添柴，讓我的想像力馳騁。廣播劇是一門奇妙的藝術。

我實際走進百貨公司之前，已經在想像中買過不少東西。我用拉法牌肥皂和吉列牌藍刀刮鬍子，手戴寶路華手錶，在頭髮上塗抹維塔利髮膠，並在消化不良時服用瀉劑和藥丸——菲納明通便口香糖，以及里昂醫師的牙粉。我像小說中的警探麥可・翰墨一樣，有自己的一套正義。司法太沒效率又太複雜，辦不了正事。我認為法律是好東西沒錯，但現在我就是法律——死人不能替自己說話，所以我為他們伸張正義，懂嗎？我詢問那個幫廣播劇做音效的傢伙，如何做出電椅的聲音，他說那是煎培根肉的滋滋聲。骨頭碎掉的聲音呢？他拿出一顆「救命牌」薄荷涼糖，用牙齒把它咬碎。

我說不上來是什麼時候想到要自己寫歌。我寫不出任何東西能像我當時唱的民謠歌詞一樣說出我對世界的感受，甚至連一半都達不到。我想，寫歌這件事是漸進式發生的，不是某一天醒來你就決定非寫歌不可，在你是個有很多首歌可以唱而且每天繼續學到新歌的歌手的時候，特別是如此。而你會得到機會來翻轉某件事——把某個既存事物轉換成一個不曾存在過的東西。這可能就是我寫歌的開端。有時你只是想照自己的方式做事，想親眼看看迷濛的簾幕後面到底有些什麼——並不是你看到了歌曲朝你接近，於是你邀請它們入內；沒那麼簡單。你想寫出意義深遠的歌，你想細說你遇上的和你看到的怪事。你必須知道、必須理解某件事，然後用白話方式把它說出來。老歌手在創作歌曲時表現出的精確程度非常犀利，這是非同小可的事。有時你聽到一首歌，心智就往前躍進一大步，你聽到了和你相似的看待事情的模式。我從來不說一首歌是「好歌」或「壞歌」，我把它們看成不同種類的好歌。

有些歌曲說的可能是真實故事。我常聽到一首歌叫做〈我在夢中看見喬・希爾〉，我知道喬・希爾是個真實而重要的人物，但我不知道他的故事，我便請教了「民俗中心」的楊恩。楊恩從後房拿出有關喬・希爾的幾本小手冊給我讀，我讀到了好比神祕小說一般的情節。喬・希爾是瑞典移民，參加過墨西哥戰爭。他生活清貧，大約一九一〇年在西部成立了工會組織。這名救世主似的人物想要廢除資本主義的薪資制度——他兼具技工、樂手和詩人的身分，別人稱他是工人階級的羅伯・伯恩斯。

希爾寫了〈空中的派餅〉一曲，他是伍迪・蓋瑟瑞的前輩。知道這些就夠了。他被法庭以間接證據判處為犯下謀殺罪，在猶他州遭槍決。他一生的故事極為沉重。他是創立美國工人階級的抗爭組織——「世界工業勞工」的人士之一。他被控為了一點小錢而持槍搶劫雜貨店，並殺害店老闆父子，他在受審時只說了一句辯護詞：「拿出證據！」雜貨店老闆的兒子在死前曾對某人開槍，但沒有證據顯示子彈擊中了任何東西。然而，希爾身上有槍傷，涉嫌重大。當晚有五個人受到槍傷，並在同一家醫院接受治療、陸續出院，而後都消失無蹤。希爾說案發當時他人不在現場，但他不肯說他在哪裡、他和誰在一起。他不願為了保住自己性命而說出任何名字。一般認為此事牽涉到某女子，而希爾不想損害她名譽。案情愈發離奇複雜。隔天，希爾的一名好友失蹤。

這件事很離譜。包括礦工、肉販、招牌繪製工、鐵匠、水泥匠、汽管裝配工、製鐵工人在內的全美工人都很擁戴希爾，希爾能讓眾人團結，為所有人爭取權利，冒生命危險為所有下層階級和受到苛待的低薪工人爭取更好生活。假如你讀了他的人生故事，會發現他個性鮮明，你知道他不會是搶劫並殺害雜貨店店員的人。他的血液裡沒有這種基因；他不可能為了一點零錢做那種事。希爾一輩子追求榮譽和公正。他四處漂泊，保護弱小，並且時常步行巡邏。然而，對於那些恨他入骨的政客和企業老闆來說，希爾是徹頭徹尾的罪犯和社會公敵。他們多年來虎視眈眈等待機會除掉希爾。審判還沒開始，希爾就被判為有罪了。

整件事的發展非常驚人。一九一五年，美國各大城市，諸如克利夫蘭、印第安那波利斯、聖路易、布魯克林和底特律等等，只要是有工人和工會的地方就會有支持希爾的民眾上街遊行。希爾就是如此廣為人知且受到愛戴。當時的美國總統威爾遜也請猶他州官員再次審視本案，但猶他州州長對總統嗤之以鼻。行刑前，希爾說：「把我的骨灰灑在猶他州以外的任何地方。」

過了一陣子，有人寫了〈喬．希爾〉這首歌。我聽過幾首抗議歌曲，李德貝利的〈中產階級藍調〉、蓋瑟瑞的〈耶穌基督〉和〈勒德羅屠殺〉、比莉．哈樂黛的〈奇異水果〉等等都比它好。抗議歌曲很難做到不說教而且不侷限，你必須讓別人聽到他們不知道自己也擁有的某一面，〈喬．希爾〉這首歌還差得遠。不過，最能啓發人們寫歌的人物就屬希爾了。希爾的眼睛裡有光芒。

我想像假如這首歌是我寫的，我會以不同的方式讓他永垂不朽——比較像凱西．瓊斯或傑西．詹姆斯，你一定得這麼做。我想過兩種方式，一種是將「把我的骨灰灑在猶他州以外的任何地方」當歌名，並在歌曲中不斷重複這句話；另一種是仿照〈長黑面紗〉的做法，這首歌的敘述者是一個埋在墳墓裡的人，一首來自地下世界的歌。這首歌曲描述一個男人為了不讓某女子蒙羞而放棄自己的生命，並且因不願洩密而為別人犯的罪付出代價。我怎麼想都覺得〈長黑面紗〉像是喬．希爾自己寫的歌，好比是他的遺作。

我沒有為喬・希爾寫歌；我想過可以怎麼寫，但沒有動手。後來我寫出的第一首意義重大的歌，是為伍迪・蓋瑟瑞所寫。

□

那個冬天很冷，空氣中響著劈啪聲和火花。夜裡，藍色薄霧迷濛。我躺在綠草上，彷彿已經躺了幾百年，這兒卻瀰漫著十足的夏日氣味——光影在湖上跳舞，黃蝴蝶飛在黑柏油路上。清晨時分走在曼哈頓的第七大道，有時會看到有人睡在車子後座。我很幸運有地方住——在紐約也有人無地棲身。然而，很多東西是我沒有的，例如一個很明確的身分。「我是個流浪者——我是個賭徒，我離鄉背井。」我的感覺差不多就像這幾句歌詞。

國際新聞報導了七十九歲的畢卡索剛剛迎娶了三十五歲的模特兒。哇！畢卡索可沒在擁擠的人行道上閒晃，他的人生還沒結束哪。畢卡索打破藝術界的藩籬，而且使它門戶大開。他是個革命家，我對自己也有同樣的期許。

格林威治村的十二街上，有一家藝術電影院放映外國電影，法國片、義大利片、德國片。這很合理，因為偉大的民俗文化檔案保存者亞倫・羅麥克斯說過，假如你想離開美國，就去格林威治村。我在那裡看過幾部義大利導演費里尼的電影，其中一部叫《大路》，原片名的義大利文意思是「街道」。另一部叫《甜蜜的生活》，是講一個傢伙出賣靈魂，成為八卦新聞記者。他的生活有如遊樂園裡的哈哈鏡所顯現的模樣，只不但鏡中顯現的不是怪物，而是平凡人物的怪異行徑。我專心看著這部片子，心想以後可能不會再看到它。片中有個演員伊凡・瓊斯本人也是個劇作家，幾年後我到倫敦演出他寫的舞台劇時將會遇到他。我看到他時就知道自己見過他。我從不會忘記任何一張臉。

美國社會裡許多事情正在轉變。社會學家表示，電視會帶來致命危險，正在摧毀青少年的心靈和想像力，並且縮短他們集中注意力的時間。也許那是真的，但三分鐘的歌也能造成同樣後果。交響樂和歌劇很長，但聽眾似乎不會聽不懂或跟不上。聽三分鐘的歌曲時，聽眾不需要記住二十分鐘、十分鐘前唱過的詞；你用不著銜接任何東西。不必記住什麼。我唱的很多歌確實都很長，也許沒有歌劇或交響樂那麼長，但還是很長……至少歌詞很長。〈湯姆・裘德〉至少有十六段歌詞，〈芭芭拉・艾倫〉大約二十段，〈美麗的艾倫德〉、〈勒佛大人〉、〈小麥提・葛佛斯〉等歌也有很多段。對我來說，牢記或演唱長篇故事，一點都不麻煩。

我戒掉自己以短段落歌詞思考的習慣，並且開始閱讀較長的詩，測試自己是否讀到了後面還能記得開頭。我訓練自己的頭腦這樣做，擺脫不好的習慣，並且學會了安靜下來。

我讀完拜倫的〈唐璜〉，從頭到尾全神貫注。我還讀了柯立芝的名詩〈忽必烈汗〉。我開始把各種深奧的詩塞進腦子裡，彷彿長久以來我一直拉著一輛空空如也的推車，而今我開始填滿它，所以我得更費力去拉車。我覺得自己正從牧場後方走出來。我還有其他方面的改變。以前會影響我的事，如今也不會影響我。我不太在意別人和他們的動機，我覺得沒有必要檢查每一個向你靠近的陌生人。

□

古屈叫我讀福克納，他說：「福克納很不容易。要把很深的感情化為文字，這很難做到；寫《資本論》這種書還比較簡單。」古屈抽鴉片，他用竹菸斗和大圓碗抽鴉片。有一次，他們在廚房煮小塊的鴉片磚，煮到鴉片磚變成黏稠狀。他們反覆地煮，用濾布瀝乾水分——弄得廚房好像充滿貓的尿騷味，然後把鴉片放進瓦罐保存。但他不是垃圾場裡的邋遢毒蟲，一點都不像；他不像是只為了讓自己打起精神而吸毒的人——他不是習慣性的毒蟲，他沒有上癮。他不會為了滿足一種癖好而去搶劫，他不是那種人。古屈身上有很多我不了解的地方，我也不知道他為什麼從來沒有被警察逮到。

有一次，克雷頓和我晚歸，看到古屈在一張大椅子上睡著——像是睡在一個房間裡而燈光打在他臉上，他的眼睛下方有很深的凹陷，滿臉汗水，看來像在做惡夢。我們就那樣站著。克雷頓很高，一頭深色頭髮和尖尖的鬢角，模樣像畫家高更。克雷頓深吸一口氣，屏息良久，然後轉身離開。

古屈有很多種裝扮。有時他會穿一套衣領呈翅膀狀的條紋西裝，打摺的長褲上有曬衣夾的夾痕；有時他穿毛衣、燈芯絨長褲和鄉村皮靴。他常穿連身工作服，看起來像修車廠技工。他常穿一件深褐色駱駝毛長外套，不管裡面穿什麼都套上這件外套。

我到紐約幾個月後，就對凱魯亞克在《旅途上》中所描寫的「渴求快感」的時髦夢想失去興趣。那本書曾經是我的聖經。我仍然喜愛凱魯亞克筆下令人喘不過氣而充滿活力的咆勃詩句，但如今書中主角莫里爾提顯得很不合宜，而且漫無目的——他像一個可以對白癡產生激勵作用的角色，他像火車頭似的在人生路途上衝撞。

古屈不一樣，他不會在歲月之沙上留下足跡，但他有一個特別之處。他眼裡有血絲，有一張不會犯錯者的臉——他臉上沒有一絲惡意、邪念甚或罪惡。他彷彿可以隨心所欲征服別人與命令別人。古屈真是太神祕了。

沿著穿越公寓的狹窄走道，經過一兩間維多利亞式房間之後，還有另一間房間——這間房間稍大，有一扇面向巷子的大窗戶。這房間被安排成工作坊，各種器具堆積如山。大多數東西放在一張長木桌上或另一張鋪石板的桌上。角落裡有漆成白色的螺旋狀藤蔓，藤蔓上有鐵製的花。各式各樣的工具隨處放置：鐵鎚、鋼鋸、螺絲起子、電工鉗子、金屬絲剪子和撬棒、拔釘鑿、幾箱齒輪——在陽光下閃著反光。焊接工具和速寫板、油漆管和測量儀、電鑽——一罐又一罐能防水或防火的產品。

每一項東西都放在陽光下，還有許多火器。你會以為古屈在警察局工作，或是一名具備執照的槍械修理師。那裡有各種槍枝零件：手槍零件、大槍身、小槍身、托羅斯追蹤者手槍、口袋型手槍、扳機護弓，像堆肥一樣什麼東西都有——改造槍……槍管改短的槍，不同牌子的槍譬如魯格、白朗寧、單動式海軍手槍，每一支槍都狀況良好，閃閃發亮。走進這房間，你會覺得有隻瞪大的眼睛正監視著你。這很奇怪，古屈絕不是一個雄糾糾的硬漢。我曾問他後面這些東西是做什麼用的，有何用途。他說：「戰術應用。」

我以前就看過槍。我在家鄉的女友——我那個好比貝琪．柴契爾的女友，她父親卻和柴契爾法官截然不同——她父親家也有很多槍，大都是獵鹿步槍和散彈槍，還有幾把長管手槍，蠻令人毛骨悚然的。她住在鎮外圍遠離大路的木屋，那裡算是危險地區，因為他老爸以兇惡出名。有趣的是她母親是世上最親切的女人——就像大地之母，但她父親歷盡滄桑，一張臉飽經風霜，鬍子永遠沒刮乾淨，頭戴獵人帽，雙手起繭……他有工作時人還不錯，但當他沒工作做時，你就得小心。你永遠不知道他的心情如何，他是那種隨時以為別人要占他便宜的人。沒工作可做時，他會喝得爛醉，情況變得很糟。他會走進房間，咬牙切齒地咕噥。有一次，他用散彈槍把我和我一個朋友趕走，他在黑暗中對著在碎石路上的我們開槍。然而其他時候，他可能又很體貼。你永遠無法猜對。除了純純的愛之外，我喜歡去她家的原因之一是他們有吉米・羅傑斯的七十八轉老唱片。我常坐著聽「藍調約德爾歌手」唱著：「我是個田納西職業騙子，我不用工作。」我聽得渾然忘我。我也希望自己不用工作啊。我在古屈家看著那些槍，想著我以前的女友，不知她現在在做什麼。我最後一次看到她時，她要去西部。大家都說她長得像碧姬・芭杜，她的確像。

房裡還有其他有趣東西。一台雷明頓打字機、一支有著天鵝般曲線的薩克斯風彎管、一柄覆蓋摩洛哥皮料的鋁製望遠鏡，還有一些令人稱奇的物品：可以發動四伏特電力的小機器、莫霍克小型錄音機、奇怪的照片、肩膀上有隻貓頭鷹的南丁格爾人像、新奇的明信片——包括一張有棕櫚樹的加州風景明信片。

那時我還沒去過加州，我覺得加州似乎屬於某個特別而迷人的族群。我知道那裡生產電影，而洛杉磯有一家民謠俱樂部叫做「灰燼路」。我曾在「民俗中心」看過「灰燼路」的民謠演唱會海報，我一直夢想去那裡表演。但那似乎是一個遙遠的夢，我以為我永遠離不開家鄉——最後我不但離開家鄉，更把「灰燼路」拋在後頭。當我終於到了加州的時候，我的歌和名聲已經超過我自己。我在哥倫比亞唱片出了專輯，要前往加州聖塔莫尼卡市民活動中心，與所有曾錄製翻唱我歌的歌手同台表演，包括錄過〈鈴鼓手先生〉的「博茲合唱團」，錄過〈我真正想做的事〉的桑尼和雪兒，錄過〈不是我，寶貝〉的「烏龜合唱團」，發行了〈別猶豫〉的葛倫・坎貝爾，以及錄了〈正是第四街〉的強尼・瑞佛斯。

在所有翻唱我歌的版本中，我最喜歡強尼・瑞佛斯的作品。他和我顯然出自同樣的街市，讀過同樣的書，有相同的音樂背景，是同一個模子印出來的。我聽到瑞佛斯唱〈正是第四街〉時，甚至喜歡他的版本超過我自己的。我一遍又一遍聽。我的歌的翻唱版本大多都失去了原來的精神，但瑞佛斯保留住了——他的態度和音樂感甚至超越了我放進這首歌的感情。但我不應該驚訝，他唱查克・貝利的歌〈梅柏琳〉和〈曼菲斯〉時也有同樣的表現。我聽瑞佛斯唱我的歌，很清楚聽到生命對他和對我造成了同樣的影響。

還要幾年我才會前去加州的森蘭。我環顧房間四周，望向後窗，看到了黃昏的影子。防火梯的欄杆結了厚厚一層冰。我俯瞰巷子，然後抬頭看一棟一棟高樓的屋頂。雪又開始下了，覆蓋了水泥大地。我不覺得自己正在建立一種新的生活方式，也不是說我有什麼舊的生活方式。我只是想了解事物，然後不受它們羈絆。我必須學著用宏觀的方式觀看事物、了解各種思想。萬物太大，無法一次看盡，如同無法讀遍圖書館裡全部的書籍——一切都攤開在所有桌子上。假如你能掌握事物道理，或許能用一段文字把它們說出來，或用一首歌的一段歌詞唱出來。

□

有時你知道事情應該改變，即將改變，但你只能感覺到——就像山姆・庫克那首歌〈改變即將降臨〉——卻不很明確知道將是什麼改變。小事可以預告即將發生的事，而你可能認不出這些小事；然後某件事突然發生，你彷彿置身另一世界，跳進未知，並出於直覺就了解它——這時你自由了。無須問問題，因為你已知道答案。這種情況一旦發生，總是來得很快，像魔術，但其實不是。事情不是響起笨重的「砰」一聲之後就出現在你面前——並不是你的眼睛一亮，你就突然對某件事情變得非常有把握。事情的進展比這個緩慢一些。比方你白天工作，有一天發現天黑得比較早了，這跟你身在何處無關。某個人拿起鏡子，打開門鎖——門猛然被拉開，你被推進去，你的腦袋被迫進入另一個地方。有時，需要某一個人的提點，你才會發現這些。

對我來說，麥克・席格就有那種提醒作用；我最近在卡蜜拉・雅當斯家認識了麥克・

席格。雅當斯是位渾身異國風情、身材姣好的深色頭髮女人，長得像艾娃·嘉納，我以前常在美國數一數二的民謠俱樂部「傑德民謠城」看到她。傑德民謠城位在格林威治村外緣，靠近西百老匯的梅瑟街上，這家店雖然位於鬧區，卻和「藍天使」一樣屬於住宅區風格的俱樂部。在那裡演唱的民謠歌手大都出過唱片，在國內小有知名度；必須有工會會員證和夜總會表演證才能在那裡演唱。週一晚上是所謂的「鄉間民謠夜」，沒有知名度的民謠歌手也可以上台。我曾在那種場合上台，並因而認識雅當斯，成為點頭之交。她經常與看起來像私家偵探的人在一起。她很有女人味，與喬許·懷特和西斯可·休斯頓是好朋友。休斯頓罹患絕症，即將在傑德民謠城做最後幾場表演，我打算去聽他唱。我經常聽他在伍迪·蓋瑟瑞的專輯以及他自己的個人專輯中的演唱，他唱那些牛仔、伐木工人、鐵路工和惡棍的歌。休斯頓是伍迪·蓋瑟瑞的完美拍檔，他的歌聲是可以撫慰人心的男中音；他和蓋瑟瑞走遍大江南北，一起灌唱片，還在二次大戰期間一同在商船上當水手。休斯頓英俊瀟灑，蓄著稀疏的鬍子，與演員艾羅·弗林一樣看起來像船上賭徒。聽說休斯頓本來可以當上電影明星，但他回絕掉與梅娜·羅伊合作主演的機會。但伯爾·伊福斯就真的成為了電影明星；在大蕭條時期，他和休斯頓一起在移民營表演。休斯頓也在哥倫比亞電視台他自己的電視節目中演出，但時值麥卡錫年代，電視台只好請他走路。我對他的事瞭若指掌。休斯頓在表演中場休息時和雅當斯坐在一起，雅當斯介紹我和他認識，她對休斯頓說我是個年輕的民謠歌手，唱很多蓋瑟瑞的歌。休斯頓很親切，氣質高貴，講話像是在唱歌。他用不著多說——你知道他經歷大風大浪，做過一些大事，值得稱讚和敬佩，但他並不把這些掛在嘴上。我看著他演唱，完全感覺不出他的大限將至;幾天後，雅當斯會為他辦一場送別會，也邀了我去。雅當斯住在第五大道靠近華盛頓廣場公園一棟羅馬式大宅的寬敞頂樓。

我當時不知情，不過雅當斯後來可能說服了傑德民謠城的老闆邁可・波可和他弟弟約翰，僱請我和約翰・李・虎克一同做為期兩週的演唱。由於我尚未成年，波可還在我的夜總會表演證和工會會員證上簽字，當我的監護人，因此他對我來說就像個父親——一個我不曾擁有的西西里父親。我和算是我兼職女友的狄蘿瑞斯・狄克森一起去雅當斯家。狄蘿瑞斯是樂團主唱，那個樂團「新世界歌手」跟我很熟。她來自阿拉巴馬州，當過記者和舞者。

進了雅當斯家，我發現屋裡擠滿了人，都是波希米亞式的人物，很多是前輩級人物。空氣中瀰漫著濃濃的香水、香菸、威士忌和人群的氣味。這屋子有很濃的維多利亞風格，擺了很多可愛裝飾品。藝術燈、雕工精細的臥房椅、絲絨沙發——火焰燃燒的壁爐旁，幾座厚重的柴架用鐵鍊相鍊接。我湊上前看，想起熱狗和棉花糖。狄蘿瑞斯和我並不覺得多麼自在。我身穿厚法蘭絨襯衫和羊皮外套、鴨舌帽、卡其褲和摩托車靴。狄蘿瑞斯則在海狸毛皮的長大衣裡面穿了件看起來像洋裝的睡袍。我見到了許多人，很多位民謠界位高權重的人士，他們不久後會與我重逢，但初次見面他們對我都很冷漠，絲毫不感興趣。他們看得出我不是來自北卡羅來納州山區（的山地民歌手），也不是個商業化的國際級歌星。我格格不入，他們不知該如何看待我。不過，彼特・席格對我打了招呼。他旁邊是「織布工」的經紀人哈洛・雷文索。雷文索說話的聲音低沈但輕聲，聲音發自喉嚨深處，你必須靠近才能聽清楚；他後來負責宣傳我在市政廳舉行的演唱會。

另一個傢伙亨利・薛里登是電影明星梅・蕙斯特的男友；梅・蕙斯特後來會錄唱我的一首歌。人都到齊了，好幾個前衛藝術家，譬如以摔角和棒球等運動為編舞靈感的茱蒂斯・鄧、《金眼鏡蛇》的地下電影導演肯・賈可伯，以及麵包與木偶劇團的彼特・舒曼——在他的劇作《耶誕故事》中，希拉王抽著大雪茄，而用一個戴了三張臉面具的木偶代表東方三博士。在場的還有創立民風唱片公司的莫・艾許，以及在電影《地獄驚魂》飾演馬克思・穆勒警長的席鐸・畢可。畢可不但是優秀的演員，也會用外國語言唱民謠。幾年後，我會和畢可與席格前往密西西比州的選舉人登記大會上演唱。我在雅當斯家裡還遇見哈利・傑克森，我和他在「民謠城」就已結識——傑克森是來自懷俄明州的牛仔雕刻家、畫家和歌手。傑克森在布魯米街有一間畫室，後來我坐著讓他為我畫了一張肖像。他在義大利也有一間畫室；他為義大利城鎮的廣場做雕像。傑克森生性粗枝大葉，板著一張臉，模樣像南北戰爭裡的格蘭特將軍。他常唱牛仔歌，喝酒喝得很兇。

休斯頓把各式各樣的人邀集一堂，其中包括以前加入工會的會員和勞工組織負責人。最近，新聞報導了美國勞工總會與「世界工業勞工」在波多黎各舉行的董事會議，這些報導相當有趣。那個董事會為期一週，工會董事們被記者拍攝到狂飲蘭姆酒，上賭場和夜總會，還在飯店游泳池畔閒晃、游泳，浴袍隨風飄拂，臉上戴著好萊塢式太陽眼鏡——他們在跳水板上倒立。看起來真墮落。他們來這裡的目的，本是為了討論一場主旨為突顯失業問題、打算在華盛頓廣場舉行的大遊行，顯然他們不知道攝影機正對著自己。

不過，聚在雅當斯家的這群人不一樣，他們看起來比較像拖船船長或穿鬆垮褲子的外野手或搬運工。麥克・麥肯錫曾是布魯克林濱水區的工會創始者，我見到他和他那位曾在瑪莎・葛蘭姆舞團當舞者的妻子伊芙。他們住在第二十八街，我後來也成為他們的客人……睡在他們家客廳的沙發。有些人來自藝術界——幾個了解阿姆斯特丹、巴黎和斯德哥爾摩等城市藝壇動態的人，對那些動態發表高論；其中一人是觸法藝術家羅蘋・惠特洛，用類似慢舞的步伐走過我身旁。我說：「你在做什麼？」她答：「我來吃大餐。」若干年後，惠特洛會因為私闖民宅、破壞物件和偷竊而被逮捕，而她辯稱自己是藝術家，她的舉動是一場行動藝術表演。令人不敢相信的是，她的起訴後來被撤銷。

民謠雜誌《唱出來！》的編輯厄文・席伯也在場。幾年後，他會在雜誌文章上公開斥責我背棄民謠圈。那是一封怒氣沖沖的信。我喜歡席伯這個人，但我無法認同那封信。後來，爵士樂手邁爾斯・戴維斯製作發行了《潑婦罵街》專輯，也受到類似指控。那張專輯不遵循現代爵士樂的規章，而當時現代爵士樂就快要打入大眾市場，沒想到戴維斯的唱片殺出來，毀掉了這機會。戴維斯被爵士圈斥責，我很難想像他會多麼難過。拉丁美洲的音樂人也打破規則，喬瓦・吉貝托、羅貝托・梅納斯卡和卡洛斯・里拉等人，掙脫了鼓聲隆隆的森巴音樂，做了旋律上的變革，創造了新形式的巴西音樂，稱它為「波沙諾瓦」。至於我，我突破的方式是在民謠樂上做簡單的改變，並加入新的意象和態度，使用新穎的文句和比喻，並且融合傳統風格，把民謠演化為無人聽過的嶄新面貌。席伯寫信責怪我如此做，彷彿只有他和少數人才擁有通往真實世界的鑰匙。但我知道自己在做什麼，我不會為任何人走回頭路，或者撤退。

聚在雅當斯家裡的還有一些百老匯和外百老匯的演員——包括了我可能一直暗戀著的迷人女星戴安娜・山茲等人。許多樂手和歌手：李・黑斯、艾瑞克・達林（他剛剛組了「屋頂歌手合唱團」，很快就會錄製葛斯・坎能的老歌〈直接走進去〉，並打入流行歌曲排行榜〉、桑尼・泰瑞、布朗尼・麥吉、洛根・英格里許。我也是在「民謠城市」認識英格里許的；他來自肯塔基州，打著黑領巾，彈五弦琴……擅長彈奏巴斯康・拉瑪・蘭斯佛的歌曲，譬如〈庭院裡的錢鼠〉和〈灰鷹〉。英格里許像一名心理學教授，他長於表演，但不善創作。他的個性頗為拘謹而傳統，但眼中閃著光芒。他熱愛老音樂。他的氣色紅潤，手上永遠拿著一瓶酒——他直呼我的本名，叫我羅伯。為哈利・貝拉馮特彈吉他的米勒・湯瑪斯也在場。貝拉馮特是全國最棒的抒情歌手，這是眾所皆知的事。他是很出色的藝人，演唱有關戀人和奴隸的歌——服勞役的囚犯、聖人、罪人和孩童。他的演唱曲目上盡是老民謠，如〈固執的傑瑞〉、〈我的隊長托爾〉、〈親愛的柯拉〉、〈約翰・亨利〉、〈罪人的祈禱〉，以及許多能取悅普羅大眾的加勒比民謠；這些編曲比「金斯頓三重唱」的編曲更為流行。貝拉馮特直接學唱李德貝利和伍迪・蓋瑟瑞的歌，他的唱片在RCA唱片公司發行，其中一張《貝拉馮特唱加勒比歌》甚至賣了一百萬張。他也是電影明星，但和貓王的路子不一樣。他是鐵錚錚的硬漢，頗有白蘭度或洛德・史戴傑的味道。銀幕上的他，戲劇化而且情感強烈，帶著稚氣的笑容和深深的敵意。在電影《罪魁伏法記》中，你會忘記他是演員，忘記他是哈利・貝拉馮特。他非常震人心弦，就像默片時代的巨星范倫鐵諾。以表演者來說，他打破了出席紀錄：他可以在卡內基音樂廳對著滿場的觀眾表演，隔天卻出現在成衣工會的遊行活動中；對貝拉馮特來說，觀眾就是觀眾，不管是出現在什麼場合。他有理想，而且會讓人覺得自己是人類的一份子。沒有其他表演者像貝拉馮特一樣跨越這麼多界線，他受到大家歡迎，不管是煉鋼工人或交響樂團資助者或時尚少女，甚至兒童，都受到他吸引。他有股罕見的大眾魅力。他曾說過他不喜歡上電視，因為他認為小螢幕無法恰當呈現他的音樂；他或許是對的。有關他的一切都巨大無比。民謠純粹主義者不喜歡他，但貝拉馮特不在意，如果他要，他可以讓那些反對他的人體無完膚。他說每一個民謠歌手都是詮釋者——他是公開這麼說的，彷彿有人要他站出來匡正是非。他甚至說過他厭惡流行歌曲，認為它們是垃圾。在各方面，我都能認同貝拉馮特。他曾經因為膚色而被世界知名的「柯帕卡巴納」夜總會拒於門外，但後來他成為該夜總會的主秀；我真好奇這會引起什麼樣的情緒反應。非常驚人而且令人難以置信的是，後來我在職業生涯首次錄製作品時，是與貝拉馮特合作的；我在他的專輯《午夜專車》中吹奏口琴。很奇怪的是，在我接下來幾年裡的錄音記錄中，我只記得那次錄音的日期，我連自己專輯的錄音日期都不記得了。與貝拉馮特合作，我覺得自己彷彿在某方面得到了醍醐灌頂式的效果；他和妙喬治對我造成相同的影響。貝拉馮特是少數能散發出偉大氣質的人物，你會希望自己能沾一點光。這個人值得尊敬；他可以走輕鬆容易的路，但他從來不。

天色已晚，我和狄蘿瑞斯正準備離開，這時我看到麥克・席格。我先前沒注意到他。看著他從牆邊走向桌子，我的腦袋突然清醒，而心情馬上變好。我曾在東十街一間校舍看過席格和「新墮落城市浪人」一同表演，他好厲害，我產生一種奇異的感覺。席格是無人能及的，他像個公爵，一個漂泊的騎士。以民謠歌手來說，他是極致的典型。他可以用木樁插進吸血鬼的黑心臟。他集浪漫派、平等主義者和革命家的身分於一身，血液中流著騎士的因子。他好比某個復興帝國的人物，降臨世間來淨化教會。你無法想像他會對哪件事大驚小怪。我曾在亞倫・羅麥克斯位於第三街的閣樓聽過他單獨表演。羅麥克斯一個月辦兩次聚會，並邀請民謠歌手演唱。那其實不算真的活動或演唱會，我不知道該如何稱呼它……社交聚會？你可能會看到羅斯可・霍康、克雷倫斯・艾許利、達克・伯格斯、密西西比・約翰・赫特、羅伯・彼特・威廉斯，甚或唐・史托佛和百合兄弟——有時羅麥克斯甚至會申請到讓州立監獄給若干囚犯一點假，把他們帶來紐約在他的閣樓表演田野吟唱。應邀的觀眾多半是當地醫生、都會顯貴、人類學家，不過一定也有些人是一般民眾。

這種聚會我去過一兩次，並在這類聚會上看到了沒帶樂團的席格獨自表演。他唱了〈五哩的追趕〉、〈偉大的密西西比〉、〈克勞德・艾倫藍調〉等歌，並包辦所有的樂器演奏：五弦琴、小提琴、曼陀林、和弦齊特琴和吉他，甚至還用架子架起口琴。席格會讓人起雞皮疙瘩。他不苟言笑，能看穿別人心思。他身穿袖口鑲了銀邊的雪白襯衫。他悠遊於各種領域，演奏各種類型的古老樂風，而且十八般武藝樣樣精通——三角洲藍調、散拍爵士、吟遊詩歌、單人踢躂舞、舞曲、鄉村派對、讚美詩和福音歌曲——近距離看他，我突然想起一些東西。他不只是把每一種音樂都表演得很棒而已，而是表演到最好的境界。我太沉浸於他的演唱之中，聽得出了神。我必須努力鍛鍊才能得到的東西，席格天生就具備了，就在他的基因裡。這種音樂一定是在他出生之前就進入了他的血液裡。這是學不來的，我領悟到，我也許該改變我的思考模式……我必須開始相信我以往不願相信的可能性。另外，我一直把自己的創造力限制在非常狹窄而可以控制的範圍裡……以至於一切變得太過熟悉。我也許應該離開自己、不要設定方向。

我知道自己的做法正確，走在正軌上，能夠及時吸收第一手資訊——我熟背歌詞、旋律和變化，但現在我明白，我可能需要一輩子時間來實際運用那些知識，而席格用不著這麼做。他渾然天成。他太好，而你做不到「太好」，至少在這世上不可能。為了做到那麼好，你只好學他，而不是學其他人。民謠是捉摸不定的——它描寫人生，而人生大約就是個謊言，然而這正符合我們的希望，不是這樣的話我們會不自在。一首民謠有上千種面貌，你想唱這種東西就得看盡它所有的面貌。一首民謠可能會有不同的涵意，會隨著時間而改頭換面，要視演唱者和聽眾而定。

我突然浮出一個念頭，想寫自己的民謠歌曲，寫出席格不知道的歌。這個念頭很驚人。我到此時也累積了一點資歷，自認為做得不錯，但我突然覺悟自己還差得遠呢。你打開一間黑暗房間的門，自以為知道房裡有什麼東西，知道所有物件擺放的位置，但你要一直到真正踏進房裡了，才會知道。我不能說我看過什麼帶有宗教體驗的表演，而我就在羅麥克斯的閣樓裡初次見識到。我陷入沉思。我還沒準備展開行動，但我多少明白，假如我要繼續做音樂，就必須掌握更多的自己。我必須放下很多事物不管——甚至很多是需要得到我關注的事物——但無所謂，反正它們本來就是我完全無力掌控的事物。我心中有一張地圖，必要時甚至能不用工具就徒手畫出來；如今我知道我必須把這張地圖丟掉——不在今天，也不在今晚，而是在不久的將來。

在雅當斯的住處，莫・艾許與席格閒聊著；他們站在那兒，像兩個知道自己在說什麼的人。（席格的）「新墮落城市浪人」的唱片都是由艾許的民風唱片公司發行，這是我最注意的唱片廠牌。假如艾許能簽下我，對我來說是美夢成真。我和狄蘿瑞斯該離開了，於是我向休斯頓告辭，順口聊了幾句——我說我常去醫院探視伍迪・蓋瑟瑞。休斯頓笑了，他說伍迪從來不掩飾，對吧，並請我下次去時替他打聲招呼。我點頭說再見，走到玄關，下樓……經過門廊，走出大門。

狄蘿瑞斯和我站在外頭，抬頭看著刻有神話野獸的羅馬式柱子。非常冷，我把手插進口袋。我們往第六大道走。街上人聲鼎沸，我看著他們走過。TS艾略特曾在詩句中描寫人來人往，他說，每一個與你朝相反方向走的人都像是在逃離。那一晚的景象就是這樣，那晚之後的一段時間也常常是這樣。尼采在《超越善與惡》一書中談到，他在人生開端就覺得垂垂老矣……我也有同感。幾個星期後，有人告訴我休斯頓去世了。

□

美國正在改變。我感覺到了命運的出現，而我正站在轉變之上往前進。這時候待在紐約是件好事，我的意識也開始轉變，轉變，並且延伸。有一件事很確定，那就是假如我想寫民謠歌曲，我就需要某種新的模範，需要某種不會耗竭的哲學上的認同。它將必須是自己從外面而來。在我不自覺的情況下，它就要發生了。

保羅・克雷頓和古屈有時候會通宵聊天，他們說紐約市是世界的首都。他們會分據兩張桌……不是仰靠在牆上，就是傾身靠著桌邊，喝著咖啡，啜著一杯又一杯的白蘭地。克雷頓是范・朗克的好友，來自麻薩諸塞州的捕鯨重鎮新貝德福——他唱很多漁村歌謠。他有清教徒血統，但有幾位年長親戚出身於早期維吉尼亞州的望族。克雷頓在維吉尼亞州的夏洛特市市郊也有一間木屋，偶爾前去過夜。後來我們幾個人也去借住，在山裡玩了一個星期。那間木屋沒水沒電，夜裡得靠煤油燈和鏡子照明。

古屈來自維吉尼亞州，他的祖先裡有人在美國內戰時曾經分別投效兩邊陣營。我倚著牆，閉上眼，他倆的聲音飄入我腦海，彷彿來自另一個世界。他們聊著狗、釣魚和森林火災，愛情和君主政體，以及內戰。古屈說，紐約市是贏得內戰的一方，脫穎而出——在內戰中居於錯誤那一方的陣營輸了；他說奴隸制度是邪惡的，但不管林肯有沒有出現，那玩意兒最終也會消失。聽到他這樣說，我覺得這種說法很奇怪而且很糟糕，但他說都說了，隨他去。

稍晚，我醒來，房間裡已空無一人。一會兒，我下樓出門，準備去見個唱歌的朋友，馬克・史波斯特拉。我們打算在布里克街靠近湯普森街的一家小咖啡館碰頭，那家咖啡館氣氛陰森，但離我們住處近，老闆是個名叫「荷蘭人」的傢伙。這位荷蘭人長得像民間傳說裡的西伯利亞瘋狂修道士拉斯普廷。他租下那家店，邀請爵士樂手來表演，譬如塞希爾・泰勒就經常在此表演。我曾經和泰勒在那間咖啡館同台過一次，唱老民謠曲〈遼闊大海〉。

泰勒如果願意，就會彈奏鋼琴。我也和比利・希金斯、唐・伽利在那兒表演過。史波斯特拉和我在咖啡館會合後，要走路到傑德民謠城，與那裡的主持人，密西西比福音藍調歌手約翰・塞勒斯弟兄，排練幾首歌。

我出了門，走過卡敏街，經過修車廠、理髮店、乾洗店和五金行。咖啡館傳出收音機聲響。積雪的街上到處是垃圾、悲傷和汽油的味道。咖啡館和民謠俱樂部只隔幾條街，感覺卻像相隔幾哩遠。

我抵達時，史波斯特拉已經到了，荷蘭老闆也在。荷蘭人躺在咖啡館前面的入口通道，血把地上的冰都染紅了，雪地裡有紅色血跡，像蜘蛛網。那棟房子的老房東在店裡等著荷蘭人出現，然後捅了他一刀。荷蘭人還穿戴著毛帽、咖啡色長外套和馬靴，頭枕在珍珠灰天色之下的門廊上。衝突好像肇因於荷蘭人不付房租，而且態度火爆，好幾次用蠻力把老人家趕走。小老頭受夠了，最後終於爆發，像表演特技似的整個人躍起，撲上去；想把一把刀插進厚重的咖啡色長外套裡一定需要高超的技巧和能力。看到荷蘭人躺在地上，他的咖啡色長髮糾結，鬍子結霜，活像在蓋茨堡倒下的外籍傭兵。老房東坐在大門敞開的咖啡館裡，面朝已被幾名警察圍住的人行道。他的臉孔扭曲，看來幾乎變了形——面如死灰。他眼神呆滯，渾然不知身在何處。

一些路人經過，連看都不看一眼。史波斯特拉和我離開咖啡店，往蘇利文街走。「眞是件悲劇，讓人難過，但又能怎樣？」他似乎並不眞的想得到答案。我說：「的確。」但我不難過，我只是想著這件事眞討厭，而且噁心，我可能不會再走進那間小咖啡館，大概永遠不會。

然而，那幅畫面的力量多少刺激了我——也許是因為前一晚我聽到有人談論這家店，但它令我想起我看過的一些靜態的南北戰爭畫面。我對於美國內戰這樁如同洪水般的大事知道多少？也許是零。我成長的地方不曾出現過大規模戰事，不像錢塞勒市、奔牛市、菲德里堡或桃樹溪。我只知道美國內戰的目的是爭取各州的自主權，最終廢除奴隸制度。說來奇怪，我對此感到好奇，想知道更多，於是我問了熟知政治的范・朗克對於州自主權有何認識。范・朗克可以跟你談一整天社會主義天堂和政治烏托邦——他可以對中產階級民主、托洛茨基主義和馬克思主義，以及國際勞工秩序等議題些發表精采論述，但他似乎對美國各州的自主權感到困惑。他說：「內戰的目的是要解放奴隸，這一點無庸置疑。」然而，范・朗克從不會忘記提醒你，他有自己獨到的看事情角度。「聽著，小老弟，就算那些南方貴族釋放了奴隸，這對他們也沒多大好處。為了搶奪貴族的土地，我們還是會去燒殺擄掠，這就叫做帝國主義。」范・朗克採取馬克思觀點：「這是兩個對立的經濟體系之間的大戰，就是這樣。」

范・朗克有個特點，那就是他說的話絕不會枯燥或模糊。我們唱同樣類型的歌，而這些歌原本的演唱者似乎都在尋找文字來表達，幾乎像是在使用異國語言。我逐漸覺得，這種語彙的產生，可能與一百多年前各州想要脫離聯邦時的情勢有關，也和那股激情所產生的目標和理想有關——至少對於經歷過內戰的世代是如此。突然之間，內戰似乎不是那麼遙遠的往事。

有一次我打電話回老家，我父親接過話筒說話，問我人在何處。我說我在世界的首都紐約市。他說：「這句話真好笑。」但這不是笑話，紐約市是一塊磁鐵——它能吸引各種事物，但若把磁鐵拿走，一切就會崩解。

□

古屈的飄逸金髮呈波浪狀，就像演員傑利・李・路易斯，也像傳道牧師比利・葛拉罕的標準髮型，是那種早期搖滾樂歌手喜歡模仿的髮型，能創造潮流。古屈不是牧師，但他會做牧師才做的事，而且他很逗。他說假如他對農夫講道，他會教導他們播下愛的種子，然後收割救贖的稻子。他也會對商人講道：「姊妹弟兄們，在罪惡中交易是不會有利益的！

永生不會經由買賣而來。」他對所有人都可以搬出一套佈道辭令。古屈是南方人，對此毫不隱諱，但他反對蓄奴的程度和他反對聯邦制一樣強烈。他說：「奴隸制度應該打從一開始就禁止，這是惡魔般的行為。奴隸會導致自由勞工賺不到像樣的錢——所以必須打破奴隸制。」古屈很務實，有時簡直像是沒有感情或靈魂。

他的公寓裡有五、六個房間，其中一間裡擺了張很棒的寫字檯，有捲動式頂蓋的設計，看起來很堅固耐用，簡直可說是無法摧毀——橡木質，隱藏式抽屜，架上有一具雙面顯示的鐘，仙女圖樣的雕飾和羅馬智慧女神的圓板雕飾——這是用來開啓隱藏抽屜的機械裝置；上層的鑲飾木板上和鍍金青銅底座上裱貼了數學和天文學的標記。棒透了。我坐在桌前，雙腳穩穩貼著地面，拿出一張紙，寫信給我堂妹蕊妮。蕊妮和我從小就很親，我們騎同一輛腳踏車，那是配有倒踩煞車裝置的許溫斯牌腳踏車。有時她會跟著我到不同地方演唱，甚至幫我在一件襯衫上繡花樣，讓我上台時看起來搶眼一點。她還在我一條長褲的側邊縫了緞帶。

有一次她問我，我表演時——尤其是在家鄉附近的城鎮表演時，為何要用別的名字上台，難道我不想讓別人知道我的真實身分嗎？她問我：「艾斯頓•岡是誰？不是你，對吧？」我說：「啊，你馬上會知道他是誰。」艾斯頓•岡這個名字只是權宜之計，我決定離家後就要自稱為羅伯・艾倫。對我來說，羅伯・艾倫就是我——就是父母給我取的名字。這名字聽起來像個蘇格蘭國王，我很喜歡，頗符合我本性。我後來會動搖，是因為我在《強拍》雜誌讀到一篇報導，提到一位叫大衛・艾綸的西岸薩克斯風手。我懷疑這位先生改了自己的姓氏拼法，從 Allen 改成 Allyn。我能了解，因為這個新名字看起來比較有異國情調，比較神祕。我也想仿效，我要把羅伯・艾倫改成羅伯・艾綸。過了沒幾天，我無意間讀到狄倫・湯瑪斯的詩；「狄倫」和「艾綸」的發音聽起來蠻類似。羅伯・狄倫；羅伯・艾綸。我難以取決——D這個字母比較強烈，但羅伯・狄倫看起來或聽起來都比不上羅伯・艾綸。大家總是叫我羅伯或巴比，但我覺得「巴比・狄倫」聽起來太輕佻，而且已經有人叫巴比・德林、巴比・斐伊、巴比・里德、巴比・尼利等等的巴比。巴布・狄倫看起來和聽起來比巴布・艾綸都要好。然後我在雙子城頭一次被人問起我的名字，我不假思索就說：「巴布・狄倫。」

這麼一來，我得習慣聽別人叫我巴布。每當有人那樣叫我，我都得花一點時間才回過神來。至於巴比・辛莫曼這個名字，我現在跟你們明說，大家聽好：巴比・辛莫曼是聖伯納迪諾天使隊發展史早期的一位董事長，一九六四年在貝斯湖比賽時喪生。他騎單車時頭巾掉了；他在大群觀眾面前來了個一百八十度迴轉，準備撿起圍巾，卻當場死亡。那個人消失了，人生畫下了句點。

我寫完給蕊妮的信，署名巴比，她以前就叫我巴比，以後也會。拼字很重要。假如我必須在羅伯・狄倫和羅伯・艾綸這兩者之間擇一，我會選羅伯・艾綸，因為它印成鉛字比較漂亮。巴布・艾綸這名字就不行——這名字聽起來像是賣二手車的業務員。我懷疑狄倫・湯瑪斯以前曾經叫過Dillon，而他也改了字母拼法，只是這件事沒辦法證明。

說到巴比，我的老友兼表演夥伴巴比・斐伊的新歌〈好好照顧我的寶貝〉打進了排行榜。巴比・斐伊來自北達科塔州的法哥，他老家距離我老家不遠。一九五九年夏天，他在家鄉唱片廠牌出版的《蘇西寶貝》成為地區性的暢銷唱片。他的樂團叫做「影子」。我搭便車去找他，希望說服他，讓我在他的本地小型演唱會上——其中一場是在一間教堂的地下室舉行——擔任鋼琴手。我和巴比・斐伊合作演出了幾場，但他並不需要鋼琴手，而且他表演的場地幾乎都沒有音調準確的鋼琴。

巴比・斐伊和我日後在音樂上的發展南轅北轍，但我和他有很多共同點。我們有相同的音樂發展過程，在相同的時間點從相同的地方來到紐約。他也離開了中西部，並在好萊塢闖出一片天。他的聲音裡有種金屬的銳利感，像銀鈴一樣悅耳，與巴帝・哈利的聲音很像，但更厚一點。我認識他時，他是個傑出的搖滾鄉村樂歌手，如今他已跨界成為受歡迎的流行歌手。他為自由唱片公司灌錄唱片，不斷有單曲打進暢銷排行榜。甚至就在披頭四入侵美國時，他的歌還能和披頭四的歌並列在排行榜上。他那時當紅的單曲〈好好照顧我的寶貝〉聽起來始終那麼滑順靈巧。

我想再見到巴比・斐伊，於是我搭D線火車，到弗萊布許大道上的布魯克林派拉蒙劇院，去看他和「雪瑞爾合唱團」、「丹尼和小夥子」、傑基・威爾森、班・E・金、麥克辛・布朗等人的演唱。巴比・斐伊已經是當紅歌手，看起來似乎在短時間裡經歷了很多事。斐伊出來見我，還是和以前一樣踏實，身穿閃亮的絲質西裝和細領帶，好像真的很高興見到我，沒顯露出驚訝表情。我們聊了一會兒，他問我，生活在紐約有什麼感覺。我說：「要走很多路，得好好保養腳。」

我告訴他我在民謠俱樂部表演，但我沒辦法繼續向他多說什麼。他認識的民謠音樂藝人大概只有「金斯頓三重唱」和「四兄弟合唱團」之類的，他已經成為迎合大眾口味的流行歌手。我對於流行歌曲沒有意見，但流行的定義在改變，現在的流行歌曲似乎沒有以前的好。我很喜歡〈少了一首歌〉、〈老河流〉、〈星塵〉和其他上百首歌。在新歌之中，我最喜歡〈月河〉，這首歌我在睡夢中都會唱。我的朋友可能也在第十四街轉彎處等待著。古屈家裡的民謠唱片不多，我住在那裡時常播放法蘭克・辛納屈的偉大歌曲〈退潮〉，每一次聽這首歌，我心中都充滿敬畏。這首歌的歌詞非常神祕，令人目瞪口呆。聽辛納屈唱這首歌，我可以在他的歌聲中聽到一切——死亡、上帝和宇宙。一切。但我還有其他事要做，不能聽太多那種東西。

我不想占用斐伊太多時間，於是向他道別。我走下劇院側邊的樓梯，從一扇側門離開。成群的少女在寒冷的外頭等候，我穿過她們，踏著計程車和私家轎車在冰封街道上緩慢行進所犁出的車轍，回到地鐵站。再見到斐伊是三十年後的事，雖然人事全非，但我始終把他當兄弟看待。不管我在哪兒看到他的名字，我都覺得好像與他共處一室。

□

格林威治村到處是民謠俱樂部、酒吧和咖啡館。我們這種什麼場子都去的人，在這些地方演唱老民謠、鄉村藍調和舞曲。有些人自己寫歌，例如湯姆・派克斯頓和藍・錢德勒。因為他們是用舊曲配上新詞，所以大部分聽眾都能接受。錢德勒和派克斯頓都寫時事歌曲——他以報紙上光怪陸離的事件為題材，寫成歌曲，譬如修女結婚、高中老師從布魯克林大橋飛躍而下、觀光客搶劫加油站、百老匯美女遭到毆打並棄置在雪地……這類的事。錢德勒往往可以把這些報導塑造成歌曲，找到一個切入角度。派克斯頓的歌也與時事有關，不過他最有名的歌〈最後一件心事〉是浪漫纏綿的情歌。我也寫了幾首歌，偷偷安插進我的表演曲目中，但沒有做出什麼成績。

不過，我也還是唱了很多時事歌曲。有關真實事件的歌都算是時事歌，你通常可以在這些歌中找到某種觀點，然後找出它的價值。寫詞的人不用講求精確符合事實，你怎麼寫，別人就怎麼聽。

據說，寫出〈傑西・詹姆斯〉這首歌的比利・蓋薛德使得聽者相信，這個叫詹姆斯的人劫富濟貧，並且被某個「齷齪的小懦夫」射殺。在歌曲中，詹姆斯搶劫銀行，把錢送給窮人，最後被朋友背叛。然而各種傳說都說詹姆斯是個殺人狂，他絕不是那首歌中所歌詠的羅賓漢。但比利・蓋薛德可以決定自己的作品，並大肆利用這種決定權。

時事歌曲不是抗議歌曲，「抗議歌手」一詞並不存在，就像沒有「創作型歌手」這回事。你是個表演者，或者你不是，一翻兩瞪眼——你是民謠歌手，或者不是。有人會使用「異議歌曲」這個詞，但這也是罕見狀況。我後來曾經試著解釋我自認我不是抗議歌手，這中間有誤會。我認為自己沒有在抗議任何事情，就像伍迪・蓋瑟瑞的歌不是在抗議任何事情。假如他算抗議歌手，那麼睡眼約翰・艾斯提和傑利・洛爾・莫頓也是抗議歌手。我常聽的是具有反叛精神的歌曲，而且深受感動。克蘭西兄弟——湯姆、派帝和連恩等三人，和他們的夥伴湯米・梅肯，就唱了很多反叛歌曲。

我和連恩交上朋友，表演結束後會一起去哈德森街的「白馬客棧」——這是一家愛爾蘭酒吧，主要顧客是愛爾蘭人。他們會唱一整晚的飲酒歌、鄉村抒情曲，以及令人情緒激動到足以掀翻屋頂的反叛歌曲。反叛歌曲是很正經的東西，語言花俏而且挑釁，歌詞中充滿動作，要以充沛的活力演唱。歌手的眼中總是閃著歡快的光芒，而且一定要有。我很喜歡這些歌，它們老是盤旋在我腦海中，直到隔天仍揮之不去。但那些不是抗議歌曲，而是反叛敘事民謠……就連最簡單、旋律性的勸世歌裡，也潛藏著反叛精神，你躲都躲不掉。我的表演曲目中也有這種歌，歌詞裡的美好事物會突然逆轉，但接下來出現的不是反叛而是死神，拿著鐮刀的猙獰傢伙。我對於反叛比較有感覺。反叛是充滿活力、浪漫且榮譽的。但死神不是。

我開始思考自己也許該做點改變，但愛爾蘭風情不同於美國風味，所以我必須找到某種楔形文字——某種古老的聖杯，來為我指引方向。我想寫的歌，我心裡大致有了輪廓，我只是還不知道該怎麼寫。

□

我做什麼事都很快速，腦筋動很快，吃東西很快，說話和走路都很快，我連唱歌都唱得很快。假如我想要寫出有內涵的歌，我得讓頭腦轉動得慢一點。

我無法用言語說出我到底想追尋什麼，但我開始上紐約市立圖書館。那是一棟宏偉建築，有大理石地板和牆壁，寬闊的空間和拱形天花板。走進這棟建築，它會散發出勝利和光榮。我在樓上一間閱覽室裡閱讀一八五五年之後大約十年間的新聞顯微膠片，想了解那時候的生活情形。我對於新聞報導的議題沒那麼感興趣，倒是覺得那個年代的語言和辭令很有意思。包括《芝加哥論壇報》、《布魯克林時報》、《賓州自由民報》，以及諸如《曼菲斯老鷹報》、《沙凡那先鋒報》和《辛辛那提詢問報》等報紙所顯示的世界，雖然不能說是另外一個世界，卻是一個大事臨頭的世界，而且他們關心的不只是奴隸問題。報導的主題涵蓋改革運動、反賭博聯盟、犯罪率升高、童工、禁酒、低薪工廠、效忠宣誓和宗教復興。你會覺得報紙好像會爆炸，被閃電擊中，然後燃燒，所有的人會死去。所有的人呼喊著同一個「上帝」，引述相同的聖經段落、法律條文和文學典故。維吉尼亞州的農場蓄奴擁護者，被指控販賣自己的親生小孩；在北部城市，不滿情緒和債務高漲，眼看就要失控。擁有開墾地的貴族把自己的農場當作城邦管理，他們就像羅馬共和政體——一群精英權貴號稱為了全民福祉而統治國家。他們擁有鋸木廠、磨坊、釀酒廠和商店。每一種意見提出來，都會引起一個反對意見……他們是以虔誠的基督信仰和奇怪的哲學為思考基礎。情緒激昂的演說家，譬如威廉・洛伊・蓋瑞森這名來自波士頓的著名廢奴主義者，甚至自己發行報紙。曼菲斯和紐奧良發生暴動。紐約的暴動導致兩百人在大都會歌劇院外喪生，原因是一名英國演員取代了一名美國演員的角色。主張廢奴的工人，煽動著辛辛那提、水牛城和克利夫蘭的民眾，他們說，假如南方各州獲得自主統治權，北方工廠的老闆就會被迫僱用奴隸當自由工人；這也引起了暴動。一八五〇年代晚期，林肯出現於報端。北方報紙把他形容成狒狒、長頸鹿，經常刊登漫畫諷刺他。沒有人把林肯當一回事，沒有人能想像他會成為今日的美國國父。你不懂，為何地理位置和宗教理想如此緊緊相繫的人們會互相敵視，恨對方入骨。繼續讀一會兒，你發現那是由感覺、黑暗、分裂所組成的文化，以仇報仇，人類的共同命運偏離了正軌。這是一首漫長的輓歌，但主題旋律有瑕疵，那是一種高度抽象的意識型態，而且有許多留著鬍子的英雄人物，地位崇高但未必善良。沒有一個想法能讓你滿足太久，也很難找到任何新古典美德。那些關於騎士精神和榮譽的辭令想必是事後追加的。就連南方女性的問題也不例外。這些女人的遭遇令人感到遺憾，許多女人和孩子被拋棄在田裡餓死，沒有任何庇護，任其自生自滅，在適者生存的觀念下成為受害者。苦難永無止盡，她們所受的懲罰沒有結束之日。如此不真實、誇張、假道學。對於時間的觀念也有差別。在南方，人們按照日出、正午、日落、春天、夏天的時令過生活。在北方，人們按照時鐘生活。工廠鳴鐘、鳴笛和鈴聲報時，北方人必須「準時」。從某些方面來說，美國這場內戰是兩種時間觀念的戰爭。當桑特堡的第一批槍聲響起，廢除奴隸制度根本還不成為問題。這一切都令你毛骨悚然。我現在這個年代大大不同於那個年代，但就某種神祕且傳統的方面來說，又很類似。不是有一點像，而是非常相像。我生存在一個幅員寬廣的國家，而這種生活的基本心理特質絕對是它的一部分。假如你拿著燈湊近這個國家仔細看，你會看到複雜的人性。在那個年代，美國被釘在十字架上，死去，然後復活。這不是假的東西。這種糟糕透頂的事實，將會成為我所有創作的基本出發點。

我把腦袋塞滿這些玩意，直到再也塞不進更多，然後我把這些東西鎖起來，不去看它，不去想它。我想，我以後再找輛卡車來把它們載走。

□

格林威治村裡似乎天下太平，人生並不複雜。人人在等待時機，有人等到了，然後離開此地；有人則永遠等不到。我的時機就要來臨，但還得再等一等。

受過古典訓練、來自俄亥俄州的歌手藍・錢德勒，和我一起在「煤氣燈」表演。我們成為朋友，常常會在表演中場休息時一起去樓上的玩牌室休息，有時則去靠近第六大道的「地鐵餐館」坐一坐。錢德勒很有教養，嚴肅看待生命，甚至和妻子盤算著要在市區為貧困兒童設立一所學校。他擅長寫時事歌曲，經常從報紙汲取靈感。他通常是把舊曲填上新詞，有時也自己譜曲。

他有一首歌寫得很生動，描寫科羅拉多州一名粗心的校車司機，開著載滿學童的校車，出了車禍，墜落山崖。這首歌的旋律是他的原創作品，我很喜歡，於是用那首曲填上我自己的歌詞。錢德勒不以為意。我們常常一起喝咖啡，翻閱其他客人留在櫃檯上的日報，找尋寫歌的材料。自從我讀過紐約市立圖書館的報紙後，這些報紙實在就顯得枯燥乏味了。

新聞報導說，法國在撒哈拉沙漠試爆了一顆原子彈。法國殖民統治了北越一百年，終於被胡志明趕走。胡志明受夠了法國；法國人把越南首都河內變成了「妓院林立的東方巴黎」。胡志明趕走法國人，轉而接受保加利亞和捷克的資助。法國人在越南劫掠多年，根據報紙報導，河內現在市容骯髒而了無生氣，民眾穿著寬鬆的中國式外套，看不出是男是女；人人都騎腳踏車，一天在公共場所做三次健康操。新聞報導把河內描寫成一個怪異之地，而越南人可能需要加以導正——應該派幾名美國人過去。

總之，法國已把自己帶進原子時代，而禁用原子彈的反對聲浪此起彼落，在法國、美國和俄國都有人倡言禁用原子彈；但是，也有人表示贊成。享有盛名的心理學者們表示，在這些堅決反對原子彈測試的人裡面，有一些是世俗的最後審判族——假如原子彈被禁，這就使得那些人失去了原本可以帶來無比安慰的世界末日感。這種說法，錢德勒和我簡直不敢置信。有些報導提到出現了新的現代恐懼症，個個冠上花俏的拉丁學名，譬如懼怕花朵症、怕黑症、懼高症、過橋恐懼症、恐蛇心理、擔心衰老、怕雲，等等，任何日常事物都可以引起人的恐懼。我最大的恐懼是我的吉他走音。女性也在新聞中暢所欲言，質疑現況。有些女性直陳，大家教導女性需要也應當與男性平等，然而一旦女性與男性平起平坐之後，大家又指責她們變得太像男人。有些女性年滿二十一歲後希望被稱為「女人」，有些擔任售貨工作的年輕女孩或婦女，不希望被叫做「售貨小姐」。在教會也有事物開始動搖。有些白人牧師不希望被稱作「牧師大人」，他們希望大家叫他們「牧師」就好。

語義學和各種標記，會把人逼瘋。有關男人的真相是這樣的：一個想成功的男人，必須成為率直不羈的個人主義者，但成功之後他必須做一點調整，調整過後，他必須服從規範。才不過一眨眼的時間，就從率直不羈的個人主義者變成順應體制的人。

錢德勒和我認為這東西很白痴，現實才不是這樣簡單，人人都有自己的說法。尚・惹內的舞台劇《陽台》正在格林威治村上演，此劇把世界比擬成一間巨大的妓院，宇宙一片混沌，人類被棄置在無意義的宇宙中，形單影隻。這齣戲的重點非常明白，而以我對美國內戰時期的認識，這齣戲也可以是一百年前寫出來的作品。我要寫的歌也要像這樣，不向現代觀念妥協。我還沒有大量寫歌，但錢德勒已經開始這樣做。週遭一切都很荒謬——有一種瘋狂的意識正在形成作用。就連總統夫人賈姬・甘迺迪拎著裝衣服的購物袋進出卡萊爾飯店旋轉門的照片，看了都令人覺得不安。在附近的比爾特摩市，古巴革命會議正在舉行；流亡中的古巴政府召開了一場記者會，表示他們需要火箭炮、無後座力的步槍和爆破專家，而這些東西都需要錢。假如他們募到了足夠的捐款，就能奪回古巴，舊時代的古巴，那塊屬於農場、甘蔗、稻米、菸草——古代貴族的古巴。羅馬共和政體。體育版報導紐約騎兵隊以二比一打敗芝加哥黑鷹隊，那兩分都是維克・海德菲爾拿下的。我們高大的德州籍副總統林頓・詹森也是個奇人。他一時失控，卯上美國祕密情報單位，抓著幾個幹員的衣領，用拳頭抵住他們後腦勺，叫他們別老是簇擁著他，一路尾隨他。詹森讓我想起幾年前當紅的鄉村歌手泰克斯・瑞特，同樣單純而樸實。後來詹森當上總統，在對美國人民的一場演說中用了「我們一定會勝利」（"We shall overcome"）這句話。〈我們一定會勝利〉本是民權運動人士集會遊行時必唱的歌，多年來已成為被壓迫者的常呼口號。詹森把這句話詮釋為符合他的需要，而不是把它消滅。詹森不像表面看起來那麼單純。現今年代有一個迷思最令人深信不疑：任何人都可以做做任何事，甚至可以登上月球。你可以做任何你想做的事——廣告和報章雜誌叫你別管自己的極限，勇敢挑戰它們。假如你生性優柔寡斷，你也可能成為領袖，穿上巴伐利亞皮褲。假如你是家庭主婦，你可以搖身變成戴著萊茵石太陽眼鏡的時髦女孩。頭腦不好嗎？別擔心——你可以成為天才。假如你很老，你可以變年輕。任何事都可能。這簡直是一場挑戰自我的戰爭。藝術界也在改變，三百六十度改變。抽象畫和無調性音樂當紅，把可辨認的真實弄得一片狼藉。假如畫家戈雅試圖駕馭當今藝術新浪潮，他可能會迷失在大海中。錢德勒和我，看的是這些事物的真正價值何在，絕不會誇大。

新聞報導中不斷出現出現一個名字：卡瑞．闕斯曼，並把這個惡名昭彰的強暴犯稱作「紅燈大盜」。他因為強暴了幾名年輕女性而被關進加州的死刑犯牢房。他的犯罪手法很有創意——他在汽車車頂綁上一個閃爍的紅燈，然後要被害人把車停到路旁，命令她們下車，把她們拖進樹林，加以洗劫和強暴。他被判死刑已有一段時間，但他不斷上訴，可是他最後的上訴已經裁定，即將被送進毒氣室。闕斯曼因此聲名大噪，這個名人身分使得大家忽視了他的處境。幾位作家，諾曼．梅勒、雷．布萊伯里、艾德斯．赫胥黎、羅伯．弗洛斯特，甚至第一夫人艾蓮諾・羅斯福，都出面呼籲免除他的死刑。一個反死刑團體來找錢德勒，請他寫一首有關闕斯曼的歌。

「寫一首描述強暴犯人渣的歌，要站在什麼立場？」錢德勒問我，彷彿他的想像力正在馳騁。

「我不知道。我想，你得慢慢鋪陳……也許從那個閃紅燈開始寫吧。」

錢德勒始終沒有動筆寫這首歌，但我想有其他人寫了。錢德勒天不怕地不怕，他對笨蛋沒有耐性，而且沒人能擋住他的路。他體格健壯，像個足球後衛，可以把你的屁股踢到幾哩之外，不管誰的鼻子他大概都能打斷。他念過經濟學和科學，而且讀得通透。錢德勒聰明，滿心善念，相信一個人的力量也可以影響整個社會。

除了創作詞曲之外，他也喜愛冒險。一個寒風刺骨的冬夜裡，我坐上他的偉士牌機車後座，他以全速騎越布魯克林橋，我的心臟快衝到喉嚨了。在強風中，機車以高速滑過路面的格子狀鋼板，我覺得自己隨時可能摔下車，滑到結冰的鋼板上——在夜晚的車陣中蛇行穿梭，我嚇死了。我從頭到尾神經緊繃，但我感覺到錢德勒掌控一切，他眼睛眨都不眨，堅定望向前方。一定是因為諸神站在他這邊。只有幾個人會讓我有這種感覺。

□

我假如不住在范・朗克家，通常就住在古屈家。每天天亮之前回去，爬上黑暗的樓梯，小心翼翼把門關上。我往沙發床倒下，像是把自己拋進地下墓穴。古屈不是腦袋空空的人，他很清楚自己的想法，而且懂得如何表達。他不容許自己的生活出錯。世俗的瑣碎事物引不起他注意。他似乎能精確掌握現狀，不為小事傷腦筋。他經常引述《聖經・詩篇》裡的詩句。他睡覺時床旁邊放了一把手槍。有時他會說出偏激的話。有一回他說甘迺迪總統不會做滿他的任期，因為他是天主教徒。聽他這麼說，我想起我外祖母；外祖母說過，教宗是猶太之王。她住在杜魯司市第五街一棟雙層公寓的頂樓，從後房的一扇窗可以看到蘇必略湖，令人心生不祥預感，遠方有巨大的貨輪和駁船，提出濃霧警告的號角聲，吹向四方。外祖母的一條腿殘廢，以前做過裁縫師。小時候，我父母偶爾會從鐵嶺開車到杜魯司，把我寄放在外祖母家過週末。外祖母的膚色很深，抽著菸斗；我父親那邊的親戚膚色就比較白皙。外祖母的聲音裡有一種縈繞不去的腔調——她臉上永遠微微帶著絕望神情。她一生坎坷，在來美國之前是住在俄國南方的海港鎮奧德薩。奧德薩與杜魯司很像，同樣的氣候和風貌，同樣緊鄰一大片水域。

外祖母出生在土耳其，從港市特拉布松搭船穿越黑海去到俄國。黑海，古希臘人稱作尤克辛海，曾經在拜倫的〈唐璜〉一詩裡出現。外祖母的家族來自亞美尼亞邊界附近的土耳其城鎮卡吉茲曼，家族姓氏原為克吉斯。我外祖父的父母也來自那地區，那一帶的居民大都是鞋匠和皮匠。

外祖母的祖先來自君士坦丁堡。我十幾歲的時候常唱瑞奇・維倫斯的歌，〈在土耳其城裡〉，歌裡有一句詞「神祕的土耳其人和天上的星」。這首歌似乎比〈拉邦巴〉更合我口味，而我從來不明白為何〈拉邦巴〉會成為維倫斯最紅的歌。我母親有個朋友名叫「奈莉・土耳其人」，我成長時期經常看到她。

古屈家沒有瑞奇・維倫斯的唱片，沒有「土耳其小城」之類的歌；他家裡多半是古典樂和爵士樂。古屈所有的唱片都是向一個正處於離婚程序中的狡詐律師買來的，包括了巴哈賦格曲和白遼士交響曲、韓德爾的〈彌賽亞〉和蕭邦的A大調波蘭舞曲，無伴奏合唱曲和宗教歌曲，米堯的小提琴協奏曲，以及大師鋼琴家的交響詩，還有主旋律聽來像波卡舞曲的弦樂小夜曲。波卡舞曲總能令我熱血沸騰，那是我生平第一次聽到響亮的現場音樂。週六晚上，小酒館裡滿是波卡樂團。我也喜歡李斯特的唱片——他能讓一架鋼琴聽起來像一整個交響樂團。有一回，我播放貝多芬的《悲愴》奏鳴曲，這首曲子旋律優美，但仔細聆聽會發現它活像是一連串的打嗝、打噎和其他生理反應。很好玩——聽起來簡直像卡通影片。讀了唱片封套上的說明後，我發現貝多芬是個神童；但他被父親利用，導致他一輩子無法相信任何人。即使如此，他還是寫出很多交響曲。

我也聽了很多爵士和咆勃唱片，包括喬治・羅素和強尼・柯爾、瑞德・嘉藍、唐・拜亞斯、羅蘭・寇克、吉爾・伊凡斯——伊凡斯錄製了李德貝利的〈艾拉速度〉的演奏版。我試著分析曲子的旋律和結構，有些種類的爵士與民謠音樂擁很像。〈刺青新娘〉、〈鼓如女人〉、〈遊客觀點〉和〈喜極而躍〉這幾首都是艾靈頓公爵的曲子——它們聽起來像複雜的民謠歌曲。我的音樂世界每天都變得更廣大一點。古屈家裡還有暈眩葛雷斯比、菲茲・納法洛、亞特・法默，以及查理・克里斯汀和班尼・古德曼出色的唱片。每當我需要立刻清醒，我就會播放迪吉・吉雷斯比的〈可愛的凱迪拉克輕輕搖擺〉或〈雨傘人〉。查理・帕克的《火熱之屋》也是張讓人清醒的好唱片。我身邊有些人聽過也看過帕克演奏，他似乎能把生命某種不為人知的本質傳送到歌曲中。賽隆尼厄斯・孟克的〈我親愛的茹比〉也是如此。孟克在第三街上的「藍調」表演，與他合作的是貝斯手約翰・歐瑞和鼓手法蘭基・唐洛普。

有些下午，孟克會一個人坐在鋼琴前，彈奏一些聽來像艾佛利・喬・杭特的東西——鋼琴上擺了一個吃一半的大三明治。某個午後，我去那裡聽他彈琴——我告訴他我在同一條街上演唱民謠音樂，他說：「我們都是搞民謠的。」孟克就連在閒晃時也是處在他自己的世界裡，並且也能召來神奇力量。

我很喜歡現代爵士，喜歡在俱樂部聽現代爵士樂……但我聽不太懂，無法沉醉其中。現代爵士沒有任何意義明確的普通字眼，我需要聽到用標準英文訴說的歌曲。直接了當的民謠，我最能理解。東尼・班奈特就是用標準英文唱歌。古屈家有一張《東尼・班奈特精選》，收錄了〈島嶼中央〉、〈從貧窮到富有〉，以及漢克・威廉斯的歌〈冷酷的心〉。

我第一次聽到漢克・威廉斯唱歌，是他去上一個在星期六晚上播出的納許維爾廣播節目《老大歐普利》，在節目中演唱。串場的播音員把節目主持人羅伊・亞柯夫稱為「鄉村音樂之王」。節目中經常介紹某人是「田納西州下一任州長」，然後穿插狗食廣告和退休金理財計劃的廣告。威廉斯演唱了〈過去一點〉，這首歌描寫住在狗屋的情況，逗得我發噱。他也唱聖歌，例如〈當上帝來收取他的珠寶〉和〈你是否為主邊走邊傳唱〉。他的嗓音像電擊一樣貫穿我全身。我設法買到他的幾張七十八轉唱片：《寶貝，我們真的相愛了》、《低級酒館》和《迷失公路》，一遍又一遍播放。

人們把威廉斯叫做「山地民歌手」，但我不明白那是什麼。在我的認知裡，荷馬與傑瑟羅比較像山地民歌手。威廉斯不是討人厭的傢伙，他一點都沒有搞笑的味道。我那時年紀很輕，就能完全認同他的歌。我用不著親身體驗就能了解他所唱的事物。我沒看過知更鳥哭泣，但我想像得到那情景，也感受得到悲傷。當他唱那句「消息傳遍了全市」，我雖然不知道他確切指的是哪件事，但我懂。有機會，我也要去舞會把鞋子跳到破。後來我聽說威廉斯在元旦那天死在汽車後座，我祈禱這消息不是真的。但我的祈禱並沒有靈驗。我覺得一棵雄偉的大樹倒下了。威廉斯的死訊對我是沉重的打擊，外太空的寂靜從來沒有如此喧鬧。然而我的直覺告訴我，他的聲音絕不會就此消逝——那可比美麗號角的聲音。

很久很久以後，我得知威廉斯終生受苦，一輩子承受著嚴重的脊椎毛病——那種痛一定很折磨人。從此以後，聽他的唱片時我更吃驚了，他幾乎是在挑戰萬有引力。《漂泊者路克》這張唱片快被我聽爛了，他在這張唱片中演唱與朗誦譬如「八福」之類的聖經上的寓言。我可以一整天光聽《漂泊者路克》，然後讓自己也隨音樂漂泊，變得完全相信人性的善良。聽威廉斯唱歌時，萬物靜止，就算是最輕聲的耳語也是褻瀆。

如此過了一段時間，我發現威廉斯的歌曲遵循著原型的「詩意歌詞寫作法」，他的結構形式如同大理石柱，而且是必須存在的結構。他的文字也一樣——他歌詞中每一個字的所有音節都單獨存在，這是為了製造完美的數學感。聽他的唱片可以學到很多歌詞結構原則，於是我常常聽，並且牢記在心。若干年後，《紐約時報》的民謠與爵士樂評論家羅伯・薛爾頓，在一篇針對我某場表演的評論中說道：「介於唱詩班少年歌手和『垮掉一代』之間……他打破了所有的寫歌規則，唯一保存的是言之有物。」不管薛爾頓知不知道，事實上那些規則就是威廉斯的規則，但我不是刻意打破它們，只不過我想表達的東西是超越那一切的。

□

一晚，歐黛塔・吉伯森和鮑伯・吉伯森的經紀人，亞伯特・葛羅斯曼，來「煤氣燈」找范・朗克。葛羅斯曼一出現，你就是沒辦法不注意到他。他看起來像電影《梟巢喋血戰》裡的席尼・葛林史崔特。他非常高大，總是穿傳統式西裝並打上領帶，坐在角落。他是大嗓門，說話時像戰鼓隆隆作響。他講話時不像在講話，倒像在咆哮。葛羅斯曼來自芝加哥，沒有娛樂事業的背景，但他不因此退縮。他在風城開了一家夜總會，但他不是泛泛之輩；他得和地頭蛇、各種賄賂和法令打交道，並隨身攜帶點四五手槍。葛羅斯曼絕不是鄉巴佬。范・朗克後來告訴我，葛羅斯曼問他願不願意參加他想組織的一個超級民謠團體，他非常篤定這個團體會一舉成名，大紅大紫。

范・朗克放棄了這個機會。那不對他的胃，但諾爾・史都奇接受了邀請。葛羅斯曼把史都奇的名字改成保羅，這個團體就叫做「彼得，保羅和瑪麗」。我先前在明尼亞波利見過彼得，他那時是吉他手，來鎮上表演，而我一到格林威治村就認識了那位瑪麗。

倘若葛羅斯曼邀請我加入這個樂團，應該會很有趣。我也就必須把名字改成保羅。葛羅斯曼聽過我演唱，但我不知道他對我的看法如何。反正時候還言之過早——我還沒有成為詩人歌手，他還不是我背後的推手。那是以後的事。

□

我聞著煎牛排和洋蔥的氣味醒來，差不多中午了。姬爾站在爐子旁，平底鍋滋滋作響。她在紅色法蘭絨襯衫外面罩了一件日本和服。那味道襲擊著我的鼻孔，我覺得我需要面罩。

這一天我原本計劃去探望伍迪・蓋瑟瑞，但我起床時外頭狂風暴雨。我一直定期去探望蓋瑟瑞，但我漸漸做不到了。蓋瑟瑞被關在新澤西州摩里斯鎮的格雷斯東醫院，我得從公車總站搭一小時半的公車，再走半哩路上山，才能抵達那所醫院——一棟陰暗而氣勢逼人的花崗岩建築，看起來像中世紀堡壘。蓋瑟瑞總是要我帶勞利牌香菸給他。我常在下午唱他的歌給他聽，有時他會指定曲目：〈巡警命令〉、〈Do Re Mi〉、〈乾旱塵暴藍調〉、〈美少年弗洛德〉，以及他看完電影《憤怒的葡萄》後寫的歌〈湯姆・裘德〉。這些歌我會唱，我還會很多別的歌。這裡鮮少有人認得蓋瑟瑞，而在這種環境下結識新朋友是很奇怪的事，尤其是一個能真正唱出美國精神的人。

事實上，那兒是一間精神病院，沒有任何心靈出路可言。大部分病患都穿著不合身的條紋制服；當我唱歌給蓋瑟瑞聽時，病人們會四處閒晃，三五成群，走進走出。有個傢伙的頭永遠垂到膝蓋，偶爾抬起頭來，不一會兒又往下垂。有一個人以為自己被蜘蛛追趕，他不斷繞圈打轉，一邊拍打手臂和雙腿。還有一個幻想自己是總統的傢伙，頭上戴著星條旗帽。病患們轉動著眼珠和舌頭，往空氣中嗅嗅。有一個人不斷舔嘴唇，穿白袍的護理員告訴我，那傢伙把共產黨員當早餐吃。那裡的景象很可怕，但伍迪・蓋瑟瑞不以為意。通常會有一個男護士帶他出來見我，我坐一會兒，男護士再把蓋瑟瑞帶走。整個過程令人傷感。

有一次，蓋瑟瑞告訴我，他有很多沒發表過或者尚未譜曲的歌和詩裝在箱子裡，貯藏在他位於康尼島的家中地下室，我隨時可以去那兒看。他說假如我想要任何資料，就去找他妻子瑪姬，向她說明我的目的，她會幫我開箱。他告訴我如何前去他家。

大概就是隔天吧，我在西四街站搭上地鐵，如他所說，坐到終點站布魯克林，下車，步出月台，去找他家。蓋瑟瑞說他家很好找。我看到一片空地，對面有一排如他形容的房子，就朝那邊走，結果跨進一片沼澤，我膝蓋以下沒入水中，不過我繼續走——往前走時我依稀看到燈光，但沒看到別的路。當我抵達沼澤另一端，膝蓋以下的褲子已溼透凍硬，兩條腿都快凍痲了，但我找到了那間房子。我敲了門。保母把門打開一條細縫，告訴我蓋瑟瑞的妻子瑪姬不在家。蓋瑟瑞的一個孩子亞洛——他後來靠實力成為專業歌手和詞曲創作者——讓保母讓我進來。亞洛大約十歲或十二歲，對地下室的手稿毫不知情。我不想太急躁——保母很不自在，等身子暖和起來，我便匆匆道別，穿著仍然浸滿水的靴子離開，舉步維艱穿越沼澤，走到地鐵站。

四十年後，這些歌詞會落入比利・布萊格和威爾可樂團的手中，他們會為這些歌詞譜上曲，賦予它們完整生命並錄製成專輯。專輯錄製過程都由蓋瑟瑞的女兒諾拉主導。我到布魯克林走那一趟的時候，這些表演者恐怕都還沒出生。

我今天不去看蓋瑟瑞了。我坐在姬爾的廚房裡，風在窗邊呼嘯。我可以看到窗外街景，兩個方向的景致。如白色塵埃的雪翩翩落下。街的那一頭，往河的方向，我看到一個穿毛皮大衣的金髮女士與一名穿厚重大衣的跛腳男士並肩走著。我看了好一會兒，然後轉頭看牆上月曆。

三月來勢洶洶，我再次思考如何才能進錄音室，如何才能和民謠唱片廠牌簽約——我到底有沒有更接近自己的目標一點？「現代爵士四重奏」的曲子〈史萊特並不快樂〉飄揚在屋裡。

姬爾有個嗜好是在舊鞋上別一個上花俏的扣環。她說要在我鞋子上這麼做。

「那雙笨重的鞋子可以加些扣環。」她說。

我說，不用了，謝謝，我不需要任何扣環。

她說：「給你四十八小時改變心意。」我不會改變心意。有時姬爾會像媽媽一樣給我建議，尤其是關於與異性交往的事……她還說人遇上感情問題後，會不再關心別人，只在乎自己。那棟公寓是冬眠的好地方。

有一回，我在廚房聽麥爾坎・X在廣播中談話。他在闡述為何不該吃豬肉或火腿，他說豬其實是三分之一貓、三分之一老鼠，再加上三分之一狗——豬很不乾淨，不應該吃。有意思的是，有些話你就是忘不掉。大約十年後，我去強尼・凱許位於納許維爾市郊的家吃晚飯。在場還有多位創作歌手，譬如瓊妮・米契爾、葛雷漢・納許、哈倫・霍華、克里斯・克里斯多佛森、米基・紐伯里等等。喬・卡特和妻子珍娜也在，他們的爸爸媽媽是A・P・卡特和莎拉・卡特。凱許的妻子茱恩的堂兄妹也來了。他們可說是鄉村音樂的皇室。

壁爐裡的柴火燒得很旺。晚餐後，大夥坐在鄉村風格的客廳裡，這客廳有挑高的木樑和眺望湖景的大型玻璃窗。我們圍坐成一圈，每一個歌手唱一首歌，然後把吉他傳給下一個人。通常有人會說出諸如「你真的抓到那首歌的味道」或「老兄，你短短幾句就說盡一切」的評語。或者說「那首歌歷史悠久」，或「你那首歌很有自傳色彩」。大都是讚美的話。我唱〈女孩，女孩，女孩〉，然後把吉他傳給葛雷漢・納許，期待某人的反應。我不用等很久。「你不吃豬肉，對吧？」喬・卡特問道。那是他的評語，我等了一秒才回答：「呃，先生，我不吃豬肉。」克里斯多佛森差點把叉子吞下去。卡特問：「為何不吃？」就在那個時候我想起麥爾坎・X說的話：「先生，這是私人的事。我不吃那種東西，我不吃三分之一老鼠、三分之一貓加上三分之一狗的東西，那味道就是不對。」其後的短暫沉默真是令人尷尬，你真想從餐桌上拿把刀把它切掉。然後，強尼・凱許笑彎了腰，克里斯多佛森只是搖頭。喬・卡特真是奇葩。

古屈家裡沒有卡特家族的唱片，一張都沒有。姬爾「啪」一聲把牛排和洋蔥甩到我盤裡，說：「給你。這對你有好處。」她很酷，從頭到腳都時髦，像隻馬爾他小貓或一條厲害的毒蛇——她總是一針見血。我不知道她每天抽多少大麻，但她抽很多就是了。她對事物的本質有一套獨特的見解；她說死神是一名演員，出生是一種侵犯隱私的行為。聽她這麼說，你不知如何還口，你也無法證明她是錯的。紐約市一點都不讓她害怕，她說：「這城市裡一大堆猴子。」她說話從不拐彎抹角。我戴上帽子，穿上外套，抓起我的吉他，開始穿戴衣物。姬爾知道我在努力，她說：「也許有一天你的名字會像野火般在全國延燒。到時如果你賺到幾百大洋，買點東西送我。」

我帶上門，走到走廊，再走下螺旋狀的層層樓梯，來到樓底的大理石地板，穿越狹窄的天井入口通道。牆壁散發氯的氣味，我慢悠悠穿過格子狀的鐵門，往上走到人行道，用圍巾裹著臉，往凡當街走。在街角，我經過一輛馬車，馬車上裝滿了塑膠套裹住的花束，不見馬車夫蹤影。這城市到處是這類景象。

我腦中播放著民謠歌曲，無時無刻播放著。民謠歌曲是地下的故事。遇到有人問起發生了什麼事，「加菲爾德先生被射殺身亡，躺在地上，你也沒辦法。」就這麼回事。沒人會問誰是加菲爾德先生，就只是點一點頭，他們就是知道。這個國家就是這樣在講事情，一切都很簡單——似乎創造出某種華麗而彷如公式的感受。

紐約市寒冷、朦朧而神祕。這裡是世界的首都。我在第七大道上經過詩人惠特曼住過和工作過的地方，我停下腳步，想像他振筆疾書的樣子，並唱出他的靈魂之歌。我也曾經駐足在艾倫・坡位於第三街的家門外，以哀悼之情抬頭仰望窗戶。這城市像一塊沒有雕刻任何名字或形狀的板子，它不偏寵任何人。一切永遠是新的，永遠在改變。街上永遠是不一樣的人群。

我從哈德森街穿越馬路，走到史普林街，經過一個裝滿磚塊的垃圾桶，走進一間咖啡館。長形櫃檯後的女侍身穿緊身麂皮上衣，顯露出豐滿的曲線。一塊方巾包住她藍黑色的頭髮，她有一雙清澈的藍眼睛和一對清晰的眉形。我希望能獲得她青睞。她倒了一杯熱氣騰騰的咖啡給我。我轉身，面向臨街的窗戶。整個城市展現在我面前，我把一切都看得清清楚楚。未來，沒什麼好擔心的。未來，近得不得了。

嶄新的早晨

❸

[NEW MORNING]

我剛從烏茲托克去了一趟中西部——回老家參加父親的喪禮。回來後，桌上有封亞奇博德・麥克雷許寫來的信等著我。麥克雷許是得到桂冠榮耀的美國詩人之一；另兩位得到殊榮的詩人是草原和城市詩人卡爾・山柏格，以及黑暗冥想詩人羅伯・弗洛斯特。麥克雷許則是夜石和旋轉星球的詩人。這三個偉大人物是新世界的葉慈、布朗寧和雪萊，他們闡明了二十世紀的美國風貌，看見了事物之間的正確關係。就算你不認得他們的詩，也聽過他們的名字。

這之前的一個星期，我精疲力盡。我為了我想都沒想過的原因回了一趟老家——去看父親安息。如今，我再也無法說出我以前一直說不出口的話了。成長過程中，文化的隔閡和世代的代溝難以逾越——只聽到說話聲，乏味而不自然的言語。父親一向有話直說，毫不修飾。當我的老師對他說他兒子有藝術家氣質時，父親說：「藝術家不就是畫畫的傢伙嗎？」我似乎永遠在追趕移動的東西——汽車、鳥、隨風搖動的樹葉，任何一種移動中的東西，任何一個可以帶我到某個更輕盈之地、河流下游某個未知之境的東西。我對於身處的破碎世界一無所知，對於社會可能在個人身上造成的影響毫無概念。

我當初離家時，就像哥倫布準備進入無人的大西洋。我離開，到達地球的另一端——海的盡頭——如今我回到西班牙，回到最初的起點，帶著幾分呆滯的表情回到女王的宮廷，甚至還多了一小撮鬍子。「那是什麼裝飾?」來參加告別式的鄰居指著我的臉問道。我待在老家的短暫時光裡，那些關於荒唐歲月、舊時代生活秩序和純樸童謠的種種回憶湧上心頭——我也想起了另外一件事：那就是，我父親是世界上最棒的人，他大概比我好一百倍，但是他不了解我。說是這樣說，而今我與他比以前擁有更多的共同點——我也當了三次的父親——我有好多事想跟他分享，好多話想對他說——而且我現在也有能力為他做很多事。

□

麥克雷許在信上說，他想與我見面，問我可不可能為他正在編寫的舞台劇寫幾首曲子。舞台劇名為《刮傷》，改編自史蒂芬・班內特的短篇故事。麥克雷許的一齣百老匯舞台劇《J B》不久前贏得了東尼獎。我和妻子開車到他位於麻州康威市的住處，討論他的新戲。這麼做似乎是種禮貌。麥克雷許的詩作饒有深意，而他是個無神論者。他可以用創作者的手法，把歷史上的真實人物如查理大帝、蒙提祖馬大帝和征服阿茲提克的科爾特斯展現在你面前。他讚美太陽和無垠的天空。我去拜訪他是很合適的事。

彼時的時事令我作嘔。那些怪誕的文化對我的靈魂形成禁錮——民權運動和政治活動的領袖人物被槍殺，警察設立路障，政府採取鎮壓手段，激進派的大學生和示威人士聯合對抗警察和工會——街頭陷入怒火，一觸即發——持反對立場的團體——那些說謊的嘈雜聲音——自由戀愛，反資本主義運動——所有玩意兒都令我作嘔。

我決定把這些都拋諸腦後，我現在是有家室的人了，不想牽扯那樣的事。

麥克雷許的住處，位在一個古雅村莊後方的僻靜月桂樹山路上，色澤豔麗的楓葉堆滿了步道兩旁。我們跨過一座小橋，輕鬆愉快走著，來到一片樹蔭遮蔽的空地和一間內有現代化廚房的改造石屋，這兒是麥克雷許的工作室。門房帶領我們進屋，他妻子把盛了茶杯的托盤放在桌上，寒喧幾句後便離開。我太太跟著她走了出去。我環顧四下，房間角落裡放著園藝工作靴，書桌上擺著照片，牆上也掛了鑲框照片。深色花莖的蕾絲花——一籃一籃的花、天竺葵、葉面沾了灰塵的花朵——白色桌布、銀色盛盤、明亮的壁爐——環狀的陰影……窗外的陽台有一片繁茂森林。

我在那些照片中看見了麥克雷許的長相。有一張快照是他小時候騎在配了馬鞍的小馬上，旁邊有個戴帽子的女人抓著韁繩。其他照片裡，有一張是就讀哈佛大學時的麥克雷許站在全班最前面、一張在耶魯大學拍的、第一次世界大戰擔任砲兵隊上尉的照片。在另一張照片中，他和一小群人站在艾菲爾鐵塔前；有一張他在國會圖書館拍的照片；另一張照片是他和《財富》雜誌的編輯群同坐。又一張是他獲頒普立茲獎。還有一張他和幾位波士頓律師的合照。我聽到腳步聲從石板路上傳過來，他走進門，朝我走來，並伸出手。

他有一種統治者的氣質——從頭到腳都像一個當官的人——他是個愛冒險的紳士，天生擁有一種對於權力的獨特自信。他開門見山，再次談起他信中提到的幾件事。（他在信中說過，我在一首歌的歌詞中象徵性地把TS艾略特和埃茲拉・龐德安排在船長室裡大打出手。）「龐德和艾略特的學究氣息太重了，不是嗎？」他說。我知道龐德在二次世界大戰期間支持納粹，並在義大利製作了反美的廣播節目，但我從未真正讀過他的東西。我喜歡艾略特，他的作品值得一讀。麥克雷許說：「這兩人我都認識，都是硬漢。我們得跟他們周旋。但我了解你說他們在船長室打架的意思。」大部分時間都是麥克雷許在說話，他說起《紅色英勇勳章》作者——小說家史蒂芬・克雷恩的傑出事蹟，說他是一名體弱多病的記者，總是幫受迫害者仗義執言——為雜誌寫街頭人生故事。他曾寫一篇報導為一名被刑警隊勒索的妓女辯護，結果刑警隊找上他，並把他告上法庭。他不參加雞尾酒會或舞台劇首演——卻前往古巴報導古巴戰爭實況。他酗酒，二十八歲時死於肺結核。麥克雷許對克雷恩了解頗深，他說克雷恩是聽從自己心聲做事的人，我該找《紅色英勇勳章》來讀。聽起來，克雷恩像是文學界的羅伯・強森。吉米・羅傑斯也死於肺結核，不曉得這兩人彼此認不認識。

麥克雷許說他喜歡我的那首〈約翰•布朗〉，這首歌描寫一個去打仗的男孩。他說：「我認為這首歌根本不是在講這個男孩，它其實比較像是希臘戲劇，不是嗎？這首歌講的是母親，不同種類的母親——血緣上的母親、名義上的母親……各種母親合而為一。」我自己從沒這麼想過，但聽起來很合理。他提及我的一句歌詞：「良善躲在其門之後」，他問我是否真的這麼認為，我說我有時是這麼想沒錯。言談間，我曾想問他對「垮掉一代」、及其代表詩人酷金斯堡、柯索和凱魯亞克作何感想，但這似乎會是個空泛的問題。他問我有沒有讀過莎佛或蘇格拉底的作品，我說沒有，我沒讀過，他接著又問我有沒有讀過但丁和約翰•唐恩的作品，我說，應該算沒有。他說這些作品的特點就是從哪裡開頭，就從哪裡結束。

麥克雷許說他認為我是一個認真的詩人，我的作品將會成為後代的試金石。他還說我是「戰後鐵器時代詩人」，但我似乎從逝去的年代繼承了某種形而上的東西。他很欣賞我的歌，因為它們和社會結合，我倆有很多共同的特性和想像力，我對事物蠻不在乎的態度和他一樣。說到一半，麥克雷許告退片刻。我望向窗外，午後的太陽漸漸西沉，對地球投射出朦朧的光芒。一隻長耳大野兔匆忙跳過散落木頭堆旁的木屑。麥克雷許回來時，一切復歸原位，麥克雷許接續之前的話題。他說，寫〈伊里亞德〉的荷馬是一個盲眼敘事詩人，他名字的原意是「人質」。他還告訴我藝術品和宣傳品不一樣，並解釋兩者所造成的不同效果。他問我有沒有讀過法國詩人法蘭索瓦‧維雍的作品，我說我看過，然後他說他在我的作品中讀到一點維雍的影子。麥克雷許談到無韻詩、韻詩、輓歌對句、敘事詩、五行打油詩和十四行詩。他問我為了追求夢想是否犧牲了什麼；他說事物的價值不能用它們本身的價值來衡量，而應該用你所花費的代價來衡量；任何讓你犧牲自己的信念和家庭的事物，代價就太高了，他還說有些事物會永垂不朽。麥克雷許和麥克阿瑟將軍是西點軍校的同學，他也談到這位昔日同窗。他還談起米開朗基羅，他說米開朗基羅沒有朋友，也不想要有，他不跟任何人說話。麥克雷許告訴我，許多他年輕時發生的事都已煙消雲散。他提起金融家JP摩根，說他是二十世紀初足以支配全美國的六或八個人之一。摩根曾說：「我認為美國就夠了。」某位參議員表示，假如摩根改變心意，他應該把美國還給美國人民。像那樣的人物，他的靈魂是無法丈量的。

麥克雷許問我小時候崇拜的英雄是誰，我說：「羅賓漢和屠龍英雄聖喬治。」他笑著說：「希望你沒學到他們壞的那一面。」他說他已經忘記自己許多早期詩作的意義，一位真正的詩人會創造自己的風格，傑作能永垂不朽。他要我譜曲的劇作就攤在他書桌上，他希望搭配的歌曲能作為劇情的註腳。他開始大聲朗讀幾句台詞，並建議了曲名，諸如〈黑夜之父〉、〈染血的手〉、〈底層世界〉。

仔細聽他說過之後，直覺告訴我，這工作不適合我。聽過了劇本中那幾句台詞，我無法想像我和他的命運該如何交錯。這齣戲很黑暗，描繪一個偏執、充滿罪疚感和恐懼感的世界——那世界一片漆黑，原子年代迎面衝擊，充滿犯罪行為。實在沒有什麼好說明或補充的。這齣戲宣告社會的死亡，人性倒臥在自身的血泊中。麥克雷許的劇本傳達出超越了啓示錄的訊息，他以火焰發出某種信號。那齣戲想表達某種看法，但我不認為我想知道那是什麼。於是，我告訴麥克雷許，我會考慮。

□

一九六八年，披頭四造訪印度。與此同時，美國則被越戰的怒焰層層包裹。大學生四處破壞汽車，砸毀窗戶。越戰使得美國陷入沈重的鬱悶情緒裡。城市在燃燒，亂棒從天而降。主張使用暴力的工會分子用球棒毆打小孩。那位冒牌唐璜——一個來自墨西哥的神祕巫醫——掀起新的意識風潮，他帶來一種新層面的體認，或稱為生命力，並把它當成印第安大砍刀似的揮舞。有關他的書銷售一空。迷幻藥實驗全面展開，刻正給予人們正確的態度。新的世界觀正在改變社會，一切日新月異——以全速更新。閃光燈、紫外線或紅外線

——那些是吸毒引起的幻覺，未來如海浪一般湧來。學生企圖控制國立大學，反戰人士步步進逼，提出充滿憤恨情緒的交換條件。信仰毛澤東、馬克思、卡斯楚的人——那些左派的年輕孩子們，讀了切・格瓦拉的指導手冊，走上街頭打算推翻資本主義。凱魯亞克退休了，有組織的媒體傾全力搬弄是非，煽動歇斯底里的火苗。如果你看新聞報導，會以為整個美國都在動亂。似乎每天都有新的暴動在不同城市上演，危險一觸即發，變遷就在眼前——美國的叢林正在被清理。曾經黑白的事物，如今迸發為鮮豔的全彩。

□

我先前發生一場摩托車的車禍，不過已經痊癒。其實我想脫離這永無止境的競爭。生養了孩子之後，改變了我的人生，使得我幾乎與一切的人事隔絕。家庭以外的任何事都引不起我的興趣，我看事情的角度也有所改變。就連當時的駭人新聞，譬如甘迺迪、金恩和麥爾坎・X等人遭到槍殺身亡，在我眼裡，不是某幾位領袖人物遭到槍殺，而是某幾位父親遇害造成家庭破碎。出生成長於美國這個自由和獨立的國度，我始終珍惜平等和自由的價值與理念。我一定要用這些理念教育我的孩子。

在此之前幾年，「織布工」的團員朗尼・吉伯特在紐波特民謠音樂節的活動上這樣介紹我：「他來了……請各位收下，你們認識他，他是你們的。」我沒在這幾句開場白中感覺到不祥徵兆。就算是貓王也沒有被這樣介紹過。「收下他，他是你們的！」真是胡說八道！去它的。就我所知，那時候我不屬於任何人，現在也一樣。我愛我的妻小勝過世上任何人。我努力賺錢養活他們，讓自己避開麻煩，但媒體上的討厭鬼老是吹捧我為一個世代的喉舌、發言人，甚至良心。滑稽至極。我所做的只不過是唱幾首坦率正直的歌，表達出新而有力的現實面罷了；我與他們說我為其喉舌的世代之間沒有多少共同之處，我根本不認識幾個那世代的人。我十年前才離開家鄉，我沒有為任何人仗義執言。我是跟隨著命運為我指引的方向；我完全不代表任何一種文化。我在乎的是忠於我自己；我比較像一個牛仔，而不是吹笛人。

世人認為名和利等於權力，而名利會帶來光榮、面子和快樂。也許是這樣，但有時不是這樣。我發現自己被困在烏茲塔克，非常脆弱易受傷害，並且有一個家要保護。然而，媒體對我的描述卻完全是另一回事。那層煙霧厚得令人吃驚。這世界似乎永遠需要一個代罪羔羊——一個帶頭控訴羅馬帝國的人。但美國不是羅馬帝國，也必須找其他自願的人來做這事兒。我真的從來就只是在做我自己——一個以淚水朦朧的雙眼凝視灰霧的民謠歌手，譜寫著幾首飄浮在發光薄霧中的歌。如今事情在我眼前亂成一團，而我飽受威脅。我不是一個表演神蹟的傳教士。誰要是置身於我的境遇中，都會被逼瘋。

□

一開始，烏茲塔克對我們來說是個好地方。我在搬到那兒住之前很久就知道它。有一晚我表演完，從雪城離開，我向經紀人說起烏茲塔克。我們正要開車經過它。經紀人說他也在找地方想買一棟鄉間別墅。我們開車在烏茲塔克鎮上繞，他發現了一間他滿意的房子，當場買了下來。不久，我也買了一間；然後，入侵者前仆後繼闖入這間房子。緊張氣氛立即升高，再也不得安寧。這地方曾經是一處避風港，如今不再。全美國五十州一定都張貼了前往我家的路線圖，提供社會邊緣人和毒蟲檢索。乞丐像朝聖似的從加州遠道而來，暴民在夜裡不分時間闖進我們家。剛開始只是流浪漢非法闖入民宅——看起來無害；但接下來蓄意滋事的激進人士開始上門來找「抗議王子」——那些個裝扮無法形容的怪胎、長相怪異的女孩、衣衫襤褸的人、想來狂歡的流浪漢，突襲我們的食物儲藏室。我的民謠歌手朋友彼得・拉法吉給了我一把柯爾特單發手槍和一把連發手槍，我自己有一把溫卻斯特彈夾式強火力步槍，但我一想到這些東西可能造成的後果就覺得難過。有關當局和警長（烏茲塔克差不多有三名警察）告訴我，假如有人不小心被射中，甚或只是警告性的開槍，要坐牢的人是我。不僅如此，萬一哪個賊在我家屋頂飛簷走壁摔了下來，我都得上法庭。真夠令人擔心。我很想放火燒了這些人。這些不速之客、鬼鬼祟祟的傢伙、擅自侵入者、煽風點火的人，擾亂著我的家庭生活，而我想到我不能趕他們走，否則會吃官司，真是覺得火大。每一天每一晚都困難重重，一切都是錯誤，世界真荒謬。我被逼退到角落，連親密的人也無法給我安慰。

在仲夏的狂亂之中，我有一次和吉他手羅比・羅伯森一同搭車。他的團後來叫做「樂團」。我覺得自己應該活在太陽系的另一個地方。他問我：「你想你會把它帶往何方？」

我說：「你說的『它』是指什麼？」

「你知道的嘛，我是說整個樂壇啊。」整個樂壇！我把原本搖下一吋空隙的車窗整個搖到底，感覺到一股強風吹在我臉上，並等著他說的話散去——我好像是在應付一個陰謀。沒有一個地方夠遙遠。我不知道大家的夢想是什麼，但我的夢想是可以過朝九晚五的生活，在行道樹圍繞的街區擁有一棟圍著白色籬笆的房子，後院種著粉紅色玫瑰。這樣就好，這是我最大的夢想。一段時間後，你會了解到隱私是你能販賣卻買不回的東西。烏茲塔克變成一場夢魘，一團渾沌。如今該離開那裡，去尋找困境中的一絲曙光。於是我們走了。我們搬到紐約市住了一陣子，想要隱居，但情況好不了多少，甚至更糟。示威者找到我們住處，在屋子前遊行，大聲歌唱叫囂，要我走出家門，帶領他們去個什麼地方——他們叫我不要逃避，叫我要扛起責任擔當一整個世代的良心。有一次街道被封鎖，我們取得市政府許可，用火把圍住房子，示威者開始鼓譟。鄰居討厭我們，他們一定覺得我像是從某個嘉年華會出來的——奇幻宮裡的展示品。他們看到我時會瞪著我，如同盯著一顆鬼頭或是一隻叢林大老鼠。我假裝不在意。

最後，我們往西部搬——住過幾個地方，但記者總是很快又來探頭探腦，想挖出一點祕密——以爲也許我會坦承我做過什麼壞事。我們的地址會被印在地方報紙上，然後同樣戲碼會重演。就算我讓這些記者進了家門，他們會發現什麼？很多東西——套圈的玩具、推拉式的玩具、兒童桌椅——大紙箱——科學玩具、益智玩具和玩具鼓……我不打算讓任何人進來。我們家的規矩不多，孩子們想在廚房裡打籃球就隨他們打，假如他們對鍋碗瓢盆有興趣，我們就把鍋碗瓢盆放在地上。我家裡面和屋子外頭一樣混亂。

瓊．拜雅錄唱了一首描寫我的抗議歌曲，這首歌的播放率很高，歌詞是在刺激我要接受——出面掌控局面，帶領群眾——要我擔任代言人，領頭打聖戰。那首歌在廣播中呼喚著我，有如一則宣導廣告。媒體就是不放過我。我不時需要出面接受訪問，他們才不致於拆了我家大門。通常第一個採訪問題是：「可不可以深入談談最新時事？」「當然，哪一件？」

記者不斷丟出問題，而我一再告訴他們，我不是任何事或任何人的代言人，我只是個音樂人。他們盯著我的眼睛，彷彿要尋找酗酒和嗑藥的證據。我真不明白他們在想什麼。稍後，街頭書報攤的報紙會出現標題為〈代言人否認他是代言人〉的文章。我感覺自己像是被丟給狗吃的一塊肉。《紐約時報》刊登了對我的歌裝內行的詮釋文章；《紳士》雜誌的封面是一頭四面怪獸——我的臉，和麥爾坎・X、甘迺迪與卡斯楚放在一起。這到底是啥意思？我像是身在地球邊緣，假如有人想提供流行音樂的指導或建議給我，我都接收不到。我的妻子嫁給我時，渾然不知她會踏入如此境遇。事實上我也不知道，而如今我們已無路可退。

的確，我的歌詞挑動了從未被挑動過的神經，但假如我的歌只有歌詞重要，那麼偉大的搖滾吉他手杜恩・艾迪何必錄製一張我歌曲的演奏專輯？音樂人一向知道我的歌不只注重歌詞，但大多數民眾不是音樂人。我必須調整我的想法，不再把問題歸咎於外在因素。我必須教育自己，丟掉一些包袱。我並不擁有孤寂時光。不管當前的反文化是什麼，我都看夠了。我受夠了我的歌詞被那樣子推斷，歌詞的意思被顛覆為論證法；我受夠了我被神化為「反叛的老大」、「抗議的祭司」、「異議沙皇」、「違逆公爵」、「寄生蟲的領袖」、「叛逆皇帝」、「無政府主教」、「大人物」。這些到底是什麼玩意兒？都是些可以任意解讀的可怕頭銜，都是「不法之徒」的同義詞。

我很難自由行動——就像梅爾・海格的歌所唱的：「……我在逃亡，以公路為家。」我不知道海格需不需要帶著家人一起漂泊，但我必須。當你不得不帶著家人一起上路的時候，情況會有點不同。被我們拋開的景觀，在我們後面燃燒。媒體不急著撤回他們對我的評斷，但我不能逆來順受，必須勇敢對付困難，重新塑造自己的形象，至少得改變大家對我的看法。這種緊急事件的應變方式沒有規則可循，我從沒遇過這種事，也不習慣採取這類的思考。我必須送出若干脫軌的訊息，讓破壞列車啓動——製造一些不一樣的形象。

一開始，我只能做小事，小規格的事，可說是耍一點手段，做點令人意想不到的事。例如拿一瓶威士忌從頭上往下倒，假裝醉醺醺走進百貨公司；我知道大家會在我背後議論紛紛。我希望消息能散播開來。我最在乎的是要為家人爭取喘息的空間。光怪陸離的世界最好下地獄去。我的外在形象必須更令人覺得困惑，也更乏味一點。過這種生活很累，會耗盡力氣，首先就犧牲掉了你所珍惜的藝術性的自我表達形式。與生活相比，藝術並不重要，而你別無選擇。反正我對藝術再也不渴求。創意來自於體驗、觀察和想像，缺一不可。如今，我不可能在不被觀察的情況下觀察任何事。我連走進街角的商店都會被看到，然後那人就溜去找電話。在烏茲塔克，我一走到前院，就會有車子開上前來，某個傢伙跳出來，朝我指指點點一番之後才離開——接著山坡上就會衝來一大群觀光客。民眾看著我從街的另一頭走來，就會走過街去，不想被我牽連。有時在餐館（當時大多數人知道我的名字但不熟悉我的臉孔），某個認出我的客人會走到櫃檯，指著我的方向，耳語：「那邊那個就是他。」收銀員會告訴某個人，然後一桌傳一桌，整間餐館彷彿遭受閃電襲擊。脖子開始伸長。咀嚼著東西的人把食物吐出，面面相覷道：「那是他？」「你是說那個和一群小孩坐在那邊那張桌子的傢伙？」這和移動一座山一樣艱辛。我的房子不斷被襲擊，烏鴉不時在大門口呱呱啼叫著凶兆。我納悶，有沒有哪種鍊金術能提煉出一種香水，讓人搽了它之後會變得反應冷淡、漠然和無動於衷？我想要弄一點來。我從來沒想過要走上一條會造成嚴重後果的路。我不是哪個世代的聲音，這種觀念需要連根剷除。我本人和我所親所愛的人必須享有自由。我不是時間太多的閒人，我也不喜歡強加在我身上的東西。這一大盤糟糕透頂的菜色，應該加點奶油和蘑菇，我必須卯足全力才能做到。總得在哪兒開始才行。

我去了耶路撒冷，頭戴無邊便帽，在哭牆前面拍照。這幅畫面立刻傳送到全世界，所有的小報也在一夕之間把我變成一位支持猶太建國的人。這稍微有點幫助。回美國後，我很快錄了一張鄉村唱片，做到讓這張唱片聽起來克制又乖巧。樂評摸不著頭緒。我使用了不一樣的唱腔。人們搔著腦袋。我和唱片公司串通好，謊稱我即將退出歌壇，去念羅德島設計學院——風聲傳到各大專欄作者耳裡。有人說：「他撐不過一個月。」記者開始用白紙黑字問：「以前那個他發生什麼事了？」他們也可以下地獄去了。報章雜誌說我想找回自己，說我走上一場永恆的追尋，說我承受著某種內心煎熬。我覺得這些說法聽來都不錯。我發行了一張雙唱片專輯，把我在哭牆想到的東西和記得的一切都放進去，然後挖掘我不記得的，再發行另一張專輯。我錯過了烏茲塔克音樂節——我剛好不在。亞特蒙音樂節——《憐憫魔鬼》事件——我也錯過了。最後，我甚至錄了一張完全取材自契珂夫短篇小說的專輯——樂評認為我這張專輯帶有自傳色彩，我接受這種說法。我拍了一部電影，穿牛仔裝在路上奔馳。這部片的要求不高，我想我當時很天真。

小說家梅爾維爾在《白鯨記》之後的作品都沒沒無聞，評論家認為他踰越了文學界線，建議大家燒毀《白鯨記》。他去世時，沒什麼人記得他。

我想，當樂評駁斥貶抑我的作品時，我也會落得同樣下場，被大眾遺忘。很瘋狂吧？我終究得面對現實——回到舞台——眾人期待已久的大張旗鼓的重返歌壇巡迴演唱——像吉普賽人一樣漂泊——像換輪胎、換鞋子和換吉他弦一樣地改變意識型態。不是這樣嗎？只要我內心確信我不曾動搖，我就不欠誰任何東西。我不會為了任何人而走進更深的黑暗，我已經活在黑暗中。我的家人是我的光，我要不計代價保護這道光。它是我奉獻自己的所在，是我最初的奉獻，我最終的奉獻，是我全部的奉獻。我欠世界什麼？沒有。我什麼都不欠。媒體？我想大家都對它說謊。至於大眾的虎視眈眈，我就住到最偏遠的鄉下地方吧。在我的真實生活中，我做自己愛做的事，這樣就好——少棒比賽、慶生會、送小孩上學、露營、划船、泛舟、划獨木舟、釣魚……我靠唱片版稅過活。在現實生活中，我是渺小的，我指的是我的形象。我以前寫過並唱過最具獨創性和影響力的歌，我不知道自己還做不做得到，但我不在乎。

演員東尼‧寇提斯告訴過我，「擁有名聲」本身就是一種職業。名聲是一種獨立於人之外的東西。他說得對極了。我的舊有形象逐漸消褪，很快的我發現自己不再籠罩在某種邪惡的影響之下。最後我被冠上幾個不合時宜的稱號——較不為難人的不合時宜稱號——雖然這些稱號似乎更有份量。「傳奇」、「偶像」、「謎團」（我最愛的一個是「穿歐洲服飾的佛陀」）——之類的，這些我還能接受。這些頭銜溫和而無害，平凡、容易處理。至於「先知」、「救世主」、「救星」等幾個就比較棘手。

□

麥克雷許的舞台劇《刮傷》裡有幾個角色，其中一個就叫做「刮傷」，他在劇中說：「我知道人間有邪惡——實質的邪惡，不是良善的相反，也不是缺陷的良善，而是與良善完全無關的東西——是一個鬼影。凡是活得像我一樣久、與我見過聽過相同事物的人，都知道這一點。我還知道——更精確地說是我願意相信，世上可能有某一個東西——也可說是某個人——以邪惡為目的，意圖邪惡……沒有理由，說不出道理，強盛的國家突然就……腐敗。那些人的後代敵視先祖，他們的女性失去了當女人的感覺，而他們的家庭瓦解。」這段話之後，越說越精彩。對我來說，為舞台劇寫歌其實不勉強，而我也為他寫了幾首歌，以此測試我有無此一能耐。我一直很喜歡舞台，更喜歡戲劇，戲劇似乎是所有藝術形式中的最高等級。不管在什麼環境下，在宴會廳裡或人行道上，或是泥濘的鄉間道路，劇中情節永遠發生在永恆的「現在」。

我第一次參加舞台劇演出是在家鄉學校的禮堂，那禮堂可不是簡陋的小劇院，而是由東海岸礦產公司出資興建、足以媲美卡內基音樂廳的專業音樂廳，帷幕、道具、活板門和樂池一應俱全。我的處女秀是《南達科他州的黑丘陵受難劇》，一齣描述耶穌生前最後一段時光的宗教劇。這齣戲總是在耶誕季節巡迴到我們鎮上，帶來了擔綱演出主要角色的專業演員、幾籠鴿子、一頭驢、一匹駱駝和滿滿一卡車的道具。劇中幾個角色是需要臨時演員的。有一年，我飾演一名手持長矛頭戴頭盔的羅馬士兵——身上還穿著護胸盔甲等等——這角色沒有台詞，但沒關係，我覺得自己像個明星，也喜歡那身戲服。我與高采烈……身為一名羅馬士兵，我覺得自己很重要，身處世界的中心，所向無敵。那像是一百萬年前的事了，一百萬次的內心掙扎和困境以前的事。

此刻，我不覺得多麼所向無敵。也許可以說我是頑強抵抗的。我一點都不滿足。我完全被包圍。放眼望去，我什麼都看不到，只看到我家的廚房。只看到熱狗、英式小鬆餅和麵條，加了很多鮮奶油的麥片和玉米脆片——在大碗裡攪拌麵粉和打蛋，為孩子換尿布並且泡牛奶。在上述這些事之外，在想辦法不受打擾和蹓狗之餘，我會坐在鋼琴前，為舞台劇譜寫幾首歌，心中記著那些交付給我的歌名。那齣戲傳達出若干辛辣的真相，但我要離那些遠一點。真相是我目前最不想要的東西；就算確實有這種東西存在，我也不要它出現在我家。伊底帕斯上路尋找真相，待他找到後，真相卻毀了他，那是個殘忍的玩笑。還是別管真相吧。我以後打算真話假話都說，你站在什麼立場，就會聽到什麼。萬一我不小心碰到了任何真相，我會把它壓下，不讓它浮上來。不久前我去了紐約，與舞台劇製作人歐斯特洛見面。我把歌帶去他位於紐約布里爾大樓的辦公室錄音，後來他把母帶寄給麥克雷許。

在紐約時，我妻子和我到洛克斐勒中心頂樓的彩虹廳去看小法蘭克・辛納屈表演，他在一整個管弦樂團的伴奏下演唱。為什麼是去聽他而不是其他當紅歌手？為了省點麻煩，而且那裡不會有人追著我跑……此外，可能還因為我覺得他有親切感——我想我們年齡相仿，他跟我是同一代的歌手。總之，辛納屈是很不錯的歌手。我不管他是否像他老爸一樣好——他歌唱得不錯，而且我喜歡他聲如洪鐘的大樂團。表演結束後，他來和我們同坐。顯然，像我這樣的人會來聽他演唱令他很驚喜，等他發現我是真心喜歡流行輕音樂時，他就放鬆了下來。他說他喜歡我的幾首歌，〈隨風而逝〉和〈別猶豫〉，他問我在哪些地方表演（我退休了，過著隱士般的生活，但我沒說）。他談到民權運動，說他父親是民權鬥士，一直為受迫害者抗爭——他說他父親覺得自己也是受迫害者。小辛納屈看起來挺聰明，並不虛僞、做作或傲慢。他的作為是合理而正當的，而他有自知之明。我們聊得相當愉快。

「假如你發現被迫害者其實是個混蛋，」他說：「你會作何感想？」

「我不知道，」我說：「大概會不高興吧。」

透過一大片窗戶可以看到壯觀的城市風貌。從六十樓往外看到的世界是另一種世界。過了一會兒，我買了一朵紅花給我妻子。我妻子是天下女人之中最可愛的生物之一。然後我們起身離開，向辛納屈道別。

終於等到了麥克雷許的回覆，他提出幾個疑問，我就知道他會有疑問。他邀請我再去他家一趟——我們可以一同修改並整合曲子，進一步討論。我毫不遲疑，跳上四門的長型福特休旅車駕駛座，再度橫越新英格蘭鄉野。方向盤後的我眼睛盯著寬闊的路，但金屬撞擊的回聲在我腦中揮之不去。我感覺自己像籠中鳥——像難民——在蜿蜒的公路上蛇行——彷彿在載送屍體跨越州界，隨時可能被攔下。

我打開收音機，強尼・凱許唱著〈名叫蘇的男孩〉。歌曲中說，很久以前，男孩在雷諾市射殺一個人，只為了看那人死。如今他說，父親給他取的女性化名字使他很苦惱。看來凱許也想改變形象。除此之外，我看不出誰和我遇到類似的處境——我覺得孤立無援，只有我自己和我成長中的小家庭獨力面對一個天馬行空的巫術世界。

有件事引起我注意，那是傑瑞・葵利和吉米・艾里斯在奧克蘭舉行的拳擊賽。這是場激烈的賽事。吉米・艾里斯是那種「拿了錢就跑」的人——對他來說，拳擊只是工作。他要養家，他無意成為傳奇人物或打破任何紀錄。白人拳擊手傑瑞・葵利則被稱為「白人新希望」——這稱號真令人覺得噁心。葵利的父親當初搭貨車來到加州，葵利自己完全不被喝采鼓動。他對前來替他加油的白人治安維持會無動於衷，對激昂的氣氛不為所動——他不接受他們偏心的擁戴，他抗拒圍繞他身邊的白痴。他不需要任何噱頭。我認同艾里斯和葵利，並對照了我和他們的處境，以及我們對環境的反應。我和葵利一樣不想成為任何象徵或代言人，我和艾里斯一樣有家要養。

我在艷陽高照的秋日開著車，風景逐漸變成一團朦朧。有一會兒，我覺得自己一直在繞圈。過了一會兒，我進入麻州，再次抵達麥克雷許家。和上次一樣——門房帶領我跨越木橋——從小徑往上走——遠方有棵高大的枯樹，樹枝從主幹呈放射狀散放——極為寧靜，風景如畫。我跨過滿是腐葉的溝渠，陽光從岩石碎片中透出；我爬上通往他家大門那條乾燥而嶙峋的山脊。有一塊招牌倚著建築物而立，那是一塊三夾板，漆上了戶外底漆和汽車亮漆，並有塑膠的字母板。我再次在麥克雷許家等待，望著窗外一處很棒的深谷、清澈小溪和野花。房間裡還是插滿了花——深紫色的花、葉面比較粗糙的羊蕨類花、中心是白色的藍花——花蕾尖端用線圈纏起來，看起來像小提琴……麥克雷許走進房間，熱情相迎——彷彿看到了老朋友。我猜想他會不會又與我談起嚴肅的話題，但他不打算閒聊。

他好奇我寫的那幾首歌為什麼不是很黑暗；他提出建議……他重新討論劇中角色，他說主角最重要的特性是善妒、喜歡造謠生事而且常欺負別人，這方面應該多所著墨。我感覺到自己坐在那兒，退化成化石，內心開始天人交戰。麥克雷許想得到明確的答案，他以他智慧的雙眼看著我。他對於人類及其荒誕之處的認識，比大多數人窮其一生所能了解的東西還要多。我想告訴他我最近狀況混亂，暴民帶著擴音器包圍我們家，叫我帶領遊行隊伍去市政府、華爾街、國會大廈……我想告訴他，命運裡的神話角色一直在編織情節，如今正在剪斷我的生命線……我想告訴他，華府聚集了十幾萬名示威者，警方用公車一輛接一輛圍住白宮，以保護主要建物。總統在屋子裡觀看足球比賽，而陌生人大聲呼籲我到場統率指揮。這一切些都讓我想吐。我夢到群眾歡聲雷動、出言挑激，對我大喊：「過來跟我們一起。」我想告訴他，人生變成了一頭獅子，四處尋覓獵物；我想告訴他，我需要逃離這些鳥事的煎熬。我環顧房間，書架上排滿了書。我注意到小說《尤里西斯》。哥倫比亞唱片公司老闆高德・李伯森曾送我這本書的首刷版當作禮物，而我一行都看不懂。這位作者喬伊斯似乎是史上最自負的人，他的雙眼雪亮，文采斐然，但我不明白他在說些什麼。我想請麥克雷許解釋喬伊斯給我聽，讓我了解這個看起來全然失控的作品；我知道他會答應，但我沒開口要求。我內心深處明白，我無法在他的戲中添加任何訊息，反正他也不需要我協助。他只想談論他的劇作配樂，才會找我來這裡，然而配樂這件事沒有指望，無法可想，我們很快就看到了這僵局。

夕陽西沉，濃濃的夜幕展開。主人邀我留下來共進晚餐，但我加以婉拒。他一直耐著性子對待我。正要離去時，我腦中畫面突然換到另一時空，浮現了我去看「豹女」時的畫面。有時你會像這樣想起以前見過的事物，那些從人生瓦礫中挽回的舊時回憶。在遊樂場大聲招攬顧客的人解釋著「豹女」的身世；她母親在北卡羅來納州懷著她時，夜裡在黑暗道路上看到一頭豹，那頭野獸在她未出世的孩子身上印下標記。接著，「豹女」出場，看到她，我覺得難過。

這時，我不禁想，我們——麥克雷許、我和所有其他人——會不會在出生前就被刻了字樣、做了標記，被貼上標籤或某種祕密記號。假如真是如此，那就沒有人能改變任何事。我們全都置身一場瘋狂競賽，必須遵守已經制定了的遊戲規則，否則就別下場玩。假如祕密記號真的存在，那麼評斷誰對誰錯就是不公平的了……我希望麥克雷許不會評斷我。

我該走了；再待下去就得借住麥克雷許家了。我問他——只是出於好奇——他為何不自己寫配樂。他說他不是寫詞寫曲的人，而且他的舞台劇需要另一個聲音、另一個角度——人有時候會太自滿。走回小溪邊，我似乎看到水面上泛著小水圈。麥克雷許的戲太沉重——太多午夜謀殺，我絕不可能認同這種走向，但我很高興能認識他。當大多數人還離不開地面時，他已經到了月球。就某方面來說，他教了我如何游泳渡過大西洋。我想感謝他，卻開不了口。我們在車道上揮手道別，我知道自己再也不會見到他。

□

我的唱片製作人鮑伯・強斯頓在電話線上，他從納許維爾打電話到東漢普頓找我。我們住在租來的房子，位於一條有高大楡樹的寧靜街道上——這是一間裝了百葉窗的殖民風格房子，在高聳圍籬的環繞下隱在街道中。後院很大，打開深鎖的大門出去，便是沙丘，直通純淨的大西洋海灘。房子的主人是亨利·福特。東漢普頓原本是農夫和漁夫定居之處，如今成為藝術家、作家和有錢人的避風港。這裡不算是個地方，而是一塊「心靈狀態」。倘若你大受干擾、嚴重失衡，你可以在這裡找回平衡。有些家族三百年前就住在這裡，有些房子的建築年代可溯及公元一七〇〇年——過去還有女巫在這裡受審。韋恩史卡特、斯普林思、亞馬岡塞特小鎮——整片綠意——英式風車——終年散發魅力風情，並且由於靠近樹林和海洋而有一種獨特的光線。

我開始用畫筆描繪那兒的風景。可以做的事很多。我們和五個孩子常常去海邊，在海灣裡划船，挖蛤蜊，在蒙托克附近的燈塔消磨午後時光，去嘉丁納島——尋找基德船長埋藏的寶藏——騎單車、輕型賽車和馬車——看電影和逛露天市集，逛狄維遜街——我們常開車去斯普林思，那兒是畫家的天堂，藝術家德·庫寧的工作室就在那兒。我們是用我母親的娘家姓氏租房子，因此沒引來麻煩。雖然我的名字會讓人不自在，我的臉孔倒沒那麼出名。

幾天前我們去了新澤西州的普林斯頓，我去那裡接受榮譽博士學位。真是一場怪異的旅行。我本想邀大衛・克羅斯比與我同行。克羅斯比是一個新成立的超級樂團的一員，但他還在西岸重要樂團「博茲合唱團」的時候，我就認識他了。他們錄了一首我的歌〈鈴鼓手先生〉，他們這首歌登上排行榜冠軍。克羅斯比是個有意思而難以預測的奇人，他身穿魔術師斗篷，和大多數人都處不來，嗓音很美，非常和諧。他那時在死亡邊緣遊走，很可以嚇死一整個街區的人，但我很喜歡他。他不適合待在博茲合唱團，他是個難以駕馭的工作夥伴。

在一個炎熱晴朗的日子，我們開著六九年別克 Electra 往八十號公路，找到我這趟要去的大學。學校主管馬上帶我進入一個擠滿了人的房間，為我罩上袍子；下一秒，我便俯瞰著大太陽底下一群身穿正式服裝的群眾。舞台上還有其他準備接受榮譽學位的人，我和他們一樣很需要這個榮譽學位，但原因不同。獲得學位的人另外還有自由派專欄作家華特・利普曼，以及科瑞塔・史考特・金——但目光焦點都集中在我身上。我站在炙熱高溫中看著群眾，腦中胡思亂想。

輪到我領學位時，主持人介紹我在「歌唱藝術」上有傑出成就，此後我將能享有這所大學專屬的一切權利和禮遇。然而他接著說：「雖然他非常有名，但他對公開場合和組織敬而遠之，他偏好和家人隱居，與世界隔離，他一直代表著青年美國在良知上的騷動和憂慮。」噢，老天！真是一大打擊。我渾身顫慄但不動聲色。青年美國在良知上的騷動和憂慮！又來了，我真不敢相信！我又被騙了。主持人不能說點別的話嗎，不能強調一下我的音樂嗎。當他對群眾說我偏好與世界隔離，他彷彿在對大眾宣佈說我喜歡躲在一個鐵墓裡，吃著別人用托盤送進墓裡的食物。

陽光擋住我的視線，但我仍然看到大家以怪異表情瞅著我。我氣死了，氣到想咬自己。最近，社會大眾對我的觀感像溜溜球似的變動，而眼前這種事會讓情況倒退一千年。他們不知道發生什麼事嗎？連俄國的《真相報》都說我是嗜錢如命的資本主義者；而且，在自家地下室製造炸彈來炸公共建築、惡名昭彰的組織「氣象人」，甚至挪用我一首歌中的歌詞，自命為「地下氣象」。我的名聲漸漸失去信用，什麼事情都能鬧出來。但我還是很高興來領學位，這東西對我有用。這學位看起來、摸起來和聞起來都代表一種敬意，而且具有某種世界精神。我在典禮過程中一直咕咕噥噥，最後終於拿到證書。我們回到別克大車，駛離現場，真是奇怪的一天。「一群呆頭呆腦的笨蛋。」克羅斯比說。

□

強斯頓在電話上問我想不想錄音。我當然想。只要我的唱片還賣得出去，我怎麼會不想？我手上的歌不多，只有給麥克雷許的那幾首——我想我可以加幾首——假使需要，而且強斯頓也希望的話，我可以在錄音室裡多寫一些歌……和強斯頓一起工作，像是在酒醉後飆車。強斯頓這傢伙很有趣——來自德州西部的他，現住在田納西州，體格像摔角選手，手腕和前臂又粗又壯，胸膛結實。他雖然矮，但個性使得他看起來比實際上高大——這名樂手和詞曲創作者甚至為貓王寫過幾首歌。

強斯頓一直想說服我們搬到納許維爾，只要我們去那兒，他就不斷推崇納許維爾是多麼悠閒，而且要什麼有什麼。他告訴我們，那是個經過改良的城市，人人只做自己的事，不會干涉人。就算你在街頭站一整晚，也不會有人睬你。

我去納許維爾錄過幾次唱片——我第一次在那兒錄音是一九六六年。當時那城市相當封閉，艾爾・庫柏、羅比・羅伯森和我差點因為一頭長髮而被民眾趕出城，而當時市面上所有歌曲都在描寫放蕩的老婆紅杏出牆，或者花心老公偷腥之類的東西。

強斯頓開著他的紅色凱迪拉克敞篷轎車，緩緩在納許維爾街上繞行，為我們指出觀光景點。「那是艾迪・亞諾家。」他指向另一間：「偉倫住在那棟房子。湯姆・T・霍爾住在那邊那棟。費倫・楊的家是這個。」車子轉了個彎，他指向另一處：「那條街再往前走，是波特・瓦格納的家。」我仰靠在寬大的皮質座椅上，張大眼睛東張西望。強斯頓眼中閃著光芒，他身上有一股所謂的「衝勁」，你可以從他的神情看到他的熱忱和志氣。這名哥倫比亞唱片公司的民謠和鄉村音樂王牌製作人，晚生了一百年。他應該穿上寬大的斗篷，戴上有羽毛的帽子，高舉著劍騎在馬上。強斯頓不理會任何警告，他認為製作一張唱片的方法就是把機器上好油，打開電源，然後大展身手……你永遠不知道他會帶什麼人來到錄音室，而且他總是遇到大塞車，然而他似乎能幫每一個人都找到工作。假如一首歌錄得不順利，或是錄音的狀況混亂，他會走進錄音室說「各位，這裡人太多了」之類的話。那是他快刀斬亂麻的方法。強斯頓充滿魅力，愛吃鄉村式烤肉——他把他的一名納許維爾法官朋友稱為「尾巴被剪短的政客」。「你得見見他，」他說：「改天我安排你們倆見面。」強斯頓就像小說裡的人物。不過這一次我們不是在納許維爾錄音，而是要去紐約市，而他會負責安排樂手；不是帶人去紐約，就是在紐約找。

我好奇他會帶哪些樂手來錄音。我滿心希望他會把查理・丹尼爾斯帶來。他曾經請到丹尼爾斯跨刀，但也有幾次無法如願。我自覺和丹尼爾斯有很多共同點，包括口頭禪、幽默感和工作態度，以及他對某些事情的寬容。我覺得我們似乎對同樣的遙遠國度懷有同樣夢想，而他的許多回憶似乎與我的回憶交疊。丹尼爾斯常常會拿起東西把玩，研究它。當時我沒有自己的樂團，必須倚賴唱片公司的企製人員或製作人幫我拼湊一個樂團。在與丹尼爾斯合作錄音時，我常會激盪出佳作。強斯頓請丹尼爾斯從北卡羅來納州搬到納許維爾，在其他歌手的專輯中彈吉他和伴奏。丹尼爾斯也拉小提琴，但強斯頓不讓他在我的專輯中拉小提琴。幾年前，丹尼爾斯在自己家鄉組了「美洲豹樂團」，出版了幾張衝浪搖滾鄉村樂專輯。而我雖然在家鄉沒出過任何專輯，但是差不多在同一個時期，我也有一個樂團。我發現我們年少時的經歷頗類似。最後，丹尼爾斯終於闖出名堂。在聽過「歐曼兄弟」和剛冒出頭的「林納史基納樂團」之後，他找到自己的音樂方向，並建立自己的樂風——一種純然天才的新形式山地鄉村布基樂——證明了他的實力。他的音樂活力驚人——超現實風格的雙小提琴演奏，以及〈魔鬼去了喬治亞〉之類的傑作。有一段時間，丹尼爾斯爬上了顛峰。

偶然發掘「林納史基納樂團」的艾爾・庫柏，曾在我一些最好的作品中擔任樂手，於是我請強斯頓打電話給他。他是我唯一建議強斯頓去找的樂手，我想反正庫柏應該在紐約。庫柏出生於布魯克林或皇后區，成長時期一直待在少年樂團——「皇家少年」，他們締造了一首暢銷單曲〈短短褲〉。庫柏會玩很多種樂器，而且樣樣精通，他很能抓到感覺。在紐約樂壇，他也是個詞曲創作者，金・匹特尼錄過他寫的一首歌。庫柏組過的樂團包括「血、汗與淚」、「藍調計畫」，他甚至還和史帝芬斯・史提爾斯以及麥克・布魯菲爾德組了個超級樂團，但後來他背離了所有人。他也是個星探，可說是白人界的艾克・透納。他欠缺的只是一名精力充沛的女歌手，像珍妮絲・賈普林就可能成為庫柏的最佳女主唱。我曾跟我的前任經紀人、也就是賈普林的現任經紀人亞伯特・葛羅斯曼提過這件事，他說他沒聽過比這更蠢的點子。但我可不這麼想，我認為這做法很有遠見。不幸，賈普林不久後就香消玉殞，而庫柏始終被樂壇忽視。我應該要當經紀人的。

不到一個星期，我來到紐約的哥倫比亞錄音室。強斯頓掌控全局，他認為我錄的一切都很棒。他總是這樣。他認為我們就要發大財，而且萬事具備。事實正好相反，一切從來不曾完備。即使一首歌完成了，錄好了，也絕不完備。在為其中一組歌詞譜曲時，庫柏用鋼琴彈了點泰迪・威爾森的即興重複樂句。找來的三名女合音唱起歌來活像剛從唱詩班被拉來，其中一人還即興唱了「擬聲唱法」。整首歌一次OK，歌名叫〈狗兒四處跑〉。

我錄了早先為麥克雷許的戲所寫的、已經有旋律的歌，效果不錯。合適的東西——片段、曲調、弱拍樂句——就拿來用。我的名聲穩穩掌握在我手中——至少這些歌不會招致不留情的報紙標題。這些是傳遞訊息的歌曲嗎？不是。想聽到那種歌的人可要失望了。我似乎得設法靠這種歌曲進行音樂事業，然而，你仍舊感覺到眾人的期待。以前的他何時會回來？大門何時會突然敞開，目標物出現？不會在今天。我認為這些歌可能會在雪茄菸霧中消散，這樣很好。我的唱片仍然暢銷，連我都驚訝。也許我的唱片裡有好歌，也許沒有——誰知道？但它們不是那種會震撼人心的歌。我知道那種歌是什麼樣子，但這些不是。並非我沒有才華，我只是沒有感覺到十足的火力，沒有行星大爆炸。我倚著錄音室控制台，聽著其中一首錄音，聽起來還不錯。

強斯頓稍早問我：「你想要給這張專輯取什麼名稱？」名稱！大家都愛名稱，一個名稱包含千言萬語。但我不知道要取什麼名稱，而且我想都沒想過。但我確實知道專輯封面會有我和維多莉亞．史派非的合照，一張我們幾年前在一間小錄音室拍的照片。我在錄這些歌之前就知道這張照片會放在封面。也許我甚至是先想到要用這張照片，覺得需要放點東西在唱片封套裡，才做了這張唱片。有可能。「『窮困潦倒上台』，你覺得如何？」強斯頓瞪著我，用他的方式理解這句話。「老天，這會讓他們所有人摔倒。」我不知道他指的「他們所有人」是誰，也許是哥倫比亞唱片公司的主管。強斯頓總是為了某些理由與他們鬧不愉快，他認為他們是一群響尾蛇。「在哪裡現身？」他問道：「應該是很了不起的地方。」強斯頓喜歡地名，他曾經製作一張叫做《強尼．凱許在聖昆汀》專輯。他喜歡標示地點，認為這樣能製造氣氛。「我不知道，世界上某一個頂尖的地方吧。巴黎、巴塞隆納、雅典……其中之一。」強斯頓抬起頭。「天啊，我得做一張旅遊海報，太棒了！」沒那麼棒，現在談專輯名稱還言之過早。

我環顧房間，站起身，緊張地來回踱步。我看著牆上的鐘——鐘似乎在倒著走。我坐回去，感覺時間在我臉上刻下線條，我的眼白也逐漸變黃。艾爾・庫柏到處耍寶，猛說著冗長又無聊的笑話。我聽著丹尼爾斯用小提琴練音階，一邊翻閱桌上的《柯里爾氏》、《告示牌》、《注目》等雜誌。無意間我在《男性》雜誌翻到一篇有關詹姆斯・拉利的文章，他是二次大戰期間的無線電人員，與他的飛行員一同在菲律賓墜機。我專心讀了一會兒。那是一篇令人胃部翻攪的文章，寫得很露骨。飛行員在飛機墜毀時喪生，而拉利被日軍俘虜，帶到一處軍營，用武士刀砍下他的頭，然後用他的頭來做刺刀練習。我把雜誌扔開。參與這次錄音的鼓手羅斯・康可，半閉著眼睛坐在沙發上，手上兩支鼓棒互相輕敲——他神情陰鬱望著窗外。我腦中擺脫不掉拉利的故事，很想在風中為他哀叫。

吉他手之一的巴茲・費騰，正在編寫一首曲子的基本架構。這首，我們也許明天會錄，也許後天，也許永遠不會錄。強斯頓走進來，興致高昂一如往常，他有很多很多的興致。大多數人都是三分鐘熱度，他卻有無止盡的熱情，而且不是裝出來的熱情。我剛聽完〈嶄新的早晨〉這首歌的錄音，覺得它錄得很不錯。我心想，「嶄新的早晨」也許是不錯的專輯名稱，便告訴強斯頓。「天啊，你真是看穿我的心。他們會落入你的掌心——他們得要去上那種在睡覺時進行的頭腦訓練課程才能夠了解。」正是如此，而我也需要去上那種讀心術課程才能了解強斯頓剛才在說什麼。這無所謂，不過我知道強斯頓為何會這麼說。我帶了哈利・羅倫的書《心智力量的祕密》來錄音室，一直放在沙發上。我認為那本書或許可以幫助我繼續把自己的形象定格，幫助我學著捕捉那個模模糊糊的潛在自我。

可是，哈利・羅倫比不上馬基維利。我幾年前讀了《君王論》，非常喜歡。馬基維利的話大抵合理，但他有些說法是錯的——例如他說，令人懼怕勝過受人喜愛，聽他這樣說你會懷疑他的思想夠不夠宏觀。我懂他的意思，但有時在現實生活中，一個受人喜愛的人可以激起巨大的恐懼，遠遠超過馬基維利的想像。

錄製中的這個專輯最後真的叫做《嶄新的早晨》，這名稱取自我為麥克雷許舞台劇所創作的其中一首歌的歌名，而且封面真的放了我和史派非的合照。這張收錄十二首歌的專輯發行之後，評論如泉水般湧出。有些樂評認為它了無生氣而多愁善感，意志薄弱。好吧。有人則慶幸以前的他總算回來了。終於。但這也沒說出什麼所以然。我認為大體上是好的。確實，這張專輯沒有明確反映出桎梏著我們國家的手鐐腳銬，沒有任何挑戰現況的東西。後來，樂評會說這是我的「中期作品」，而許多陣營會稱這張專輯為一個東山再起的作品——的確如此，它後面會有很多東山再起的作品。

一九七一年五月六日，麥克雷許的舞台劇《刮傷》在百老匯的聖詹姆斯劇院首演，兩天後的五月八日下檔。

老天可憐我

4

[OH MERCY]

時間是一九八七年，我的手在一場荒唐的意外中受了重傷，此時正在休養。我的手傷深可見骨，狀況仍很危急——我根本覺得那不是自己的手。不知道倒了什麼霉，真是命運捉弄，一切機會化為烏有。從春季開始，我本已排定上百場演唱會，如今我不確定能否如期上台。整件事必須認真面對。現在才一月，但我的手需要很長時間療傷和復健。我盯著落地窗外雜草叢生的花園。石膏模裏到了手肘，我心想，我的音樂生涯可能就此結束。就某方面來說，這種結局是恰當的，因為我在此之前一直在欺騙自己，逼自己一次次超越自己能力的臨界點。好一陣子以前我便這樣覺得了。近來情況有所改變，而這會產生什麼歷史意義，我很困惑。

多年來，大眾聽多了我的錄音作品，但我的現場演唱似乎未能捕捉我那些歌曲的內在精神——我沒能唱出來。包括親密感在內的很多東西都消失了。聽眾一定覺得像是走過一片荒蕪的果園和枯草。我的觀眾或將來會聽我歌的人，將永遠無法體驗我即將開墾的新境地。很多原因導致了這個局面，使得威士忌溢出酒瓶。多產，但不夠精確；太多事情讓我分心，使我的音樂道路藤蔓叢生。我遵循著已經確立的習慣，但效果不彰。窗戶釘上了木板，封閉多年，蜘蛛網滿佈。我並非不知情。

在這之前，許多情況已經改變，而且是具體可見的改變。幾個月前發生一件不尋常的事，使我注意到若干動態原則。我發現我可以用它們來改變我的表演。把幾個環環相扣的技巧元素結合起來，可以改變聽者對歌曲的感受、時間結構和整體節奏感，讓我的歌曲產生比較生動的表情，把它們從墳墓裡叫起來——伸展它們僵硬的四肢，舒活筋骨。這彷彿是我某部分的靈魂聽到天使說話。壁爐裡本已有熊熊火焰，而風來相助，助長火勢。神秘面紗被掀起。龍捲風在耶誕假期來襲，把所有的假耶誕老人和喧囂全部吹走。令人不解的是，這件事為何那麼遲才發生；這個改變沒能早點發生，實在可惜。我還知道，我寫出了完美歌詞，為我的音樂風格加分。過去十年我的工作成績淒慘，使得我精疲力竭。我經常在表演前走近舞台，心想我並沒有信守我對自己的承諾。我不太記得那是什麼樣的承諾，但我知道我對自己做過承諾。我想弄清楚，但總是不得法。假如我曾經看到它，我就能當下修正它；但我沒有看到。我忙碌的表演生活已經暫停好一陣子，就快要畫下句點了。我這是自作自受。被別人當成傳奇人物是件好事，大家會花錢來看你表演，但對大多數人來說，看一次就夠了。你必須使出所有看家本領，免得浪費自己的時間和別人的時間。我不算從樂壇消失，只是我的音樂道路變窄了，快要被關閉，而它原本應該是寬闊開朗的。但我還沒有離開，我還在人行道上掙扎。我心裡有一個失蹤人口，我必須找到他。我試過幾次，想把他逼出來。萬物都可以在大自然裡找到解藥，因此我經常去大自然裡搜尋。我會坐在船屋裡——一座漂流的行動房屋裡，希望聽到一個聲音——緩緩爬過來——在夜裡爬上偏僻的海灘保護區——麋、熊和鹿在四周走動——獨來獨往的灰狼就在不遠處，安靜的夏夜裡傾聽著潛鳥的叫聲。把事情想清楚。但是沒有用。我覺得被搾乾，剩下空虛而疲憊的軀殼。腦中太多思緒，我擺脫不掉。不管我身在何處，我都是一名六〇年代的吟遊詩人，民謠搖滾的遺緒，一個逝去年代的文字匠，一個無人知曉之境的虛構首領。我在一個文化荒地的無底深淵裡。隨便你怎麼說。我都擺脫不掉。回到真實生活，人們看到我出現。我知道他們在想什麼。不論事情好壞，我都得接受。

□

我和「湯姆・佩帝與傷心人」一同上路，舉行為期十八個月的巡迴演唱。這將是我最後一次巡迴。我找不到任何靈感。曾讓我一頭栽進音樂的原因，全都消失無蹤。湯姆・佩帝處於事業顛峰，我卻落到谷底。我贏不了命運。一切毀壞殆盡。我覺得自己的歌好陌生，我沒辦法觸碰到它們的原始神經，沒辦法穿透表面。再也不是我的歷史時刻了。我心中有個空洞在吶喊，我等不及要退休。再與佩帝工作一陣子，我就收山不幹了。我就是別人所謂的過氣歌星，如果我不小心一點，將來可能會落得對著牆壁大吼大叫的下場。鏡子轉了過來，我可以看見未來——一名老演員在過去締造風光的劇院外翻撿垃圾。

我寫過也錄製過很多歌，但平常會拿出來表演的歌曲數目不多，只有二十幾首。其他的歌都太晦澀、太黑暗，而我再也無法用它們來激出任何創意。那感覺就像扛著一袋沈重的腐壞的肉；我不明白它們來自何處。光熱已消褪，火柴燒到了盡頭，我只是在裝模作樣。無論我多努力，引擎就是無法發動。

佩帝樂團裡有個班蒙特・坦屈，他不斷問我——幾乎是在求我——能不能表演不同的曲目。可以試試〈自由鐘聲〉嗎？〈過往雲煙〉呢？或是〈西班牙哈林區事件〉？而我總是給他一些站不住腳的藉口。事實上，我不知道是誰在找藉口，因為我把自己擋在自己心門外。最大的問題是，我倚靠本能和直覺那麼久了，如今本能和直覺這兩名女士卻變成禿鷹，一點一滴吸吮我的血。就連臨場反應都變成一隻盲眼的羊。我還沒有把稻草紮成束，就開始懼怕風了。

與佩帝一起做的巡迴演出，分成幾個段落；在一次暫休期間，巡迴演唱的主辦人之一，艾略特・羅伯茲，幫我排了幾場與「死之華」的合作演出。演出前，我先要與「死之華」排練，於是前往聖拉法艾與他們見面。我原本以為排練會像跳繩一樣容易。差不多一個鐘頭後，我得悉「死之華」想排練更多曲目，而且要和我與佩帝的演出不一樣。他們想排練的歌，都是他們喜歡而我很少演唱的歌曲。我發現自己的處境很怪，而我耳中聽到尖銳的煞車聲。假如我一開始就知道事情會變這樣，我可能不會答應演出。我對那些歌都沒有任何感覺，我不知道自己該如何唱出它們的涵義。其中很多歌我可能只唱過一次，就是錄音那一次；很多歌我根本搞不清楚是哪一首——我甚至可能會把歌詞誤記為其他歌。我需要歌詞稿才能了解這些歌在唱什麼，而等我看到歌詞，尤其是早期的較晦澀的歌，我真不知道該如何用感情把它們唱出來。

我覺得自己像個笨蛋，不想再待下去。整件事可能是個錯誤。我得去某個精神病患專屬之處，好好兒想一想。我告訴他們，我有東西遺忘在旅館，然後我走出大門，到弗朗特街，低下頭躲毛毛雨。我不打算回去；假如你打算說謊，你就該把謊話說得又快又好。我從街頭開始走——走了大概四或五或六個街區，我聽到前面傳出小型爵士樂團的演奏聲。我經過一家迷你酒吧，探頭看到樂手在裡面表演。下著雨，店裡客人不多，其中一人哈哈大笑著。這裡像是一列毫無目的的漫遊列車的終點站，空氣中菸霧瀰漫。彷彿有聲音喊我進去，於是我走進酒吧，沿著又長又窄的吧台，走到盡頭。那幾位爵士樂手在一道磚牆前架高的舞台上表演。我走到距離舞台四呎處，倚著吧台站著，叫了一杯琴酒加通寧水。我看著歌手：他上了年紀，身穿毛海外套，戴一頂窄帽緣的低頂圓帽，打了一條閃亮的領帶。

鼓手頭戴牧場工人的牛仔帽，貝斯手和鋼琴手則一身整齊。他們表演的是抒情曲，〈我手中的光陰〉和〈憂鬱星期天〉。那個歌手讓我想起比利‧艾克斯汀。他唱得並不用力，但他不必費力；他很放鬆，用自然的力量在唱著。突然之間，毫無預警的，那傢伙彷彿為我的靈魂開了一扇窗。他彷彿在說：「你應該這樣做。」我來沒有那麼快就領悟一件事。我感覺得到他是如何練出那種力量的，他是怎麼做到的。我知道那種力量來自何處，它並不來自他的聲音——雖然是他的聲音讓我恍然大悟。我心想，這就是我以前的演唱方式。那是很久以前的事，而且我是無師自通的。那種技巧非常基本而簡單，我卻忘了；就像忘了如何扣上自己的褲子紐扣。我不確定自己還做不做得到，我想我至少要試一試。假如我能設法掌握住這種技巧，我就能安然度過這趟馬拉松式的特技巡演。

我回到「死之華」的練習室，一副若無其事的樣子，從先前中斷的地方重新開始。我等不及了——拿他們打算表演的一首歌來嘗試，看我能不能用那名老歌手的方法演唱。我有預感，事情會有轉變。剛開始唱時，很困難，像是在磚牆上鑽洞；我嚐到的盡是灰塵。但一會兒後，很神奇的，某種內在的東西出現了，我幾乎要發狂。一開始我只能發出咳血般的咕噥聲，而且是從我下半身底端爆發，但它繞過我腦子。這種事從未發生過，它燃燒著，但我很清醒。這項計畫並非天衣無縫，還需要縫很多針，但我抓到要領了。我必須非常專注，因為我必須同時操控一種以上的計策。現在我知道了，當我演唱這些歌時，我可以讓歌曲不再受限於文字世界。這真是天啓。我和死之華合作了幾場，而且再也不必猶豫。也許他們在我的飲料裡加了什麼，我不知道，但他們要怎樣我都答應。我得謝謝那名老爵士歌手。

□

我回到佩帝那兒，準備進行這一場漫長而乏味的巡迴演唱的最後一輪演出。我跟佩帝的樂團說，他們想表演什麼曲目儘管說，我們就唱。那輪演出，是從以色列的兩場演唱開始，一場在特拉維夫，一場在耶路撒冷。接下來要到瑞士，然後去義大利。在這開頭的四場演唱中，我唱了八十首不同的曲子，完全沒有重複。我只是想試試自己能否辦到。似乎不難做到。我使用的演出方法，比較麻煩，但很有效。由於採用了這種不同於以往的歌唱技巧，我的歌聲絕不會突然破音，而且唱再久也不會累。

一晚接著一晚，我像是一輛以定速功能在往前行駛的汽車。然而我仍舊想著退休的事……退出樂壇。我尚未做進一步計畫，因為我還沒有說服自己採取行動——我想，反正我的歌迷不多。這次巡迴演出吸引了大批聽眾，不過大多數人是衝著佩帝來的。在這次與佩帝一起演出之前，我沒有固定舉行巡迴演唱。為了每一次三十場或四十幾場的巡迴演唱會而重新籌組樂團，然後又解散樂團，我覺得很無聊；我漸漸感到厭倦了。我的表演是一齣戲，其中牽涉的儀式令我心生厭煩。在佩帝的巡迴演出中，我覺得觀眾們就像是射擊場的人形標靶，和我無關——他們只是隨機的對象。我討厭這樣——我討厭活在海市蜃樓裡。該是掙脫的時候了。想到退休，我一點都不覺得困擾，我已經和這個念頭握手言和，並且很自在就能面對它。從那個時候到現在，我只有一個地方改變：表演不再會對我造成任何一絲消耗。我悠哉自得。

然後，在有一晚瑞士洛卡諾市的大廣場演唱會上，我那份輕鬆感突然崩潰。剎那間，我覺得自己掉入黑洞。舞台位在戶外，當晚颳著強風，是那種可以吹翻所有東西的風。我張開嘴準備唱歌，喉嚨卻是緊的——我一個音都唱不出來。我那技巧不管用了；我不敢相信會這樣。我以為自己掌握得很好，結果又被耍了。被困在這種狀況裡實在不好玩，會讓人恐慌。你站在三萬人面前，他們盯著你，你卻啥都唱不出來。這樣下去會很難看。我轉念一想，沒什麼好擔心的，也不需要做任何預防措施；我設法變出另一種機制來啓動另一種不管用的技巧。我出於反射，憑空做出這樣的反應，自己施展魔法驅趕惡魔。情況立刻變化，好像一匹純種馬衝出閘門，一切又都回來了，而且來自四面八方。連我自己都感到驚訝。我微微在發抖。就在那瞬間，我升空高飛。這新玩意兒就在大家眼前發生，可能有人發現了能量的些微差異，但僅此而已。沒有人會注意到，一個蛻變已然完成。現在，能量來自上百種不同的角度，屬於完全無法預測的能量。我具備了一種新能力，而它似乎超越所有人類條件。如果說我曾經一直想達到什麼目標，這就是了。我有如變成一個全新的表演者，一個不知名的貨真價實的表演藝術工作者。在舞台上三十多年，我從未見過或到過此一境地。如果我原本是不存在的，有人創造出了我。

這場和佩帝一起進行的巡迴表演在十二月結束。我發現自己不但沒有被困在故事的終局，反而正處於另一個故事的序曲。我可以暫時不急著退休。我想，重新開始為社會大眾服務說不定會很有趣。我也知道這種技巧需要多年的琢磨和提煉，但靠著我的名氣和聲望，我會有機會的。時機似乎很對。巡迴結束後，我坐在倫敦的「聖詹姆斯」俱樂部裡，身旁是艾略特・羅伯茲，他是策劃佩帝和「死之華」的所有巡迴演唱會的人。我告訴他，明年我要唱兩百場演唱會。羅伯茲很務實，他說我應該休息幾年再說。

「現況很完美，」他說：「就這樣吧。」

「不，」我說：「現況並不完美，我必須扭正它。」

我把最後一瓶啤酒倒入兩個杯子裡，聽到他說，至少等到明年春天再說，這樣比較務實，給他多一點時間籌備。

「行，」我告訴他：「很好。」

「我還會幫你找樂團。」他說。

「當然好，我不反對。」太棒了。我想都沒想過會有人幫我找樂團，這可以減輕我不少負擔。我還告訴他，我需要他在隔年和後年都在同樣幾個城市安排同樣數目的表演場次——連續三年都在同一地區表演。我估計自己需要至少三年才能開展，找到適合的觀眾，或者讓適合的觀眾找到我。我認為需要三年，是因為第一年的演出之後，許多較年長的觀眾第二年不會再來，但年輕一點的觀眾會帶朋友來，所以兩年的觀眾人數會差不多。到了第三年，前一年的觀眾會再帶朋友來，由此形成我未來的核心聽眾。我有些歌曲是二十多年前寫的，但這沒有關係。我必須從基礎做起，而我根本還沒打好基礎。我打算做的事可不是什麼大進化，沒有人想過我會這樣做。還不知結果會如何，但我直覺覺得自己創造了一種新類型，一種史無前例的新風格，而且是完全屬於我的風格。汽缸都啓動了，車子準備出發。我絕對需要新的觀眾，因為我那時候的觀眾多少都是聽我的唱片長大的，他們無法接受我變成一個新的歌手。他們會這樣，我可以理解。就許多方面來說，這群觀眾已經過了黃金期，他們的反應力已然耗損。他們只是來看的，不是來參與的。這無所謂。不過我的新觀眾群必須不知道我的過去。我的名氣太響亮，足以塡滿一座足球場。然而這沒有用，就像擁有某張奇怪的證書是無法讓你進入任何大學唸書的。宣傳人員不想碰我，他們過去經常碰壁，心中猶有怒氣。「我全力支持你，」他們可能會說：「但我沒辦法這麼做。」在現實世界裡，我能吸引的觀眾頂多超過一個俱樂部，很難塡滿一座小劇院。我沒有任何神奇捷徑——樂評很可能會貶抑我，所以我無法倚賴他們幫我宣傳；而大多數音樂記者也已變成只是在做公關。我必須靠口耳相傳的力量，我必須相信口碑的力量，像把自己的命交出去那樣的相信它。口耳相傳，可以如同野火燎原。我但願自己再年輕二十歲，但願自己重新出道一次。但此時我能怎麼辦？我很願意得到幫助，但我不期望誰會幫助我。我太資深了，不會有人幫我。我要像羅伯茲建議的那樣——等到春天再開始。我回到家，心知自己正站在某件事的開端——也許不像天堂雨那般純淨，但它畢竟是個什麼，而且不管將是什麼樣的事，都會隨著時間更加成熟。

春天似乎還要好久才會降臨，但我會耐心等待。也許我該帶點東西回家閱讀，在事情就緒之前還得經過很長一段時日。我的命運在陽光下閃著銀光。生命的毒性已漸漸退去。沒有事會惹毛我了……然後，事情來了。

□

我從急診室回到家，手臂裹著石膏，跌坐進一張椅子——沉重的打擊從天而降。像是被一隻黑豹撕咬了我破爛的血肉之軀，我疼痛不堪。我才期待著某件大膽、創新和冒險的事情發生，如今卻眼看要走向一無所有、完全滅絕。這可能是最後一擊，使一切嘎然停止。才幾個小時前，情況很順當而且井然有序；我期待著春天，期待著能以作者、演員、提詞人、舞台經理、觀眾和評論家等多重身分走上舞台。那將會很不一樣。此時，我望著似乎要滋生一切的黑暗深淵。我本像是莎士比亞筆下的福斯塔夫，從一齣戲走進另一齣戲，但命運對我開了一個夢魘般的玩笑，我再也不是福斯塔夫。

我原本明亮的雙眼變得呆滯，什麼事都不能做，成天只能呻吟。因為，除了我對新歌唱技巧的努力之外，還有一件事可以幫助我改造我的歌。以往我一直用吉他自彈自唱，我用漫不經心的卡特家族樂團匹克彈奏方式，這其實只是習慣。我的彈奏方式一直很清晰而易懂，但完全沒有反映出我的靈魂，也沒必要。那種彈奏方式很實用，但現在我也想要放棄它，我想用更活潑和存在感更明確的彈奏方法來取代。

這種彈奏風格不是我發明的，而是我在六〇年代初向朗尼・強森學來的。強森是三〇年代的偉大爵士和藍調樂手，到了六〇年代還很活躍。羅伯・強森從朗尼身上學到很多。

有一晚，朗尼・強森把我帶到一旁，示範一種奇數式的彈奏方式，取代了偶數彈奏法。他叫我彈和弦，然後他示範旋律。他知道有這種彈法，但不一定運用它，因為他的表演曲目種類繁多。他說：「這方法對你說不定有幫助。」那時我認為他是在傳授我密招，但我不認同，因為我必須刷吉他才能唱出我想唱的東西。他那種彈奏方式非常有系統，涉及各個音階音如何以數字方式互相連結，如何以三連音創造出旋律，並形成節奏和和弦變化。我從來沒有在演出時使用這種彈奏法，也不認為它能有任何效果。但此時我突然想起它，認為那種彈奏方式能讓我的音樂復活。這種方法在高音或低音的運作方式，視不同的旋律句型和切分音而定。很少樂手採用這種方法，因為它與技巧無關，而樂手一輩子鑽研技巧就是為了讓技巧精益求精。如果你不是歌手，可能就不需要關心這種方法。對我來說，它並不難學，我了解彈奏規則和關鍵元素，因為強森教得非常清楚。現在，我只需把這種方法裡的不自然成分更進一步去除。我必須把這種彈奏風格練到精熟，並且同時要能唱歌。

這種方式是以循環方式運作。當你是用奇數方式思考，你就是在運用另一種不同於偶數思考的價值系統。流行音樂通常以數字「2」為基礎，然後加入血肉、色彩、效果和技術來展現，但整體效果通常是沈重而令人難過的，而且是一條死胡同，頂多只能形成懷舊的效果。假如你使用奇數彈奏系統，音樂會自動變得有力，還能永垂不朽。你不需要事先計畫或思考。自然音階有八個音；五聲音階有五個音。假如你使用的是前者，以2、5和7音組成樂句並加以重複，這就出現了旋律。或者你可以用2音三次，或用4音一次和7音兩次。組合方式無限多種，每一種都能創造出不同的旋律，有無限可能。一首歌能以多種樣貌呈現，你可以不管原先的音樂習慣。你只需要一個鼓手和一個貝斯手，而你只要緊守這個系統，所有的缺點就會變得無關緊要。你可以天馬行空，在音程和反拍之間彈幾個音，製造出對位旋律線，然後你跟著唱。這種方式並不神祕，也不花俏，卻是很實際的手法。對我來說，這種風格非常有利，它像是一個精密的設計，可以調整我所有歌曲的結構。聽眾能立即聽懂並感受到力量。旋律在任何時間點都可以爆發，或者撤退，你絕對預測不到任何歌曲的意識。而且因為這種方式是靠自己的數學方式運作，所以不會有閃失。我不懂數字學，不知道為何數字3比2更有力量，但事實就是這樣。甚至有時候不需要熱情，就可以帶動聽眾。你可以憑空創造出信仰，而且在調子與調子之間的連接可以有無數的模式和旋律線——簡單得不得了。你花一點點力氣就能獲取力量，讓聽眾自己加以銜接——他們很少不那麼做。就算估算錯誤也不會造成大麻煩。只要你認可這種方式，就可以在瞬間轉換全曲的結構。

這種風格絕對有益於歌手。這對於民謠風味和爵士藍調的歌曲是理想做法。我需要用這種方式彈奏，但不必做得太顯眼，因為我將是以管弦樂形式演奏；假如這樣，就應該有許多樂器一同演奏。我沒有空閒做那些安排，我也得不到那些。我的做法必須隱微一些。倘若我的樂器被其他樂器蓋住，只有我自己能聽到，我覺得那說不定會達到更好的效果。畢竟我不打算用主奏吉他來取悅大眾。我只需要根據我的彈奏為主幹，跟著它唱出歌詞。如果可能，我希望能把一首歌重複彈好幾次給一個音樂學家聽，然後由他編寫出管弦樂版本的基本架構。管弦樂團甚至可以演奏出歌唱部分的旋律；我甚至不用出現。

這樣做有個不同之處。我以往唱片中的歌曲都沒有經過嚴謹的編排。我們在錄音室裡只約略勾勒出歌曲的輪廓，但沒有讓歌曲本身完全明朗。總是有太多問題——在尋找歌曲風格的同時，得與歌詞的遣詞用字搏鬥，改幾句歌詞，改變旋律線、曲調或速度。那些聽我歌很多年並認為了解我的歌的聽眾，可能會對我即將彈奏那些歌的方式感到困惑。整個效果是結構性的，而三連音形式會不時讓旋律變得新穎。這就是歌曲的動力——而不一定是歌詞內容。我對這種做法深具信心，我知道一定行得通。這種彈奏方式很吸引我。很多人會認為歌曲變得不一樣了，還會有人說一開始就該這樣唱。隨你怎麼想。

當我知道了自己在做什麼，我發現我不是第一個這麼做的人。多年前，林克・瑞伊就在他的經典歌曲〈砲聲隆隆〉中用過同樣技法。瑞伊的歌沒有歌詞，但他就是用這種數字系統在彈奏。我以前沒想過那首歌的力量來自何處，因為我被歌曲的聲調迷住了。我認為我看過瑪莎・利夫斯做過同樣的事。幾年前，我在紐約看過她和摩城滑稽劇樂團同台演出，樂團跟不上她，他們完全不知道她在做什麼，只能緩慢跟著。她拿一個鈴鼓打三連拍，把鈴鼓靠在她耳邊，她就把鈴鼓當成是一整個樂團似的演唱。鈴鼓奏不出旋律線，但她的概念是相同的。

多年前強森教我這種彈奏法的時候，彷彿在對我說著我聽不懂的語言。我了解這種方法的根源，只是知道應該如何應用。如今我都懂了，我可以進入那個世界。有了這個新咒語為我的歌聲注入力量，我就能高飛，並擺脫所有隱藏的缺點。主旋律三連音讓所有聲音變得具有催眠作用，我甚至可以催眠自己。我可以夜復一夜這樣彈奏，絲毫不覺得累或厭倦。我擁有足夠的技術理論，我的觀眾將不再是一群陰暗而無面孔的人。當然，有些人還是會只注意歌詞，這些人可能會失望，因為他們習慣多年的兩拍刷彈法即將消失，重新經過組織，從而把歌曲帶到想像不到的境地。但不要緊，他們承受得了。

再怎麼說我都被冰在博物館的世俗殿堂裡太久了。這種彈奏方法並不複雜，然而變化萬千，你的點子永遠不會用完，你也永遠站在一個尚未開發的位置。它的理論不複雜，只不過基於幾何學。我的數學不頂好，但我知道宇宙是由數學原則所組成，只不過有的懂有的我不懂，我要讓這些原則引導我。我的彈奏要成為鎮定我歌聲的力量，而且我要使用耳朵還不習慣的另一種演算法。我應該要習慣，但目前還做不到。

這方法在最適當的時機走進我生命，整個計畫將會逐漸成形。我的歌詞——有些是早在二十年前寫的作品——在音樂表現上將會像冰雲一般爆發。只有我這樣彈奏，我把它視為新形式的音樂。嚴謹而正統，沒有任何即興之處，事實上它恰恰是即興的相反。即興對我沒有好處，卻反而會讓我走上另一條路。此外，這種彈奏法不需要仰賴情緒，不必靠情感運轉，這是另一個優點。長久以來我讓自己許多作品癱倒在地，像被射殺的兔子。這種事不會再發生。現在最大的問題是我需要兩隻健全的手。假如我無法彈吉他，我就做不出生平最好的表現，一切都無法步上正軌。

□

中午時分，我漫步在自家的老式花園裡。我走過一片空地，來到一排野花旁——我在這兒養了狗和馬。海鷗的哽咽叫聲劃破天空。我走回主屋，從松樹的濃密枝葉間瞥見了大海。離海邊還有一段路，我卻能感受到蔚藍大海中的力量。彷彿一張網罩住了我，假如我試圖逃跑，只會被纏得更緊。我手上的傷口很深——神經都失去了知覺。我的手也許不會痊癒，不會恢復原狀；我早一點開始這樣想比較好。啊，生命的諷刺是多麼邪惡呀。我遭受重大打擊，我也許該穿鋼鐵製的內褲才對。

幾天後我去看女兒在學校的戲劇演出，舞台上展現的創意活力讓我精神一新。這段期間，我聽到另一件壞消息。我那艘六十三呎的帆船在巴拿馬觸礁。船員看錯了港口的燈號。船身逆轉，船舵斷裂。船卡在礁上，動彈不得，而風把它吹得老遠。它向一邊傾倒，就這麼過了一星期。為時已晚。一群人想用繩子把船拉上岸，但繩子斷了。最後大海把它討了回去，船沉了。在我擁有它的十年間，我和家人在加勒比海航行，遊遍了從馬丁尼克島到巴貝多島之間的所有小島。比起我因為手傷而無法做的事，損失了船就顯得不那麼嚴重，但由於我始終很高興擁有那艘船，所以這個消息還是令我錯愕。

有一晚，我打開電視機，看到靈魂歌手喬・泰克斯上了《強尼・卡森今夜秀》。泰克斯唱完歌就離開，主持人卡森沒和他說話——他通常會與每個來賓交談。卡森只是坐在桌後面，對著泰克斯揮了揮手。卡森向來喜歡與來賓聊高爾夫球之類的話題，但他和泰克斯無話可說。我想卡森跟我也沒得聊。卡森的所有來賓都努力裝出自己很有趣的樣子，擺出開心的臉，不會像個悶葫蘆。金・凱利在傾盆大雨裡也得在雨中歌唱，要是我在雨裡唱歌我鐵定會得肺炎。假裝一切美好。我和喬・泰克斯一樣，不算主流人物。我比照泰克斯和卡森兩人，想著自己與泰克斯多像，而與卡森多麼不同。然後我關掉電視。

我聽到窗外有隻啄木鳥在黑暗中啄著樹幹。只要還活著，我就要對某件事保持興趣。假使我的手無法恢復原樣，我接下來的人生要做什麼？離開樂壇，這是確定的，離得愈遠愈好。我幻想著進入商業界，有什麼事比闖進商業圈更簡單或更優雅？過一段時間的傳統生活也許不賴。我設想著未來。我打電話給個朋友，他幫我聯絡了一位仲介商，他做的是小企業的收購與買賣。不可能從零開始。我告訴他，我想賣掉我手上全部的東西來換購。你有什麼？他來我家，帶來目錄冊，冊中幾乎涵蓋了所有營運中的業種——鉅細靡遺的說明與各種數據……分布各地的獨立公司——甘蔗製糖業、卡車和牽引機、北卡羅來納州某家義肢工廠、阿拉巴馬州一家家具廠、魚類養殖場、花農。應有盡有。光看這些資料我眼睛就花了，怎麼做得出決定？特別是我對任何一家都不是真正感興趣。我那位值得信賴的助理兼機械工總是能適時幫我解決問題，他說：「老大，讓我來。我去參觀那些公司——然後找出裡面最好的。」我知道他辦得到，他會四處奔走然後找到目標。但我不想衝動做出日後會後悔的事。我告訴他，我改天會給他一個確切日期，我並不急著處理問題。

我愈來愈少看見白天的太陽。我躺在椅子上閉目養神，兩、三個小時後醒來——起身去拿個東西，走到目的地後卻忘了要拿什麼。我很慶幸我妻子在身旁。在這種時候，身邊能有一個人與你渴望同樣的東西、胸襟開放、又有活力的人是件很棒的事。她讓我覺得我並沒有陷入被上帝遺棄的深淵。有一天她戴上了金屬框太陽眼鏡，我在她的鏡片中看到我自己變得好小；我覺得其他事物也都變得那麼小。

有件事我實在提不起勁來做。那就是寫歌。反正我很久以來就什麼都沒寫。我不再熱中於創作。我最後幾張專輯裡的歌多半不是我自己的作品。就一名詞曲創作者來說，我到了最無所謂的程度。我曾寫過很多歌，那是好事；我曾經想盡辦法達到目標，但如今我不抱持過高的企圖心。我早就停止追求這方面的成就了。每當靈感湧現，我不再深入探究。我很快就會否定它，把它拋開。我無法逼自己寫歌，也不期望自己能重拾筆桿，反正我也不需要更多的歌了。

有一晚，大家都睡了，我坐在廚房餐桌旁，窗外山坡上什麼都沒有，只有一片光在閃爍——事情突然一百八十度轉變。我寫了大約二十段歌詞，組成一首名為〈政治世界〉的歌。這是開頭，我在接下來一個多月裡寫了二十首歌。它們是神來之筆，也許假如先前我不是那麼懶散，我就寫不出這些歌。也許是這樣，也許不是。這些歌信手拈來，像是隨著水流漂過來。它們並不朦朧，也並非距離遙遠——它們就在我眼前，但假使你太用力盯著看，它們會消失。

□

一首歌就像一個夢，你努力讓美夢成真。它們像是你從未踏足的陌生國度。你可以在任何地方寫歌，在火車上、船上或馬背上——移動有助於寫歌。有時，最有寫歌天分的人卻從來沒寫出一首歌，因為他們沒有移動。寫那些歌時我沒有移動，至少身體沒有移動，然而我像是在移動似的寫出了它們。有時，所見所聞會造成一首歌的產生，譬如〈政治世界〉這首歌可能就受到時事的啓發。當時總統選戰打得火熱，免不了會聽到選戰新聞。但我不想把政治當作藝術創作的主題，所以我認為這首歌不只和政治有關。這首歌寬闊得多，它所提到的政治世界比較像是一個地下世界，不是人們生活、勞苦而後死去的世界。寫出了這首歌，我想我可能突破了一些，像是從一個服了安眠藥的深沉睡眠中醒來，旁邊有人敲著小銀鑼，讓你恢復意識。最初寫的歌詞段數是後來錄音版本的兩倍，以下是錄音時捨掉的其中一段：「我們活在政治世界裡，旗幟在微風中飄揚，憑空出現——朝你而來——如同利刃切下乳酪。」

廚房盡頭，一道銀色月光射進鉛質窗框，透進屋裡，照亮了桌子。歌差不多完成了。我放下筆，往椅背斜斜一躺，很想抽一根上好的雪茄，然後爬進裝滿熱水的浴缸。這是我休筆一段時間以來所寫的第一首歌，字跡潦草，像是被狗啃過。假如我還有機會錄唱片，我知道這首歌可以派上用場。我察覺到這首歌裡沒有我，但這樣好；我不想出現在歌裡。我把歌詞放進抽屜，反正我沒辦法彈奏。然後我從恍神狀態突然醒來。

摩托車的低鳴從車庫旁的行車道轟隆傳來，我把窗子再推開一點——石榴花香伴隨微風吹來，我深深沈浸在大自然的風景裡。很久沒有一口氣把一首歌從頭寫到尾，這首〈政治世界〉讓我想起幾年前那首〈輪廓鮮明的孩子〉，那首歌裡也沒有我。

過了幾天，我們去看尤金・歐尼爾的《長夜漫漫路迢迢》。這齣舞台劇讓人受不了，它描寫了糟糕至極的家庭生活，一些完全只顧自己的嗑藥的人。表演落幕時我很高興；我同情這些角色，但沒有一個角色使我感動。接著我們到第四街一家藍調俱樂部「哈維爾的店」，看吉他矮子和ＪＪ「壞男孩」瓊斯的表演。吉他矮子的表演每一次都很有趣，他可以不用雙手、而用其他東西彈奏吉他。我真希望自己也能像他一樣辦到。吉他矮子的音樂與吉他瘦子的樂風很相像，但你難以想像吉他瘦子也會做矮子做的那些瘋狂身體特技。我們沿著第四街慢慢走回車上，遇到幾個警察在驅離一個抱著頭的流浪漢，一隻很小的可卡小狗躺在流浪漢腳邊，珠子般的黑眼睛盯著主人的緊張舉動。我想那些警察那時候完全不以自己的職責為傲。

那晚回到家後，我開始寫〈我有什麼用？〉……在家裡的一間小藝術工作室裡寫。這間兼作工作室的房間裡放了弧焊工具，我並且用廢金屬為這個穀倉似的房間做了一扇華麗的鐵門。房間裡是水泥地板，但有一個區域覆蓋上油氈布。裡頭有一張桌子，以及俯瞰一個小峽谷、拉下百葉窗的窗戶。那首歌突然完整湧上我腦海；我不知道靈感來自何方。也許是因爲看到了那名流浪漢、那隻狗、幾名警察、沉悶的舞台劇，甚至吉他矮子誇張的賣弄。天曉得？在人生中，有時你看到讓人心情變糟、反胃想吐的事物，你想在說不清楚的情況下捕捉自己那種感覺。這首歌也有歌詞後來被捨棄了，以下是其中一段：「當我如履薄冰，當我因狂野而興奮並且跨下濕潤，我有什麼用？當我來到最激烈時刻，卻不明白原因，我有什麼用？」我把這首歌和〈政治世界〉放進同一個抽屜裡——我好奇它們彼此之間有什麼話說。兩首歌都還沒有旋律。然後我上床睡覺。

那陣子我母親和艾塔阿姨住在我們家。她們起得早，所以我也想早起。隔天是陰天，滿天霧氣。阿姨在廚房，我坐下和她喝咖啡聊天。收音機裡播放著晨間新聞。我很驚訝聽到籃球員彼特•馬拉維屈在加州帕沙第納一座籃球場昏倒，就那麼倒下，再也沒有醒來。我看過馬拉維屈在紐奥良出賽，那時候猶他爵士隊還叫做紐奥良爵士隊。他很有看頭——一頭褐色亂髮，腳下是鬆垮的襪子——他是籃球界的恐怖分子——飛身躍起——球場魔術師。那晚我看到他用腦袋在運球，眼睛完全不看就往背後投籃得分——全場運球跑，在籃板前把球往上抛，並自傳自接。他真夠厲害，個人獨得三十八分吧。他可以矇住眼睛打球。「手槍彼特」好一陣子沒打職籃了，大家覺得他已被遺忘，但我從沒忘記他。有些人似乎從聚光燈下消失了，但他們當真離開人世的時候，感覺又像他們從未消失過。

聽到了手槍彼特這則壞消息的那一天，我寫出了〈尊嚴〉這首歌。我從晨間新聞逐漸退場的午後開始寫，花了接下來半天的所有時間，一直寫到夜裡。我彷彿看到歌就在我面前，我跨出步伐想趕上它；我看到歌曲中所有的角色，決定試試我的運氣。我有時會記不住別人的真實姓名，於是我為他們取了別的更能精確描述他們的名字；我打算整首歌都這麼做。各個人物與其他人物在多段歌詞產生關連。綠色貝蕾帽、女巫、聖母瑪利亞、惡徒、大笨鐘、跛子和白鬼……這份名單可以無限延伸。各種角色進入了歌曲之中，卻未能倖存到最後。我在腦海中聽到完整的歌曲——節奏、速度、旋律，全部。我會永遠記得這首歌，風都沒辦法把它從我腦中吹走。我很高興擁有這首歌，在這種歌裡，一切都不會結束。你拿手電筒湊近某個人的臉，看見一切。可是，對我來說這首歌簡單得驚人，一點都不複雜，一氣呵成。只要你看到的東西沒有變成光暈，就不會出差錯。愛、恨、恐懼、快樂——清清楚楚，一千零一個微妙的衍生細節。這首歌就像那樣，一句歌詞引出下一句，就像左腳向前跨一步，右腳就跟上來。倘若我是十年前寫出這首歌，我會馬上進錄音室。但物換星移，如今我不再急著錄音，並不覺得迫切。反正我現在不想錄音，錄音很麻煩，而且我不喜歡現今的錄音品質——我自己的或任何其他人的。不知道為什麼，我認為亞倫・羅麥克斯的老錄音比較好聽，事實如此。我再試一百年也做不出一張好唱片。

有一天我去診所檢查手傷，醫生說我的復原狀況良好，神經的知覺可能很快可以恢復。聽了真令人高興。我回到家，大兒子和他未婚妻坐在廚房裡。我看到一鍋香濃的燉海鮮正在爐子上，我掀起鍋蓋瞧瞧。

「你覺得如何？」我的準媳婦問道。

「加點威士忌醬如何？」

「我準備一下。」她說。

我把鍋蓋蓋上，往車庫走，那一天像風似的過去。

〈自大症〉這首歌當然有福音色彩。我前面說過，時事可以引發一首歌的產生——有時是時事引發靈感。近日，中央神召會的領導階層由於浸禮會牧師吉米・史瓦格不肯中止講道，而免除了他的牧師資格。史瓦格原本深受歡迎，且是知名電視明星傑利・李・路易斯的大表哥，事件一出，震驚社會。史瓦格被攝影記者拍到他穿著運動褲離開一個妓女的賓館房間。史瓦格被下令暫時離開講道壇。他在大眾面前哭泣，乞求社會原諒，但仍舊被要求停止講道一陣子。然而他情不自禁，很快又回到講道壇，彷彿啥事都沒發生，於是他的牧師職位遭到撤除。整件事很奇怪，史瓦格的狀況顯然不好，沒想清楚。這件事很不合理。這類故事在《聖經》裡俯拾即是，許多古代國王和領袖的妻妾成群，先知和西亞甚至娶了妓女，但仍然成為聖人。然而時代不同了，史瓦格這下完了。現實情勢有時候是抵抗不了的。有時世事現實可以只是像陰影籠罩，端視你如何看待它。至於我，我很好奇這名妓女到底長相如何，竟能誘惑知名牧師墮入紅塵。她是具有雕像般誘人美貌的少女嗎？可能吧，應該吧。假如你花一點精神關注這件荒唐事，看一些道貌岸然的人行事多麼不小心，你可能會被關進瘋人院。史瓦格事件也許和那首歌的產生有一點關係；但話說回來，又很難這樣講。自大不見得是病，比較像是弱點。自大的人很容易就落入別人所設的陷阱，因而被擊倒。讓我們面對事實：自大的人對於自我價值懷有虛幻的認知，他們會膨脹自己的價值。用對方法，你就能操控和利用這樣的人；就某方面來說，這就是那首歌的內容。這首歌浮了起來，然後我讀懂了它的眼神。在寂靜夜晚，我不必費力追尋它。和以前幾首歌一樣，有幾段歌詞在錄音時被刪掉了：「今晚很多人夢到了自大症，今晚很多人吶喊著自大症。我會煩你，我會甩掉你，我會炸掉你房子。我離開之前會切進你的要害。選個座位號碼，和自大症一起就坐。」

歌詞一寫完，我就離開工作室，回到主屋。風吹過高大的竹枝。我那輛破銅爛鐵的別克車的保險桿在月光下發亮。我好多年沒開那輛車了，打算把它拆掉，拿來做廢金屬雕塑。黑暗的小溪谷中野草叢生，河谷裡有一隻狐狸或灰狼。狗大聲狂吠，追逐著什麼。主屋的燈亮晃晃的，宛若賭場。我走進去，關燈，瞥了一眼我好久沒碰的一把吉他。我很不情願碰它。我想我該休息了，於是上床睡覺。

〈你要的是什麼〉也是在很短時間裡就寫好。我在腦中同時聽到歌詞和旋律，而它自己以小調出現。這種歌要寫得很簡潔。假如你曾是大眾好奇的對象，就會了解這首歌在唱什麼，不需要解釋。有時，最軟弱無助的人會發出最響亮的噪音，他們會在許多方面阻撓你。若你想抵抗他們或是用武力對付他們，都很沒有意義。有時你只能咬緊牙關，戴上太陽眼鏡。這種歌像野狗，不是好伴侶。同樣的，這首歌也有歌詞後來沒用上：「你要的是什麼？我能派上用場嗎？我能為你做什麼嗎？我有足夠的精力嗎？不管你想去哪裡，你都要知道一件事，眼前的路還有七百哩。」這首歌可以說是自己完成它自己，它就這樣降落在我腦海。早幾年我可能會抗拒，永遠不把它寫出來，但現在不同了。

另一首歌〈殘破的一切〉是由快速猛擊所組成，語義就在文字的音韻中。歌詞是你的舞伴，用技術方式產生作用。萬事殘破，或者看來如此——有缺口、有裂痕，需要修補。

東西破損，再破損，然後被做成其他東西，然後又破損。我有一次躺在柯尼島的沙灘上，看到一台手提式收音機……它產自大名鼎鼎的通用電器公司、可以自動充電——像戰艦那麼大——它壞了。這畫面，可能在我動筆寫這首歌曲的時候浮現我心頭。我還看過很多殘破的物件——碗、青銅燈、船、瓶瓶罐罐、建築物、巴士、人行道、樹、山水——這些東西損毀時，很容易讓人心情變壞。我想起世上的美好事物，我很喜歡的事物。有時可能是某個地點，一個可以消磨夜晚的地方，但這些地方也都變得殘破，難以修復。還有，被打破擊碎的家具和玻璃，毫無預兆就突然破碎的東西，有時是你最心愛的物品，修補東西是非常艱難的工作。這首歌也有歌詞沒被用上：「殘破的草原，殘破的放大鏡片。我造訪殘破的孤兒院，走上殘破的橋。我要過河去荷波肯，也許那裡一切完好。」這是我在這樣的歌裡所表現的一點點樂觀。這幾段歌詞和其他幾首歌，我都收起來保存在它們所屬的地方——抽屜裡，但我能感覺到它們的存在。

我的手及時痊癒，真是諷刺。我不再寫歌。醫師鼓勵我彈吉他——伸展手部可以有治療效果，對我的手有益。我現在經常練吉他。我可以如期展開預定春天開始的演唱會，我似乎又回到起點。

□

一晚，「U2合唱團」的主唱波諾和幾個朋友來我家吃晚餐。與波諾聚會，就像在火車上吃晚餐——感覺像一直在移動，朝某個目的地前進。波諾有一顆古老詩人的靈魂，在他身邊要小心，他的吼叫可以撼動地球。他也是個業餘的哲學家。他帶了一箱健力士啤酒來。我們聊的是冬天聚會時常聊的事——我們聊到凱魯亞克。波諾對他的作品很熟。凱魯亞克讚頌楚基、法哥、伯特和瑪多拉等美國小城——這些是大多數美國人從未聽過的城鎮。波諾比多數美國人更了解凱魯亞克，這一點很有趣。波諾可以說服任何人，他像是老電影裡那種會徒手把告密者毒打一頓並逼他全盤托出的人物。假如波諾在二十世紀之初來到美國，他會是一名警察。他似乎對美國了解甚多，並對他不知道的美國感到好奇。

我們聊到名聲這回事。我們兩人都覺得名聲這東西很有趣，沒有人相信出名的那傢伙就是你自己。我們談到安迪・沃荷這位普普藝術之王。沃荷的時代有位藝評曾說，假如你能在沃荷的任何一件作品裡找到一絲希望或愛，他就給你一百萬元；彷彿那事兒很重要似的。許多名字在我們的對話中出現，然後消失。那些名字有特殊感覺，伊迪・亞敏、藍尼・布魯斯、羅曼・波蘭斯基、赫曼・梅爾維爾、摩斯・艾利森、畫家蘇亭（此人好比藝術界的吉米・瑞德）。假如波諾或我不確定某人的名字，我們就順口編個名字出來。我們會仔仔細細討論一件不管真不真實的事，以此形成論點。我們兩人都不緬懷過去，我們想辦法不讓自己跟懷舊沾上邊。波諾談到英國人來美國後在詹姆斯鎮定居的歷史，談到愛爾蘭人打造了紐約市——談到美國的正義、富裕、榮耀、美好、驚奇和壯麗。我告訴他假如他想看美國的發源地，他應該去明尼蘇達州的亞力山卓。

這時剩下我和波諾坐在桌邊，其他人則分散屋子各處。我妻子上前說她要上樓睡覺了。我說：「你先睡，我馬上就去。」但我過了很久才上樓。那箱健力士啤酒差不多喝光了。波諾問我：「亞力山卓在哪？」我說，維京人在十四世紀去到那兒墾殖，亞力山卓有一座維京人的木雕像，看起來一點都不像崇高的美國創國之父。那雕像蓄鬍，戴頭盔，腳穿綁皮繩的及膝靴子，佩帶有劍鞘的長匕首，手上持矛，下身穿蘇格蘭短裙——手上的盾牌寫著：「美國誕生之地」。波諾問我那小城怎麼去，我說，沿著河往上走，穿越懷俄明州、鹽湖城、弗朗田納克，走十號公路，一直到威登納，左轉二十九號公路就會抵達亞力山卓。那地方應該蠻好找的。波諾問起我的出生地在哪，我說是米沙比礦場的鐵徑。他問：「米沙比是什麼意思？」我說那是印第安歐吉布威族的語言，意思是巨人之地。

夜色漸深，海面不時閃過貨輪的燈。波諾問我有沒有什麼尚未錄音的新歌。我正好有。我到另個房間把那幾首歌從抽屜裡拿出來，給他看。他看了一遍，然後說我應該錄那些歌。

我說我不很確定，想著我要不要把這些歌改得輕鬆一些——我說我已經好一陣子陷入瓶頸，做不出成功的唱片。他說：「不，不。」然後他提起丹尼爾．雷諾伊斯……他說他們U2曾經曾跟雷諾伊斯合作，他是很棒的合作夥伴——說他會是我的絕佳合作對象——他會與我擦出很多火花。雷諾伊斯的音樂想法會與我契合。波諾拿起電話撥給雷諾伊斯；他把話筒交給我，我們聊了一會。雷諾伊斯說他在紐奧良工作，假如我有機會去紐奧良，應該去找他。我說我會。我這時很確定，我不急著錄音，登台表演才是我心中的首要任務。假使我真的錄了新專輯，那也必須和舞台演出有關。我很清楚自己要走的路，但我不想由於搞砸這個機會而重拾我的音樂自由。我必須讓事情清清楚楚，再也不要混淆。

□

我在秋天來到紐奧良，下塌瑪莉安東尼特飯店。我和我樂團裡的吉他手GE史密斯坐在飯店的泳池畔，等候雷諾伊斯大駕光臨。空氣又濕又黏，我們頭上是樹叢的枝幹，旁邊有攀在牆上的木製棚架。方形噴泉的漆黑水面上浮著睡蓮，石板地面嵌入了漩渦紋的大理石塊。我們桌旁有一尊小型的埃及豔后雕像，她的鼻子被削掉了，這尊雕像似乎知道我們的存在。院子的門開了，雷諾伊斯走進來。總是以一雙眨也不眨的冷青色雙眼觀察世界的史密斯，小心翼翼抬起頭，瞥見了雷諾伊斯的眼神。「待會見。」史密斯說完便起身離開。庭院裡縈繞著友善氣氛，瀰漫著玫瑰與薰衣草的香氣。雷諾伊斯坐下。他一身黑——深色牛仔帽、黑色馬褲、高統靴、簡便手套——他黑得像一塊陰影，一片黑色剪影——隱沒，來自黑山的黑王子。他彷彿是無法磨損的。他叫了一瓶啤酒，我要了一顆阿斯匹靈和一瓶可樂。他馬上談正事，問我手上有什麼樣的歌，想做什麼樣的唱片。那不是真正的問題——只是一種展開對話的方式。

談了大約一個鐘頭後，我知道我可以跟這傢伙合作。我相信他。我不知道自己想做什麼樣的唱片，我根本不知道自己那些歌夠不夠好。自從把它們拿給波諾看過之後，我沒有看過它們一眼；雖然波諾很喜歡，但誰曉得他是不是真心喜歡。大部分的歌連旋律都還沒有。雷諾伊斯對我說：「你知道嗎，你可以做出很棒的專輯，只要你真的願意做。」我口氣淡漠地說：「但我當然需要你的幫助。」他點頭。他問我是否已經預定要找哪些樂手，我說沒有，他便問起他前一晚看到和我一起表演的那個團如何。我說：「這次不行。」他告訴我，他不在乎專輯暢不暢銷，「邁爾斯．戴維斯從沒做出任何暢銷唱片。」我不反對。

我們沒有說定何時開工，只是先見面，看一看彼此的想法是否接近——方向是否相同。我們聊了幾乎整個下午，直到紫色夕陽西下。他問我，想不想聽他和納維爾兄弟合作中的專輯；我說當然想。我們前往他設在聖查爾斯大道上一棟維多利亞式大宅裡的臨時錄音室。聖查爾斯大道兩旁橡樹成蔭，橄欖綠的有軌電車在這條路上行駛十三哩長的路線。納維爾兄弟的專輯《黃月》即將完成，我們坐下來聽其中幾首。納維爾兄弟的成員之一正在錄音室休息，他雙手放在大腿上，頭往後傾，帽子拉下來蓋住眼睛，腳翹在一張椅子上。我很驚訝聽到艾倫・納維爾唱了我的兩首歌，〈荷利斯・布朗〉和〈上帝支持著我們〉。真巧。艾倫・納維爾是天下最棒的歌手之一，他體格像坦克一樣粗壯，卻擁有一副天使般的歌聲，那嗓音簡直能拯救失落的靈魂。真是不搭調。所謂人不可貌相。他的歌聲如此富含靈性，足以讓瘋狂的世界恢復理智。聽到像他這樣實力堅強的歌手唱我的歌，我每每感到驚訝。多年後你可能會忘記許多歌，但這類的翻唱版本又把那首歌帶了回來。

聽完艾倫・納維爾唱我的歌，我差一點忘記我們所為何來。雷諾伊斯問我，我的新歌跟那些錄音像不像；我說我不覺得像，我們可以再看看。我很喜歡那裡的氣氛和設備，雷諾伊斯說他可以在附近另外租個房子來讓我們錄音。我彈起鋼琴，彈了幾段可以搭配那些歌的片段旋律，然後我們互道再見。我沒想到他會記住我那些隨性彈出的旋律。稍後那些旋律會回來糾纏我。我們說好明年春天再見面。我喜歡雷諾伊斯，他不會過度自我膨脹，看起來很有教養——不是工於心計的人，而且對音樂充滿熱忱。假使要說誰身上擁有一線曙光，我認為雷諾伊斯就有，而且他可能會點亮那道光。他一旦決定了要做某件事，他專注的程度彷彿那件事的結果足以決定全世界的命運。我們三月要再見面，這件事像是宗教聖典上的預言。

□

初春，我搬到紐奧良的奧杜邦公園附近一棟租來的大房子。這屋子住起來很舒適，房間格局方正，擺設了簡單的家具，幾乎每一個房間都有衣櫥。我認為再也找不到更好的地方了，非常完美。在這裡可以悠閒地工作。他們在錄音室等我，但我不想馬上錄音。遲早得走到那一步，改天再做也無妨。我帶了很多歌來，我很確定它們撐得住。

此刻，我在黃昏景色中散步。天色黝黯，令人沉醉。街角，一隻體型龐大而神情憔悴的貓蹲伏在土台上，我靠近牠，停下腳步。這隻貓動也不動。真希望我手上有瓶牛奶。我的雙眼大開，雙耳豎立，意識完全甦醒。在紐奧良，你會先注意到墓地和墓園——這些冰冷的東西是此地最棒的事物之一。經過墓園時，你盡可能不發出聲響，還是別吵醒他們比較好。希臘式、羅馬式、英國式的墳墓——特別訂製的宏偉陵墓，幽靈鬼魅般的氣息，隱藏的腐朽以象徵方式出現——曾犯下罪愆而今已死亡並住在墳墓裡的男女鬼魂。在這裡，往事並未如煙逝去；死亡可以歷時長久。鬼魂競相朝著光亮奔去，你彷彿聽得到沉重的呼吸聲息——幽靈們都決意要前往某個地方。許多地方，你在二度造訪時會發現它失去了先前的魔力；紐奧良不會，這裡仍舊神奇。夜晚會把你吞噬，但不會傷害你。在任何街角，隨時有不切實際的承諾在上演，事物如火如荼進行。每一扇門後都有淫穢的歡樂，或者有誰把臉埋在掌中哭泣。慵懶的節奏在朦朧的空氣中漫開：過往的決鬥、前世的愛戀、盟友間的情義相挺，在你四周如脈搏般跳動。你看不到，但你知道它們存在。隨時有人在沈淪。人人彷彿都出身於某一古老的南方家族，否則便是來自異國，我喜歡這樣。

我喜歡很多地方，我尤其喜歡紐奧良。隨時可以有一千種觀看紐奧良的方式。隨時可以遇上一場為了榮耀某不知名皇后而辦的儀式。名門貴族像醉鬼似的靠在牆上，羸弱不堪，蹣跚走過貧民窟。就連這些人也擁有你願意聆聽的獨特見解。這裡，沒有什麼舉止是不禮貌的。這城市是一首長長的詩。花園裡種滿三色堇、粉紅牽牛和罌粟。祭壇上飾滿鮮花，白色桃金孃、九重葛和紫色夾竹桃紛紛挑逗你的感官，讓你覺得內心平和潔淨。

在紐奧良，所有事物都是一個絕妙概念。在小巧的神殿式別墅旁邊，是一座抒情的大教堂。屋舍和大宅散發野性的優雅。義大利式、哥德式、羅馬式、希臘復興式的建築，在雨中排成長列。羅馬天主教藝術。蜿蜒的前廊，塔樓，鑄鐵陽台，柱廊——壯麗的三十呎圓柱——雙面斜式的屋頂。來自全世界的建築風格在此屹立。另外還有一個往昔公開執行死刑的廣場。在紐奧良，你幾乎可以看到異次元世界。這裡的人活在當下，今日，今晚，然後明天又成為一個今日。揮之不去的憂鬱懸掛在樹上。你永遠不會感到厭倦。一陣子過去，你開始覺得自己像來自某一座墳墓的鬼魂，彷彿置身於紅雲之下的蠟像博物館裡。靈的帝國；富裕的帝國。據說拿破崙麾下一名拉勒蒙將軍曾經來此探路，為他的指揮官尋找滑鐵盧之役後的避難所。他四處探訪後離去；他說，魔鬼在這裡也被打入了地獄，而且下場更不堪。魔鬼來到紐奧良，嘆了口氣。紐奧良。精緻，古意。是個隱居的好地方。在這裡做什麼都可以，你永遠不會傷心；這兒是可以發掘事物的好地方。有人放了飲料在你面前，你就該喝下它。這裡很適合享受親密關係，或者就無所事事。一個值得造訪並且希望自己在這裡能變聰明的地方——來餵養尋找嗟來食的鴿子。一個錄音的好地方。一定是的——我是這麼想的。

□

雷諾伊斯佈置了一間他獨創的「隨搭隨搬」錄音室——位於桑尼亞街上一棟維多利亞式大宅，離拉法耶一號墓園不遠——大窗戶、百葉窗遮板、哥德式挑高天花板、有圍牆的庭院、小屋，後面有車庫。窗戶以厚毛毯隔音。

雷諾伊斯召集了來自四面八方的樂手，其中包括來自德州沃思堡的吉他手兼歌手梅森・洛夫納，他在「老苦艾」酒吧之類位於波本街上的俱樂部表演。洛夫納是本地的明星級人物。他把整頭頭髮往後梳攏，一顆金牙上鑲著迷你吉他。他出過幾張唱片，能彈放克味道濃厚的爆炸性樂句，頗受搖滾鄉村樂顫音的影響。他也寫歌，他說他曾在德州的圖書館裡閱讀法國詩人韓波和波特萊爾的作品，想藉此琢磨文筆。他還告訴我，他年少時曾與曼菲斯・史林一起彈奏。這和我很像，我還小時就曾與大喬・威廉斯一同演奏。洛夫納有幾首歌很不錯，其中一首裡面有這麼一句歌詞：「你為人們做好事，他們卻變壞。」要不是我有自己的歌，我可能會想錄那首歌。另一名吉他手布萊恩・史托茲來自史萊戴爾，他的彈奏風格也是又放克又用力，但稍微有點慵懶味道，而且注重樂句語法——他這些年來一直與納維爾兄弟合作。史托茲的樂句很像鋼琴樂句，他會用吉他彈出詹姆斯・布克的鋼琴即興片段。東尼・霍爾則是電貝斯手；威利・葛林打低音鼓和小鼓；席洛・納維爾負責打擊樂器。雷諾伊斯的錄音師麥爾坎・伯恩斯會彈鍵盤，雷諾伊斯自己則負責多種樂器——曼陀林、大曼陀林、長得像大提琴的吉他，以及其他瘋狂玩意——看起來像玩具的塑膠新奇樂器。雷諾伊斯為我們把所需要的設備全部打點妥當。

有了這樣的樂團，除非你精神錯亂，否則是不會出問題的。我從文件夾拿出第一首歌，〈政治世界〉。我們開始找方法來讓這首快歌可以不失嚴謹。我沒帶自己的裝備，於是拿起雷諾伊斯一把破舊的 Telecaster 吉他——在波浪鐵皮屋頂下的水泥地板上彈奏起來聲音很棒，但有時聲音過於尖銳。我很喜歡彈那把吉他，所以不管三七二十一繼續彈。我們用幾種不同方法演奏〈政治世界〉，但沒有進展。從頭到尾的感覺都一樣，我們試的第一種方法和最後一種一樣好，但隨著時間漸晚，雷諾伊斯迷上一種放克風格——他聽到洛夫納的一個樂句，決定發展成整首歌。我所聽到的和我當初寫歌時的想像不一樣。演奏完畢，我產生了不一樣的結論，我認為歌詞用碎拍來唱的效果可能較好，而且應該刪掉許多段落，然後加上一段經過重新編排的段落，但我還不知道那一段會是什麼模樣。

我試著弄清楚雷諾伊斯心裡到底怎麼想，該給他什麼歌去製作。但我沒辦法在一天裡或單單一場錄音裡把這些理清楚。你可以在任何時間，與任何人一起，在任何地點做出唱片，但你不容易製作出真正成功的錄音。你必須找到目標相同的樂手。以前，像這種歌我會採用若干直覺的做法，此時這些方法不再適用。在很久以前很好的，到了現在不行了。

不多久我開始分神，呵欠連連。我離開錄音室，把那首歌的一捲錄音帶回家研究。路過墓園，我很想走到某一塊墓碑前禱告。當夜稍晚，我聽了白天的錄音，終於覺得我弄清楚了。隔天我回到錄音室，他們再次播放那首歌給我聽，可是它的放克味道更重了。我前一晚回家後，他們繼續修改。洛夫納在我前一晚錄好的極簡風格吉他節奏上加錄了魚雷似的樂句。我的吉他在混音中被完全抽掉；我的歌聲聽起來虛無飄渺，好似繞在某個聲音迴廊裡。這首歌被逼出另外一種模樣，會讓人一邊聽一邊用腳打拍子，或者拍手、搖頭晃腦，但它沒有呈現出真實世界。彷彿我在一群牛羊之間演唱，身後是大砲和坦克。越往下聽，狀況越糟。

「老天，這些都是昨晚我走之後弄出來的？」我問雷諾伊斯。

「你覺得怎麼樣？」他說。

「我想我們走偏了。」

我來到院子後面的小廚房，從冰箱裡拿出啤酒，跌坐進一張椅子。雷諾伊斯的一個助理坐在沙發上看電視，來自傑佛遜郡的前三K黨黨員大衛・杜克剛剛選上路易斯安那州眾議員，正在接受訪問。他說社會福利制度行不通，工作福利制度比較好——拿社會福利的人不該白吃白喝，而應該做社區服務。他還打算為州立監獄的囚犯制定工作計畫，不希望他們白吃白喝。我沒見過杜克本人；他長得像電影明星。

我打起精神，回去和雷諾伊斯工作。我心想，老天，這只是第一首歌，不該那麼困難的。雷諾伊斯喜歡這首歌的風格，他問我不喜歡哪裡。我說，不能那麼鬆散，應該要簡潔一些。在雷諾伊斯的協助下，我試著讓這首歌飛起來，但毫無起色。首先，洛夫納的吉他被削回原來的樣子，接著連大鼓和小鼓也跟著被削弱，因為鼓是跟著他打而不是跟著我。當我的吉他恢復原來的方式，鼓就亂了陣腳。

我們浪費了兩、三天的時間瞎搞。幾天下來，我發現這首歌應該做成快板的情歌。我們把歌拆成幾部分，加入副歌一般的旋律，但這樣做太費時。做什麼變化都沒有用。雷諾伊斯認為放克版很好，我想我們溝通不良，我逐漸感到難過。情緒逐漸緊繃。他非常受挫，突然大發雷霆，在房間裡橫衝直撞，將一把金屬共鳴吉他當玩具似的狠狠往地上砸。整個錄音室鴉雀無聲。一直在旁邊登記曲目的年輕女孩收起笑容，哭著離開。可憐的姑娘，我真替她難過。一切就要崩解，而我們根本還沒開始。我們得先跳過這首歌，〈政治世界〉不是來得太早就是太遲。我們先把它擱在一邊，晚一點再聽可能比較好。這種事是可能的。

我們接下來試的歌是〈通常〉。這首歌沒有旋律，所以我一邊隨意撥彈、一邊找到旋律。我一直找不到確定的旋律，只有約略的和弦，可是雷諾伊斯認為他聽到了些東西，可以把它發展成一首緩慢憂鬱的歌。在這首歌上，雷諾伊斯善盡樂手職責，添加了多層次的音樂，很快就讓這首歌似乎擁有了某種態度和目標。麻煩的是歌詞似乎達不到我想要的樣子，缺少它應有的爆發力。假如我先前用別的方式編排歌詞段落，我就有辦法再刪掉五、六句歌詞。但到目前來說，雷諾伊斯的做法不錯。但這就像前面那首歌，越往下做我越是覺得不對勁。這似乎比較和節拍有關，而不是跟我有關。我覺得整首歌應該加入像倫敦的大笨鐘那種鐘聲、各種音量的滴答鐘聲，或者用大樂團來伴奏也不錯。我開始在腦中聽到自己在強尼・歐提斯交響樂團的伴奏之下演唱。很多歌詞必須更改，我覺得礙手礙腳。雷諾伊斯盡可能為這首歌添加氣氛，不流失任何細節，但我不怎麼喜歡這首歌變成這樣。歌詞可以改，但形狀已經定了。這首歌隨著時間而增加了重量，什麼衣服都穿不下了。一切停滯。

遇到了瓶頸。除非雷諾伊斯是巫師，否則他做不成這首歌。這首從一開始就沒有完成的歌，隨著一分一秒過去變得更難以完成。我不明白自己落入了什麼樣的麻煩裡，我以為自己完全擺脫了這種錄音夢魘。我不是討厭這首歌，只是沒有意願製作它。歌詞裡充滿太多不清楚的涵義，即使音樂氣氛充足，歌曲中卻沒有足以自我轉化的東西。

我和雷諾伊斯及伯恩斯坐下來討論。然後，我只搭配了史托茲和葛林來錄〈尊嚴〉這首歌。這是第一首確實實現而不是只停留在夢想階段的歌。我們聽著錄音，雷諾伊斯變得很興奮，他說這首歌很有潛力，他想安排隔天晚上和「搖滾多普西和他的法裔路易斯安那人樂團」再錄音一次。我們剛才的錄音版本沒有問題，極簡的樂器組合加上我清晰的歌聲，但我知道雷諾伊斯打算做什麼，我也想看他怎麼做，所以我沒有因為要再錄一次而覺得有什麼壓力，不覺得重錄是不合理的。

回家途中，我經過普里塔尼亞街上一家小型電影院，正在上映《終極特警》。幾年前我寫了一首歌叫做〈終極特警〉，它在英國成為暢銷單曲。我很好奇那部電影在演什麼。這會兒我終於找到時間看它。那是一部以牙買加爲背景的偵探片，丹佐・華盛頓飾演一位打擊犯罪的能幹刑警薩維耶・昆。真有趣，我寫〈終極特警〉那首歌時，就是把歌曲主角想像成他那個樣子。丹佐・華盛頓一定也是我的歌迷……幾年後，他飾演拳擊手「暴風卡特」，我也為這號人物寫過歌。我不知道丹佐・華盛頓能不能飾演伍迪・蓋瑟瑞，在我心目中，他絕對可以。

□

在我奧杜邦公園附近的住處，廚房裡的收音機總是開著，固定播放WWOZ電台。這個紐奧良電台很棒，多半播放早期節奏藍調和南方鄉村福音音樂。我最喜歡的DJ——不必多想——是一個女生DJ，「紅糖」。她的節目時段是在午夜，她會播放懷諾尼・哈李斯、羅伊・布朗、艾佛利・喬・杭特、小華特、閃電霍普金斯、查克・威里斯等等偉大歌手的作品。當大家都已入睡，還有她陪伴著我。紅糖——不管她是誰——的聲音渾厚而緩慢，夢幻如蜜糖——而她的音量像水牛一樣響亮——她滔滔不絕說個不停，她也接聽眾的電話，為聽眾提供感情方面的建議，然後播放歌曲。我猜想著她的年紀，不曉得她知不知道她的聲音吸引著我，讓我獲得寧靜，紓解挫折。聽她的節目讓人很放鬆。我會盯著收音機聽；不管她說著什麼，我都能看到她說的每一個字。我可以連續聽她好個幾小時。不管她人在哪，我希望自己能與她同在。

WWOZ就像我成長時在深夜收聽的電台，它讓我回想起我辛苦的少年時期，觸動了我年少的心靈。年少時誰要是心情不好，廣播電台都能撫慰你，然後你就會沒事。天亮之前還有一個鄉村音樂電台，播放五〇年代的歌，很多西部搖擺曲——馬蹄似的節奏，如〈叮鈴噹啷〉、〈在雙鷹之下〉和〈我抬頭看到一輪新月〉，還有我大約三十年沒聽到的泰克斯・瑞特的歌曲〈一副牌〉，以及瑞德・佛利的歌。我常常聽那些東西。以前在老家也有一個類似的電台。說來奇怪，我覺得我的人生重新展開，從頭來過。還有一個爵士電台——大都播放當今爵士樂壇的歌——史丹利・克拉克、巴比・赫欽森、查爾斯・伊爾蘭、派蒂・奧斯汀和大衛・貝諾瓦。紐奧良擁有全世界最棒的廣播電台。

□

正在為我安排巡迴演唱的艾略特·羅伯茲，來紐奧良看我。他讓我看了我即將展開的巡迴演唱行程表，我很失望。根本不是我們原先談的樣子；和前一年的巡迴城市沒有多少重複。這次要去歐洲。我告訴他，這不是我們先前談好的東西，我必須回到前一年巡迴的城市表演。

「你不能每年都去一樣的城市表演，這樣根本不刺激。你必須放過那些城市，這一次先跳過它們。」他說。

我了解羅伯茲的說法，但我不接受。「我必須一年到同樣的地方表演兩次，甚至三次都無所謂。」

「就某方面來說，你已經被拱起來，像一個神話了。就像傑西·詹姆斯吧。很多人搶銀行，也有很多人逃獄或者在火車上搶劫……但在所有搶匪裡面，大家只記得傑西·詹姆斯。因為他成為神話。人們不會每年在同樣的城市表演，不會搶同樣的銀行。」

「天啊，你說得真好。」我說。這段爭執沒有意義，不必繼續

我帶羅伯茲回錄音室。大客廳裡，雷諾伊斯已經把搖滾多普西和他的法裔路易斯安那人樂團安置妥當。我們大約九點鐘開始錄製〈尊嚴〉。我知道雷諾伊斯心裡的盤算，我認為

他的點子可能不錯。以旋律變化和搖滾樂團的二分方式來錄製這首抒情導向的歌，說不定很有意思……但到底行不行得通，唯一方法是等著瞧。一開始，我們試著捕捉感覺，這首歌似乎就被箝制住了。節奏綁住了歌詞；這種風格似乎無視於歌詞的存在。雷諾伊斯和我一下子不知如何是好。每一次重新來過，都耗掉一點精神。我們錄了很多次，改變節奏，甚至改變曲調，但歌曲好像突然被丟進地獄。只有我、葛林和史托茲的試唱帶聽起來是不費力的，是流暢的；不過，當然就像雷諾伊斯說的，那個版本聽起來尚未完成。但哪一個錄音是真正完成的呢？多普西和我一樣洩氣。我們騎在一頭脾氣古怪的野牛身上，不過他和團員們從頭到尾保持平靜而沈穩的態度。這不算是一首十二小節的歌，它需要投射出一種親密感才算達到效果，然而這會兒歌曲變得過於複雜而迂迴。這首歌需要的是結構感和氣氛，這些本是雷諾伊斯擅長的東西，我想不通我們為什麼找不到它們。連續花幾個鐘頭做一個東西，令人頭昏腦脹，失去判斷力。

差不多凌晨三點了，我們精疲力竭，大家開始彈老歌：〈什錦飯〉、〈欺騙的心〉、〈玻璃杯〉——那些鄉村經典歌曲。大夥兒胡鬧著，像是在開派對。從開始錄音到現在，雷諾伊斯已經換了兩班錄音師，而一整晚的天氣又熱又悶，我的藍色法蘭絨襯衫已經溼透，汗如雨下。在這當兒，我彈起我另一首新歌〈淚流處〉。我很快彈了一遍給多普西聽，然後我們就開始錄音；前後大約五分鐘，而且沒有事先排練。在歌曲結尾，多普西的薩克斯風手約翰‧哈特吹了一段哀傷的獨奏，聽得我喘不過氣來。我傾身向前，瞥見那位樂手的臉。他整晚坐在黑暗中，我一直沒注意到他。他長得酷似牧師歌手盲眼蓋瑞‧戴維斯——幾年前我聽說了這位牧師，而且我一直在聽他的作品。他怎麼會在這裡？同樣的人，同樣的臉頰和下巴，同樣的軟呢帽和深色眼鏡。同樣的身材，同樣的身高，同樣的黑色長外套……真詭異啊。蓋瑞‧戴維斯牧師，當代樂壇奇才……彷彿他被豎立起來，監看一切，密切注意所有事情的進展，保持警覺。他以奇特的眼神從房間那一角投過來，看著我；他彷彿能看透那一刻，彷彿拋出了救生索。突然間，我覺得現在的時間是對的，所做的事是對的，而且雷諾伊斯這個人是對的。我感覺自己轉過了街角，看見一張神祇的面容。

隔天晚上，我們開始聽〈尊嚴〉的各種不同版本錄音。雷諾伊斯把所有版本都留著，大概超過二十次錄音吧。不管雷諾伊斯以前在這首歌裡看到了什麼潛力，它現在都一團混亂。我們開始的地方，再也回不去；這是一場無功而返的捕魚遠征。我們沒能在任何一次錄音中讓時光倒流，而是一味往前轉動。每一次錄音都造成混亂。那些錄音簡直會讓你懷疑自己為什麼要活著。

聽到一半，突然冒出〈淚流處〉。只是一首三分鐘的抒情曲，卻把你全盤的注意力吸住，讓你屏息聆聽。彷彿有人拉了繩索讓火車停住。那首歌很美，很神奇，輕快，而且完整。我心想雷諾伊斯是不是和我一樣這樣覺得。他是。他說：「我完全不記得這首歌。」好，我們暫時把〈尊嚴〉擱著。（我們沒有再回頭製作那首歌。）雷諾伊斯說他也很喜歡那首抒情曲，它很有感覺，但是——一個很重大的「但是」——他說我們可以做得更好，我問他怎麼做，他說原本的錄音拍子跑掉了一點，使得歌曲不太穩。也許是這樣吧……但現在是凌晨三點。我們可以請洛夫納和納維爾等人來做出更好的版本。我說，好啊當然好，然後就走出錄音室的後門，穿過院子，到馬格辛街的冰淇淋店，在店裡坐了一會。我想要獨處——暫時把電話連線拔掉。

我拿起本地的音樂報，讀到消息說「衝擊合唱團」的優秀吉他手米克．瓊斯的肺炎病情逐漸好轉；報導說他在鬼門關前走了一圈。假如早一點想到他，把他找來該多好，他一定是最佳人選。但這種想法對我來說言之過早。瑪莉安．費斯佛也在錄製新專輯，她是不折不扣的天后。我與她是舊識，但好一陣子沒見到她了。報上說她在明尼蘇達州海索登診所戒了毒，對人生有了新的態度和體會。我為她感到高興。艾爾頓．強在拍賣他的全部家具和衣服，報紙刊登了他家彈珠檯的照片，看起來很不錯，我也好想參加競標。

離開冰淇淋店，走回人行道上，一陣潮濕的風迎面吹來。月光照得樹葉發亮，我的腳步聲驚擾了天井裡的貓。一隻狗帶著警戒神情從鐵柵欄後對我狂吠。一輛黑色轎車駛近，車裡坐了幾個酒鬼——車窗搖下，擴音器大聲播放著寶拉・阿布杜的歌。那輛車駛過，我穿越馬路，走過奧杜邦公園，往我住的聖查爾斯大道旁的小街走。就算城裡教堂、禮拜堂和墓園林立，紐奧良卻不具備聖地的靈氣。這是不爭的事實，但你得花一段時間才能明白原因。在很多地方，人必須與時俱進，改變自己；在紐奧良你不需要改變。回到住處，我走進廚房，小坐片刻，聆聽紅糖的廣播節目，她正在播放小帕克二世的〈危險女人〉。然後我上樓，鑽進被子裡。

□

幾天後，家人來看我，他們想去頗富盛名的「安東餐廳」吃晚餐。我實在不想去，最後還是去了。我們在包廂用餐，我坐在一幅瑪格莉特公主的畫像下，這張椅子羅斯福總統也坐過。我只叫了鱉湯。我不想吃太撐，稍後還得去找雷諾伊斯。我提早離開餐廳，走進豪雨中，但我很高興我去了，親身見識了那家餐廳。

連著三、四天斷斷續續下雨，現在又下著雨了。雷諾伊斯把一切打點好，準備重錄〈淚流處〉。我們又回到那間客廳，樂手大約四、五名。不多說，馬上開始。我們鋪陳出就音樂性來說非常理想的旋律，但我覺得不自在。我唱不出來——找不到先前那個版本的神奇魔力。我聳聳肩。我不懂。錄製這個版本真不順利。身為一名主唱者，那種感覺好像試圖在一棵光滑的樹幹上剝下樹皮。我心想，為什麼不能用那一個版本？另一個錄音？那個版本有問題嗎？雷諾伊斯說那個版本不精確，那當然囉——就技術上來說。那個版本不能修正，但沒關係——沒有理由改變它原本的模樣。它擁有某種清楚的驚奇感。最後，雷諾伊斯和我對看一眼，我們回頭聽多普西的版本，並決定採用它。

接下來要錄〈連續夢境〉。雷諾伊斯喜歡這首歌，但他喜歡的是它中間的橋段，希望整首歌都像中間那一段。我了解他的意思，但我辦不到。我確實考慮了一下，心想也許可以把橋段當作主旋律的開頭，然後把開頭當橋段。漢克．威廉斯曾經在〈相思病藍調〉中這麼做。不過，我左思右想，覺得不對勁。以這種方式設想那首歌並不穩當。我認為它原本的模樣就很好了——不想花力氣去想著如何改變它。雷諾伊斯很努力在製作這首歌，他很敢做新的嘗試。他付出很多，有時我覺得他做太多了。為了讓一首歌成功，他什麼事都願意做——清鍋子洗碗掃地他在所不辭。他只在乎能不能把感覺做出來，以及我知不知道他的用意。

雷諾伊斯是北方人，他來自加拿大多倫多北邊的城市——穿雪鞋的國度，抽象思考的地方。北方人的思考方式很抽象。天氣冷時他們不會苦惱，因為他們知道很快就會暖和起來；天氣熱時也不擔心，因為到頭來還是會變冷。不像熱帶地區的天氣總是一樣，你無法期待能有什麼改變。我接受雷諾伊斯的思考模式，我自己的思考也很抽象。雷諾伊斯很有技術頭腦；他也是樂手，會在他製作的每一張專輯中參與演奏。他深諳重疊錄音和盤帶特效的操作原理，這是他和英國製作人布萊恩．伊諾發展出來的唱片製作方式。此外他也具備強烈的信念。但我也很獨立，我不喜歡別人要求我去做我不了解的事，所以這是我們必須努力解決的問題。我喜歡雷諾伊斯的一個特質：他不喜歡浮在表面；他甚至不願意游泳，他喜歡躍入水中，然後往下潛。他想娶美人魚當老婆。這些我都沒問題。在錄製〈連續夢境〉期間，他不斷跟我說：「我們需要〈戰爭高手〉、〈來自北國的女孩〉或〈上帝支持著我們〉這種歌。」他開始在我耳邊嘮叨，每兩天就說一次我們一定可以用上那樣的歌。我點頭。我知道可以，但我很想咆哮。我沒有半首那樣的歌。

開始錄〈我有什麼用〉時，我得先編寫旋律。過了一段時間後，雷諾伊斯認為他聽出一點東西了。我認為我的方向對了但還沒找到旋律；我找得太用力了。假如一切順手，你根本用不著去找，也許它就在一呎半外。我不知道，但我沒有力氣了。我想我應該按照雷諾伊斯的想法去做，雖然那對我來說節奏太慢。雷諾伊斯用多層次的節奏為這首歌創造出一種情緒。我喜歡這首歌的歌詞，但旋律不夠特別——毫無情感力道。我們把個人差異撇開，錄了一段時間，把這首歌完成。

我聽說有個「田納西・威廉斯文學節」在一、兩個星期前舉辦，我想去瞧瞧。於是有一晚，我到花園區競技場街上一棟有山形屋頂、兩側有圓柱的雙層樓房，想多多認識這位作家，探索他劇作裡所包含的道理。他的戲劇作品讀起來總有些僵硬，必須看它們呈現在舞台上才感受得到它們的鬼魅效果。我在六〇年代初見過威廉斯本人，他的長相頗符合他的天才身分。我到達會場時，協會贊助的演講已經結束，多數人正要離開，於是我回頭，往錄音室的方向走。我沿著羅約拉街，經過拉法耶二號墓園。天空飄著細雨，老鼠倉皇跑過電線桿。

那晚，我們錄的是〈喚醒他們〉。那首歌有句歌詞我一直想改，但從沒改成……最後一句：「打破是與非之間的界線」。這句詞用在這裡沒錯，但沒有把我的感受說清楚。汪達・傑克森的歌曲中用了「是或非」，這樣對；比利・泰特的歌曲裡是寫「是不同於非」，這樣也說得通；但我那句「是與非」不好。這觀念不存在於我的潛意識中。我一向會對這種東西感到困惑，看不出那裡面有什麼道德理念。道德上的是或非，似乎接錯了頭。不道德的事天天在發生。假如有人偷了皮革去為窮人做鞋，這事也許合乎道德，卻違反法律，所以它是錯的。我會因為事物的法律面和道德面而困擾。行為有善惡之別，一個好人可能會犯下惡行，壞人也可能做善事。不過我最後沒有改那句歌詞。這次錄音很順利，音樂很自然，沒有什麼實驗性。我覺得可以在無伴奏的情況下唱這首歌。且不說那些。雷諾伊斯這次捕捉到這首歌的精髓，把魔力注入歌曲的心跳和脈搏。我們完全按照我寫這首歌時出現在腦中的畫面來製作它——我彈鋼琴，雷諾伊斯彈吉他，麥爾坎・伯恩斯彈鍵盤。雷諾伊斯絕對捕捉到了那一刻；他可能也捕捉到了整個年代。他做對了——做出精準而生動的版本，任何人都聽得出來。這首歌一氣呵成——雷諾伊斯做出了這首歌犀利卻和諧的感覺。在這首歌裡，雷諾伊斯不只是樂手，更是擁有科學原則的醫師。有一次我問他：「丹尼爾，你是醫師嗎？」他笑答：「是啊我是醫師，但不是醫學方面的醫師。」

雷諾伊斯和工作人員在錄音室院子後方停了好幾輛的上等哈雷機車，車型大部分是有前液壓減震系統和鍍鉻車燈的 Panheads，單人座，寬輪胎，墓碑式造型的尾燈。我也要買一輛。雷諾伊斯有個熱愛重型機車的錄音師，馬克・霍華，幫我買到了一輛出自佛羅里達州的六六年哈雷 Police Special，粉體塗漆車身，不銹鋼煞車，黑色粉體塗裝輪輞和輪轂，全部原廠零件，車況良好。拿到車後，我就在錄音中場休息時間騎車，一大清早也騎車兜風。我通常沿著費瑞特街一直騎到運河，有時騎到東紐奧良的海邊，把車停放在聖路易大教堂附近的傑克森廣場。有一次我騎到波涅湖一帶的野生植物園，那兒風光明媚，湖畔設有長椅；想當年，美國第七任總統安德魯・傑克遜，率領大隊由海盜、巧克陶印第安人、自由黑人、律師和商人組成的民兵，在這裡擊垮了英國精銳部隊，使得他們不敢越雷池一步。英國軍隊約莫有一萬人，傑克遜的軍隊約四千人，但傑克遜擊敗了對手，歷史書是這麼說的。傑克遜說，如果要投降，他不如先把紐奧良燒成灰燼。傑克森，這個老頑固，血戰專家——他又高又瘦，藍眼，濃密白髮，壞脾氣，來自偏遠蠻荒區，曾和聯邦銀行對抗。他沒有為了自己國家的榮耀而丟炸彈殺害百姓和無辜兒童，他不會為此下地獄。

有一次我騎車去城裡的西班牙廣場，把車停在運河街的盡頭。附近的河上停泊了一艘輪船，船上一個法裔路易斯安那人樂團的鏗鏘節奏聽起來簡直是歇斯底里。在木蘭花樹下，我感覺到一首歌浮現，歌名叫〈流星〉，這首歌我還未寫下來。我在腦海中依稀聽到它。當你無比清醒、能看到和感覺到東西，但身體其餘部分仍在沉睡時，你就會聽到這種歌。我不想忘記這首歌，在離開這城市之前要把它寫出來，並且錄製完成，我想這可能是雷諾伊斯想找的歌。

雷諾伊斯覺得〈殘破的一切〉是首輕鬆小品，我不這麼認為，但只有一種查證方式，也只有一種錄音方式——一種用很多顫音的樂風。錄製這首歌時，所有樂手都上場，東尼・

霍爾彈貝斯，威利・葛林打鼓。我們在大客廳錄下現場版本，史托茲和我彈吉他，我還是彈那把 Telecaster 吉他。當你和一群樂手一起錄這種歌，很不容易出現五、六名樂手在同一時間都產生同樣美好感覺的情況。雷諾伊斯也參與伴奏，和大家貢獻得一樣多。我認為這首歌做得中規中矩，我不會想修改任何地方。雷諾伊斯用不著費力做，這首歌出現在他面前時的狀況已經很不錯。樂評通常不喜歡我這種歌，因為它看似沒有自傳色彩。也許沒有，但我寫的東西真的都出自個人體驗。

雷諾伊斯顯得不太熱衷，但他知道這首歌並不壞。我知道他在找什麼，他要的是能顯出我這個「人」的歌，但我在錄音室製作的東西呈現不出我的「人」。這就像是想在幾千頁密密麻麻的字裡找到那種人性，實在太難，但他還是願意幫助做為「歌手」的我。歌手假如沒有合適的麥克風和擴音器，就完了；雷諾伊斯盡全力幫我找到正確的工具搭配。我常在夜裡帶著沮喪心情離開錄音室，有時我會說：「丹尼爾，我們還是朋友嗎？」

在紐奧良待了大約一個月後，有一天，我早早起床，叫醒妻子。離天亮還有兩小時。她說：「出了什麼事？」我不認為出了什麼事。幾分鐘後，她已換下寬鬆的睡袍，煮著咖啡。天還沒亮，我們騎上哈雷機車，跨越密西西比河，到了橋樑市，走九十號公路朝向提波多而去。我們不為任何目的，只是想去某一個地方。我們從瑞斯蘭騎上三〇八號公路，我心情很悶——必須離開紐奧良。我覺得不對勁，彷彿世界躲了起來，我必須找到它。我假如想保持清醒錄完整張專輯，就必須打開一扇窗，掌握某個東西，不管那是什麼，我都必須百分之百確定我握著它。

進入提波多後，我們騎到拉福什河灣附近。那一天又濕又冷，細雨時下時停，雲層移動得很快，閃電低低畫過地平線，沒有響起雷聲。提波多城裡很多街道以花草樹木為名，橡樹街、木蘭街、柳樹街、梧桐街。西一街沿著河。我們走在搭在溼地上方的木板路上，盡頭就是海——遠方有平底浮舟和草木叢生的小島。很安靜。仔細看，會看到樹枝上纏了條蛇。

我把車移到一座舊水塔旁。我們下車，沿著鄰近的路四處走。這些路旁有古老的柏樹雄踞，有些樹齡都七百歲了。這裡離城市夠遠，土路兩旁是綠意盎然的甘蔗田，青苔滿佈的頹圮牆垣，處處是沼澤和爛泥地。我們又上了車，沿著胡桃樹街緩慢上路。騎經聖約瑟夫教堂，這座教堂依照巴黎或羅馬的版本而建，裡面據說應該收有一名基督教殉道者被切下來的一隻手。前方是有「窮人的哈佛」之稱的州立尼可斯大學。我們在聖派屈克街上，騎經宏偉豪宅和附有大農場的洋房，庭院深深，窗戶眾多。在護牆板旁，有一間南北戰爭前的法院；老橡樹旁邊有一傾圮木屋。能自己出來透氣，感覺真好。

剛過中午，我們已經騎了好一陣子。塵土飛揚，我口很乾，鼻塞。我們飢腸轆轆，便走進二十號公路上靠近摩根市的「郤斯特柏樹客棧」，一家賣炸雞、魚和田雞腿的小餐館。我覺得累了。女服務生走上前：「吃點什麼？」我看了看菜單，然後看妻子。我很喜歡她的一項特質，她從不認為自己的快樂掌握在我或別人手中，她總是能讓自己得到快樂。我重視她的意見，也相當信任她。我說：「你點菜。」於是，炸鯰魚、秋葵和密西西比巧克力派餅陸續上桌。廚房在隔壁另一棟建築裡。鯰魚和派餅都盛在紙盤上，但我沒有原先以為的那麼餓——我只吃了炸洋蔥圈。

飯後，我們往南，朝胡瑪的方向騎。道路西側，牛隻吃著草，白鷺站在淺水灣——鵜鶘、平底船、路邊釣魚客——牡蠣船、小泥土船——路旁有步道通往小碼頭，延伸到水邊。我們繼續向前，騎過各式各樣的橋，沒有橋墩的吊橋，有橋墩的橋。在史帝文森路上，我們在一家鄉村雜貨店旁邊騎過一座運河橋，然後路面變成碎石礫，蜿蜒在沼澤地之間。臭氣沖天，死水一灘——潮溼，雜草蔓生，腐爛。我們一路往南，直到看到鑽油井和補給船，才轉頭回提波多。這裡距離提波多不近也不遠。我逆向思考。也許我們該往北去阿拉斯加的育空，那可是真正能穿上厚重衣物的地方。黃昏時，我們在拿破崙市市郊找到住宿處。我們停車，熄火。這是一趟愉快的兜風。

我們住進一家附早餐的民宿小屋，這民宿位於一座農園建築後面，園裡有雕飾和鑲嵌裝飾的小徑。這處奶油色小屋散發一種魅力——像一座迷你的希臘神殿。房間裡有張舒服的床，床旁有四根木柱，還有一張古董桌——另有簡易的臨時家具和附廚具的小廚房。但我們沒有在房裡吃飯。我躺下來，聽著窗外神祕黑夜裡的蟋蟀叫聲和野生動物的鳴聲。我喜歡夜晚；事物在夜裡滋長。在夜裡，我可以發揮想像力，我的偏見在夜裡會消失。有時候，你想尋找天堂但你一直找錯地方。有時候天堂就在你腳下。或在你床上。

隔天起床後，我想通了。我知道我為什麼會覺得錄音的感覺不對了。問題癥結在於——我不想用新的方式表達自己，多年來我的表達方式已經根深蒂固，這一點現在不太有機會改變了。我不需要再翻越另一座山，我只想要鞏固自己現在的位置。我不確定雷諾伊斯是否了解這一點，我想我從未明說，我一直無法說得這麼清楚。

前一夜，雨下下停停。清早又下起稀疏小雨。我們離開旅店時已近中午。刺骨寒風朝我臉上直撲，但那一天美麗極了，天色暗灰。我們跨上藍色哈雷機車，沿著菲瑞特湖騎在隆起的小徑上，經過盤根錯節的巨大橡樹、胡桃樹——葡萄樹和柏樹殘幹倒在沼澤中。我們騎到了阿美利亞，然後往回走——把車停在九十號公路上靠近瑞斯蘭的一處加油站。在一片空地的那一頭，矗立著一間建築物，名為「塔特王博物館」。那處荒涼木屋吸引了我。

車子加滿油後，我們緩慢騎過牧牛小徑，來到木屋旁。這棟木屋有一塊延伸出來的前廊，廊間的支撐柱早已腐壞——屋前停放著裝滿蔬菜的小貨車，有一輛廢棄的五〇年代奧斯摩比汽車停在高高草叢間的石板上。一個年輕女孩在陽台上拍打地毯上的灰塵，她身穿粉紅色緊身運動褲，一頭抹了油的黑色長捲髮，肩上圍著浴巾。灰塵像一團紅雲漂浮在半空。我們爬上矮梯，我走了進去。我太太在外面的鞦韆上坐下。

那兒在販賣小飾品、報紙、糖果、手工藝品，本地人用沼澤木編織出來的圖案精巧的籃子。還有小雕像和人造珠寶，有些放在展示盒中。另有雨傘、拖鞋、藍色巫毒念珠和許願蠟燭。入口處擺了鐵質器物，上面刻了橡樹枝和橡實的圖案。還有保險桿貼紙：有一張的字樣是「全世界最棒的爺爺」，另一張是「安靜」，還有一張「努力不懈開卡車」。這兒也是小餐館，兼賣小龍蝦；商店另一邊有小櫃檯。牆上掛著豬的各個部位——嘴邊肉、豬耳朵，看了讓人很想尖叫。老闆是個老先生，名叫「太陽派」，你一輩子認識不了幾個像他這樣古怪的人物。他矮瘦而結實，像一頭豹，臉孔黝黑，但擁有斯拉夫白人的五官。他戴了一頂窄邊平頂的稻草帽，身子骨上包覆著歷經風霜的皮膚。陽台上的年輕女孩是他妻子，看上去像個女學生。屋子裡嫌太亮了點，桌子擦得閃閃發光。太陽派先生正在修理一張高腳椅，它看起來像從大教堂搬出來的東西。椅子整個兒拆解，側邊被鉗緊，塗上了黏膠。

他正在用砂紙磨六角椅腳。

「你在找釣魚的好地方嗎？」

「不，我只是騎車經過。」

「你還挺愜意的嘛。」他停頓了一下：「我以前偶爾也騎那玩意，」他朝著藍色警用機車點點頭，「喜歡的話就隨意看看，這裡有一些挺不錯的東西。」

店裡展示了一些海報，一張是李小龍，另一張是毛澤東。櫃檯後方的鏡子上，貼了張裱框的大幅中國萬里長城照片。另外一面磚牆上則是巨幅美國國旗。

收音機的聲音從牆後方傳出，音樂聲中夾著雜訊。披頭四唱著〈你想知道一個祕密嗎〉。他們是如此容易被大眾接受，如此優秀出色。我記得他們出道的時間。他們帶來了其他音樂團體所不及的親密感和友誼。他們的歌能創造一個帝國。那似乎是很久很久以前的事了。〈你想知道一個祕密嗎〉是絕佳的五〇年代那種傻乎乎的情歌，只有披頭四做得出來。這首歌完全不會軟啪啪的。披頭四哇啦哇啦唱完，太陽派放下工具。他身後，雙層紗門朝著拉福什支流敞開。太陽派到架起來的後院修船，院子裡擺滿鐵橇、斷裂鐵鍊和青苔滿滿的圓木。我妻子走進來，太陽派望向入門處，然後望著我。

「你平日會禱告嗎？」他說。

「嗯。」

「很好，等我們被中國人統治的時候，我們就得常常禱告。」

他說話時並沒有看我。他有種奇特的說話方式，讓我覺得自己不是在他店裡，而是他閒晃到我家。「你知道嗎，中國人一開始就在這裡，他們就是印第安人，紅人。卡曼契人、蘇人、阿拉帕荷人、夏安人——全部的印第安部族——全部是中國人。耶穌還在為人治病的時候，他們就在這裡生活了。所有的女人和酋長都來自中國——徒步橫越亞洲，再從阿拉斯加往下，發現這地方，然後很久很久以後，他們變成印第安人。」

我在哪裡聽過的故事：以前白令海曾是一大塊陸地，所以可以從亞洲或俄羅斯跨越那塊陸地。走到美洲這裡來，因爲太陽派的說法可能是真的。

「都是中國人？」

「對。問題是他們分裂成很多很多族群，並且開始戴羽毛，忘記自己是中國人。他們開始無緣無故就互相交戰，族與族之間對戰。隨便誰都能變成敵人，最好的朋友也會反目。這就是印第安族為什麼會滅亡，為什麼白人從歐洲來打他們時，他們那麼輕易就落敗。他們像是熟透的桃子，隨時會從樹上掉落。」

我對太陽派的話感到好奇，於是往一張搖搖晃晃的椅子上坐。「這幾百萬中國人注定要回來。他們不需要使用武力。他們只需要走過來，把他們失去的東西收走。」

太陽派仔細挑了一把鑿子，開始刮椅子的後腳。椅腳上的橫檔有獅子頭圖案，黑木中有複雜精細的漩渦狀設計。他專注工作著，收音機正在播達爾和葛蕾絲的歌〈我讓你決定〉。我想我曾見過一張很像太陽派的臉孔，但記不起來是在哪裡看到的。他的說話方式很奇特……緩慢，但充滿乒乓作響的動作字眼。他放下工具，笑了笑，聲音輕柔了些，對我做了一點自我介紹。他不是會對人保持距離或防衛自己的人。他說他曾因砍傷人而坐牢，為他惹來很大的麻煩，但那傢伙是自找的。他說我應該把我所有的鑽石、綠寶石和紅寶石都換成玉，因為等到將來中國人帶著魚和肉來到此地時，玉就會成為新的交易貨幣。「大家說我瘋了，但我不在乎。中國人很了不起——他們不說粗話，中國夜鶯會在這裡唱歌。他們沒有十誡，他們不需要那種東西。中國人一路從這裡開拔到祕魯。你會禱告？你祈求什麼？你會為世界禱告嗎？」我從沒想過為世界禱告，我說：「我祈禱自己能變得比較仁慈。」

外頭仍下著毛毛雨，可以聽到小雨輕聲打在鐵皮屋頂。紐奧良開始把它繫在我身上的繩子一點一點收緊，我感覺到了繩子的重量。我往窗外遠眺，望過吊籃裡種著的蕨類和白花；我想再望遠一點，看向露台上的紫藤藤蔓。有一塊色空逐漸放晴，陽光邊緣透著微微的綠光。

收音機正在播放〈愛之海〉。我覺得自己先前一定是在什麼地方被遺棄，而現在是回去的時候了。假如我今晨帶著任何苦情或敵意走出紐奧良，現在那些情緒也都該都平息了。太陽派說：「這附近曾經有賽馬場和馬廄，大約一百年前，一場颶風來襲，水淹到十二呎高，兩千人喪命。當暴風雨來襲，你會乞求老天爺：『只要讓我活命，您的任何吩咐我都遵命。』」他從攤在地板的舊報紙上拿起一罐亮光漆：「老天爺想殺誰就殺誰。」他把一把小刷子浸入漆罐，亮光漆往外滴。他刷著椅子側邊的一根橫桿。然後，他停下來，把刷子橫放在漆罐上方端。報紙上散佈著亮光漆的汚漬，但還是認得出一些東西，新聞報導中的臉孔。他指著報紙說：「那是一種武器，我用它來保護我的地板。這武器落在壞人手中；那些魔鬼很悲哀，他們什麼都不懂。」他拿起一把木柄銼刀：「這裡沒有平等。我們人裡面，有些很特別，有些不特別；有些人比較強悍比較聰明，有些人比較軟弱比較沒頭腦。沒辦法，一個人無法決定自己的出身。有人適合當醫師；有人適合吃虧上當；有人是優秀的思想家；有人是厲害的技師，高明的統治者。我是這一帶最厲害的木匠，但我當不成一個好律師，我不懂法律條文。我們甚至在自己種族中都不平等，有人在頂端，有人在底層。」他略微停頓，拿起一條油膩的抹布。「我想，世界上所有的好事可能都做完了。」太陽派的用字遣詞絕不會令人誤解。「李小龍出身良好，他打敗所有的人，所有的嬰兒，所有貪婪的罪犯，那些伸出貪婪爪牙、強壯但沒有價值的人。他們無法與李小龍抗衡。他們的心，哎，老天幫幫他們，他們卑鄙又邪惡。」太陽派先生真是一號獨特角色，那種會站在遊行隊伍中央或是幫派核心的人物。

□

我妻子逛過了商店，到露台上讀她的約翰・勒・卡雷小說。然後她又折回店裡，拿起擺在窗戶旁的眉筆來用。我們不需要對彼此開口，就明白該走了。太陽派知道她是跟我一起來的，便說道：「你在做什麼，老兄？難道想留下來吃晚飯嗎？」遠方傳來火車汽笛聲，我回過神。聽到那種聲音會令人愉悅。我說，我想我們不太能留下。太陽派戴著金框眼鏡，陽光不時像火花一樣閃現——像夜空的彗星般在他的鏡框上炸開。

「鄉村音樂女王不久前來過，買了一個銅製菸灰缸。」

「你指的是誰？」

「甜姊兒，貓咪威爾斯。」

「喔，是她。」

太陽派的神情微微轉變，他朝毛澤東的海報一瞥。「戰爭不是壞事，戰爭可以控制人口數目。有必要讓戰爭浮上檯面。」我腦中浮現血腥殺戮的畫面。不管他想說什麼，我都不認同他剛才的話。「你的良知令你不安嗎？無所謂。人的良知是沒什麼意義的，不管清白或罪惡，還不都是一個活人的良知。」我會永遠記得這番關於良知的論調。

我手上拿著一根藤條，我感覺到我緊緊握著它。我走向門口，望向茂密樹林，然後望向我美麗的妻子，她也回望著我。我心想，假如太陽派是某個社會運動的活躍人物，我完全不會阻撓他。「我好了。」她說。

我打算買一張保險桿貼紙，但太陽派免費送我一張──「全世界最棒的爺爺」那張。幾年後它會派上用場，那時我至少需要十張。太陽派可以激勵人心，他不玩愚蠢的小孩遊戲。他是在恰當時機該尋找的恰當人物，一個喜歡用自己方式思考的人。

「你要的東西都拿了嗎？」他問。

「對。但我想要多拿一點。」我說。

他笑了，說他自己也是這樣。我們穿過門廊，走向藍色哈雷機車。艷陽高照，機車像烙鐵一樣燙。我們跨上機車──我按了按看起來像小號的摩托車喇叭，把活塞往上推，往鐵路方向騎上路──後來只在耶穌會灣停下來一次，天還沒黑，我們就回到了聖查爾斯大道。

我帶著清醒的腦子回到紐奧良。我會完成我和雷諾伊斯這次的合作，我甚至要為他寫幾首歌，這是我先前從沒想過的。一首是〈穿黑色長大衣的男人〉，另一首是〈流星〉。這種事我以前只做過一次——我曾為製作人亞瑟・貝克寫過歌。幾年前在紐約市，貝克幫我製作了《滑稽劇帝國》專輯。所有的歌都完成混音及後製工作了，但貝克一直提議說應該在專輯最後安排一首用空心吉他伴奏的歌曲，他說這樣可以畫下一個完美句點。我稍作考慮後覺得他說得對，但我手上沒有這種歌。那晚，我告訴他我會試著寫，我了解這事的重要性。我那天住在第五十九街上的廣場飯店，午夜後回到飯店。我穿過大廳上樓，我走出電梯，一名應召女郎在走廊上朝我走來——淺黃色的頭髮，狐皮外套——高跟鞋的鞋跟可以刺穿人心。她眼窩四周有瘀青，描了黑色眼線，襯著深色眼珠。她看起來像是被毒打了一頓，很害怕又挨揍。她手拿一杯紫紅色的酒，經過我身邊時她說：「只是很想喝點東西。」她有一種美，但不適合這樣的世界。可憐的人，注定要在這道廊上行走一千年。

□

當晚稍後，我坐在俯瞰中央公園的窗戶邊，寫下〈深色雙眸〉。隔天晚上，只用一把空心木吉他就錄製了這首歌。這樣做是對的，這首歌確實讓整張專輯變得完整。

然而，紐約市不是紐奧良。紐約市不是占星之城，在她廣大的陰暗之處並不潛藏著不知何時由何人構築出來的神祕事物。在紐約這城市，你可能在一條繁華大街上凍死了也不會引起注意。紐奧良不一樣。

妻子即將離家，去巴爾地摩參與一齣福音劇的演出。我們坐在面對陽台的門廊喝咖啡。低空，雷聲隆隆。她把舌頭伸進我耳朵。「會癢，」我說。我妻子在幾乎任何事裡都能看見幾分真相。她知道我的錄音工作不順利，而且工作氣氛有時頗火爆。「不要發神經過了頭。」她提醒我。

稍晚，我原本想去錄音室但後來改變心意。我睡著，又醒來。天還沒亮，於是我閉上眼繼續睡。等我再度醒來時已經是晚上。我睡了一整天。出門前我到廚房煮點咖啡，收音機一如往常開著。爾莎·基特正在唱，人生是單調的，人生令人厭煩。我想著：「那倒是真的。爾莎，你說得很好。我支持你，繼續唱下去。」

我們和整個樂團一起錄了〈你要的是什麼〉：麥爾坎·伯恩斯彈貝斯，梅森·洛夫納彈吉他，威利·葛林打鼓，席洛·納維爾擔任打擊樂器，我彈吉他和吹口琴，雷諾伊斯也彈吉他。間奏時沒有歌詞；也許應該要有歌詞。當下，比較重要的是把歌詞主題表達清楚並且延續節奏。我錄製過更奇怪的歌。麥克風放置的方式使得氣氛變得凝重、有時差，而且沈甸甸——像是吃了鎮靜劑那樣迷離。這首歌打從第一拍開始就像濃湯似的在鍋裡混合、烹煮，夢幻而且曖昧。我們必須維持歌曲的輸入音量。雷諾伊斯的音響氣氛讓這首歌聽起來像是出自某個神祕靜默之地。製作人用各種層次的節奏來讓歌曲旋轉，移動；我認為，就算是貝利・懷特也無法做得更好。在這首歌裡，我們想做的東西完全相符。

我漸漸發現，雷諾伊斯所使用的壓縮器、處理器、高級裝備、前級擴大機和迴響效果器，為他腦中構想的音響效果增添了浪漫感。你在專輯中聽到的大約就是錄音現場的狀況，他不太倚賴事後的混音。這不是因為他不會偶爾加進某一項樂器，他只是不倚重混音。那首歌的感覺，像是對著鏡子看到一段文字的反像。像是你搭起厚重煙幕，然後讓真正的行動發生在十哩外的遠處。在幾次錄音中，〈自大症〉製作成節奏明顯的哀傷藍調，降B調給了它憂鬱氣氛。我彈鋼琴，但彈的是封閉和弦。亞倫・涂桑可能會彈得更好，這樣我就能去彈吉他；但我們沒能擁有那種演奏組合。鋼琴家魯賓斯坦可能是頂尖樂手，若能找他來彈鋼琴將會很完美。我也能想像這首歌以進行曲方式演奏，可以找一個軍樂隊或送葬樂隊來錄製這首歌，那會更好。我們錄了四、五個版本，每一個版本都直探某一個永恆的瞬間，而且好像都能通過時間的考驗。這些錄音版本都沒有遇到難處。

我們後來用大型擴音器來聽這個加大了低音貝斯音量的錄音版本。雷諾伊斯說，應該到此為止，這首歌這樣就對了。「你這麼認為？」「對，這樣很不錯。」雷諾伊斯的反應最多就是這樣，他很少對事物展現出任何感情或興奮之情，除了摔吉他的時候例外，但那種橫衝直撞的狀況不常發生就是了。這首歌就這樣完成，我們不做任何修改。錄音那晚，外面雷電交加——香蕉樹的樹葉拍打著樹幹。某種東西引導著這首歌前進，彷彿聖女貞德在門外（也可能是瓊・亞瑪崔汀）。不管是誰，有人在外頭呼風喚雨。

為了轉移注意力，稍作調劑，我回到那家小電影院。這回我看了米基・洛克主演的《鐵拳浪子》，他飾演一個叫強尼・渥克的害羞又笨拙的牛仔拳擊手。克里斯多夫・華肯也在片中軋一角。每一個角色都很棒，但洛克的演技最棒。他一個眼神就能讓你心碎，每當他出現在銀幕上，整部電影就飛到了月球。沒有人能與他媲美，他只要出現，不必說話，就能發亮。看他演戲，就給了我靈感來錄製這張專輯最後兩首歌。

〈流星〉是我在紐奧良寫的歌。與其說我寫了這首歌，倒不如說我繼承了它。假如能找一、兩名管樂手來錄音應該很不錯，在歌曲中加入一段令人悸動的管樂。然而這會兒我們得將就著用現有的人員來錄製：史托茲彈吉他，葛林打鼓，霍爾彈貝斯，雷諾伊斯負責全效和弦器——這是一種聲音像自動豎琴的合成樂器，我彈吉他和吹口琴。這首歌以完整的面貌來到我跟前，宛如我走在陽光普照的花園小徑上碰巧發現了閃閃發光的它。我在我家後院看過流星，但也可能是隕石。

我們錄這首歌的大客廳沒有冷氣，大家不得不在中間休息時段走到室外。我喜歡這樣；首先，我不喜歡冷氣，在用冷氣把所有好空氣趕走的房間裡，我很難錄音。外頭院子裡，正下著傾盆大雨。

我原本想在這首曲子裡放進弦樂組合，找人來彈節奏和弦，但這個構想未能實現。錄這首歌時，麥克風被固定在奇怪的位置，樂團的聲音聽起來很飽滿，說來我們也沒有其他的方法了。我希望成品至少能呈現出凝聚感，有附著力，像三、四把樂器做出一整個管弦樂團的效果；但這一點很難用不同軌的錄音方式做到。在最後幾次錄音裡面的一次，雷諾伊斯加重了小鼓的音量，捕捉到這首歌的精神。這首歌酷寒卻又熾熱，充滿渴望——寂寞且疏離，含有好幾百英哩的痛苦。

紐奧良的天氣轉熱，雖然溼度不到百分之百，但感覺上差不多是那樣了。我到葛雷維耶街的「獅穴俱樂部」聽愛爾瑪・湯瑪斯的演唱，她是我喜愛的歌手之一。她從六〇年代以後就沒有出現暢銷單曲，但這裡的點唱機裡還是有她的〈狂熱〉。愛爾瑪經常在「獅穴俱樂部」演唱，我想去看她表演，也許可以順便問她要不要和我合唱〈流星〉，像米基與席薇亞裡的那個女孩。那會很有趣。

在俱樂部門前，一個戴鴨舌帽的傢伙手拿水管正在洗車。幾個人坐在門廊上。街上有一群飲酒作樂的人。戴鴨舌帽的傢伙說：「她今天在這裡沒有表演。」滾石合唱團出道初期錄過愛爾瑪・湯瑪斯的〈光陰站在我這邊〉，有個報社記者曾問愛爾瑪，她是否為此感到開心？愛爾瑪說她不在乎，因為歌不是她寫的。這種事只有音樂人能懂。

走回錄音室時，我心想，假如要重頭來一次，我會帶某個人一起來紐奧良，這人有兩把刷子——這人必須是我喜歡的音樂人，他必須有想法，能把想法表達出來，並且和我走過相同的音樂道路。

最近我常想到吉姆・狄更森。假如他在這裡不知該多好，但他人在田納西州的曼非斯。狄更森出道時間和我差不多，大約一九五七、五八年，我們聽相同的音樂，他也能彈吉他能唱歌。我們來自密西西比河的兩端。在那個年代，大家對搖滾樂抱著討厭和甚至憎惡的態度，對民謠音樂則更沒有好感，而狄更森在這兩者的表現都站上最前端。對他造成影響的人事物，包括了「罈罐樂隊」和早期搖滾咆勃樂，這也和我一樣。他在滾石合唱團的〈野馬〉等等歌中彈奏，但早在那之前就錄製過作品。事實上，他是最後一個在山姆・菲力普的太陽唱片公司發行單曲的藝人，那首單曲是〈凱迪拉克男人〉。狄更森有狂熱的決心。我們有很多共同點，假如能有他一起錄音應該會很棒。他也和我一樣有小孩，而且其中幾個也在玩音樂。然而我沒有帶任何人來，沒有想到要帶，我甚至沒帶任何裝備。我想我是心存懷疑的。我想看雷諾伊斯靠他自己能做出什麼。我希望他能帶給我驚喜，最後他確實辦到了。

我們開始錄〈穿黑色長大衣的男人〉，一種奇特的變化悄悄浮現。我感覺到了，他也感覺到了。和弦繼續進行，主和弦與調子變化為這首歌帶來一種催眠效果——說出了歌詞的走向。駭人的前奏讓人覺得像是在不斷地快跑再快跑。整首歌聽起來很荒涼，彷彿城市裡的間隙全部消失。它來自黑暗深淵——癲狂的腦子所看到的幻象，一種不真實的感覺——以黃金懸賞某人頭顱的沉重代價。沒有任何事物是屹立不搖的，就連墮落本身也墮落了。某種咄咄逼人的可怕東西。這首歌漸漸逼近——它把自己擠進最小的容身之處。我們沒有排練就開始錄音，只用眼神互相打信號。歌詞尚未唱起，你就知道搏鬥已經上場。這是雷諾伊斯國度，不可能出自其他地方。歌詞描寫一個不擁有自己身體的人；他熱愛生命，但他無法存活；看到別人活著，他的靈魂痛楚。若再加入什麼樂器，將會摧毀它的魔力。我們錄了幾次，雷諾伊斯向我這邊看，彷彿在說：就是了。的確是。

我不確定我們是否錄下了符合他期望的任何歷史性歌曲，但我覺得後面這兩首歌可能很接近了。〈穿黑色長大衣的男人〉扎扎實實呈現了真實；在某種奇怪的層面上來說，我把它視為我的〈我勇敢前行〉——這首強尼・凱許的名曲是我心目中的傑作，有史以來最神祕且創新的歌曲之一，它直攻你最易受傷害的弱處，好比說話高手說出的刻薄話語。

我一直認為，太陽唱片公司和山姆・菲力普製作出了史上最關鍵、最具有鼓舞作用，也最有力量的唱片。與菲力普的唱片相較，其他的唱片都太過甜美。太陽唱片的藝人像是為了自己的生命而唱，他們聽起來像是來自地球最神祕之處。他們沒有得到公平合理的看待。他們如此強壯，可以把你拋到牆外；假如你掉頭走開時回頭看了他們一眼，你會變成石頭。強尼・凱許的唱片也不例外，但它和你想像的不一樣。凱許不會發出刺耳的嘶喊，但他身上帶有一萬年的文化；他可能是個穴居人。他聽起來像是站在烈火邊緣，或是在冰雪深淵，或是置身於鬼影幢幢的森林；他是一股出於意識清醒的冷肅力量，用盡全力，且因極度響亮而帶著危險。「我一直仔細看著我這顆心。」這句歌詞，我對自己朗誦了一定有一百萬次了。凱許的聲音如此巨大，相形之下世界就變小了。他的聲音低沈——黝暗而隆隆作響。樂團搭配得宜，節奏如漣漪般震動，拍子喀搭喀答律動。歌詞宛如金科玉律，得到了上帝的支持。我多年前第一次聽到〈我勇敢前行〉，覺得好像聽到有人吶喊著：「你在做什麼，孩子？」我也在努力保持警醒啊。

假如沒有雷諾伊斯，我不曉得應該如何錄製〈穿黑色長大衣的男人〉。他和山姆・菲力普一樣，喜歡把歌手逼到心理極限，他也曾經對我這麼做，但錄這首歌時他沒有使出那個招數。

合作接近尾聲。雷諾伊斯和我坐在院子裡，就像我們第一次見面的光景。風從敞開的門灌進來，又一場風雨在眼前。幾百哩外有個颶風正在接近。陽光不見，樹上只有一隻鳥在歌唱。我們對這次合作感到滿意極了，不需要多說。等這張唱片完成，我希望它能正面迎向生命的真實面。我想感謝他，但有時你用不著開口道謝，可以用行動來展現。我帶著雜亂無章的想法來到這裡，在神明注視之下付出全副心力。我們發生了一些衝突，但沒有演變成互相怨恨或鉤心鬥角。總是要有人妥協，放棄自己的利益，但這張唱片達到了我的目的，也滿足了他想要的。我說不上來這是我們當中哪一個人想要做到的唱片，人與人之間相處時所形成的動態關係實在扮演太重要的角色，而且，人生裡最重要的事不見得是獲得了你想要的東西。

這張唱片將不會讓我回到電台播放的名單中，諷刺的是在那時候我有兩張專輯登上排行榜，《旅途中的威爾貝利》甚至打進前十名，另一張則是《狄倫和死者》。雷諾伊斯和我剛完成的這張專輯將會博得好評，但那無助於讓唱片暢銷。每一個人出唱片時至少都會獲得一篇正面的樂評，但總是會繼續有新的唱片上市，也就會有新的樂評出現。有時你做了唱片卻賣不掉。音樂這行業很奇怪，你在對它破口大罵的同時也深愛著它。

錄完音了。這錄音室很可以在一陣烈火裡燒盡。幾個月來，這錄音室裡的氣氛如此激烈而緊張。雷諾伊斯製作出一張縈繞人心的唱片，而不是一個步履躊躇、軟弱無力的東西。他說要幫我做一張唱片，說到做到。我們這條路走來迂迴曲折，但畢竟抵達了終點。雖然我老是覺得它聽起來太重了一點，而他不這樣認為，但我們的關係還是很和諧。我知道他在合作過程中想進一步了解我，但這是辦不到的事，除非你愛玩猜謎遊戲。我想他最後放棄了。這張專輯中很多首歌都相當出色，我也彈了非常多次。我希望能給出他想要的〈戰爭高手〉、〈大雨〉、〈伊甸園大門〉那類歌，但那些歌是在不同情境裡寫出來的，但同樣情境不會出現第二次。不可能一模一樣。我無法為他或為其他人寫出一樣的歌，必須能主宰你的心、駕馭你的意志才辦得到。我曾做過一次，一次就夠了。最後總會有人再寫出那樣的歌——能看穿事物、參透真相的人——不是用比喻的方式——而是真正看見，就像看穿金屬而使其融化，認清它的本質，而後用嚴厲的字眼和銳利的洞察，揭露它的原貌。

雷諾伊斯問我最近在聽誰的音樂，我說我在聽艾斯T。他嚇了一跳，但他不該驚訝的。幾年前，出身於布魯克林、出過暢銷單曲〈斷裂〉的饒舌歌手，寇提斯•布洛，邀我為他的專輯跨刀；因為他的關係，我熟悉了艾斯T、公敵合唱團、NWA合唱團、「跑DMC」

等人的音樂。這些傢伙絕對不是在胡搞。他們打鼓、撕扯，縱馬跳躍懸崖。他們是詩人，對現況瞭若指掌。遲早會出現一個不一樣的人，他能了解他們那種世界，在那種世界出生，長大……帶著那個世界的全部，還有更多別的。他明顯突出，在那個世界擁有力量。他能在橫貫宇宙的鋼索上以單腳站立；當他出現，你一定會知道——因為他獨一無二。聽眾們將會轉頭跟隨他；我不會因此責怪聽眾們。雷諾伊斯和我所做的是老式音樂；我沒跟他這樣說，但這是我真實的感受。有了艾斯T和公敵合唱團鋪出了路，就一定會出現新的表演者。不是貓王那種。這人物不會搖著屁股盯著少女；他會唱尖銳的歌詞，而且一天工作十八小時。太陽派先生對我說過貓王是亞馬遜女戰士，是民主制度的敵人。在那當下，這話聽起來是瘋言瘋語，但我可不敢確定。

□

有時，你在歌詞中會說些不太可能成真的事；有時，你會說些和你真正想說的話沒有關聯的東西。有時你會說出眾人皆知的真理。然而，在此同時，你心裡想著：世上唯一的真理就是世上沒有任何真理。不管你說了什麼，你都以快板爵士樂在說它，無暇反省。你動手，你趕工，你打包，然後你上車離開；你做的就是這些。

雷諾伊斯要走了，要去另一間現搭的錄音室工作。雷諾伊斯一直在實踐他的理念。他睡的是音樂，吃的是音樂，活在音樂裡。他做出很多天才般的事。他以熟練的轉彎和緊急煞車手法駕駛著這張專輯，而他成功了。他站在鐘樓上，掃視街巷和屋宇；我有限的視野使得我看不清楚環境。市面上有很多濫竽充數的作品，只求及格；但我和他都不想加入那個行列——這個態度是我們最開始合作時唯一的共識。但這張唱片有一種神奇魔力，你可能會以為那是在屋子或客廳裡發生的，但屋子本身沒有任何魔力，而是雷諾伊斯、我、威利・葛林、納維爾和史托茲幾個人一起創造出來的。生命分配給你什麼，你就得那樣過日子；我們必須讓事情合乎我們所分配到的東西。專輯中的聲音，絕不要是一個充滿感傷和烈士情懷的人；我想，這一點，雷諾伊斯很早就必須妥協。一旦他放棄那個做法，唱片才開始順利進行。這一切都不在計畫之中。雖然我沒辦法認真看待他的許多情感抒發，但我們算是可以心靈相通的。經過幾百萬、幾十億個日子之後，這一切會有什麼意義？哪些有意義的事能持續到那麼久遠？我努力以最有效率的方式運用自己的素材，這些歌是為了人類的榮耀而寫，不是為了失敗所寫；但這些歌全部加起來，還是跟我對生命的想法相差甚遠。有時，你最喜歡的、而且對你意義最重大的事物，在你一開始聽到或看到時是毫無意義的；這張專輯裡有些歌就是那樣。我想是因為那些東西都夠簡單，夠真實。

在這張唱片裡，我必須做一些可能與主要狀況無關的臨場決定，但這沒關係。假如那時能改變節奏，會很不錯，方法很多，譬如一小節八拍——六拍——四拍，你可以在四個小節裡彈四拍，強調一、三拍，減弱第二拍。你可以用各種方式去改變速度和節奏。假如能有人注意這種事，會很棒；注意到曲子裡的節奏組合，而不是歌本身。歌會自己照顧自己。即使如此，我還是打從心底欣賞雷諾伊斯所做的，他的很多努力是獨特且恆久的。雷諾伊斯和我十年後會再相聚，我們會再一次循序漸進地合作。我們會做一張唱片，然後重頭來一次——從前面留下的地方再開始。

結冰的河

5

[RIVER OF ICE]

月亮從克萊斯勒大樓後方升起。向晚，街燈逐一亮起，車陣發出低沉的隆隆聲，在高樓底下的狹窄街道緩慢前進——小雪珠輕敲著辦公室的窗玻璃。路・雷維輪番按著大型盤帶機上的播放鍵和停止鍵——鑽戒在他小指上閃耀——雪茄菸霧懸浮在淡青色空氣中。那兒宛如審問室，上方掛著像水果碗的裝置，地上放置幾盞立燈，有幾座是銅製的。我腳下踩著有圖案的木質地板。這房間的色調是沉悶的土褐色，四處散放著《錢櫃》和《告示牌》等音樂雜誌和電台調查圖表——角落有個老舊的檔案櫃。除了雷維的金屬老辦公桌以外，就是幾張木頭椅子。我坐在其中一張木椅上，傾身向前，隨意撥彈著吉他。

我最近打了電話回家。我一個月裡總會用城裡那些公共電話打幾次電話回家。電話亭就像避難所，走進去，關上手風琴式的折疊拉門，你就把自己關進一個無塵的私人世界，把城市噪音阻擋在外。電話亭是私密的，但老家的電話線不是。在我老家用的是共線電話，大約八或十個家庭使用同一條電話線，只不過電話號碼不一樣。每當你拿起電話筒，很少聽到線路是通的，總是占線的聲音。沒有人會在電話上講重要的事，也不會講個沒完。假如你想聊天，通常會上街、或在空地、在田裡或咖啡館，從不會在電話上談。

我把硬幣投進街角的公共電話，對接線生說我要打一通對方付費的長途電話；電話馬上通了。我想讓大家知道我很好，母親通常會告訴我家裡的最新狀況。父親有獨特的看事情角度，對他來說，人生就是辛勤工作。他的世代有他們的價值觀、英雄和音樂，而且他們不太認為真相能讓人得到解放。他很務實，善於說出隱諱的建議。「記住，羅伯，生命中什麼事都可能發生。即使你並未擁有你想要的一切，也該感謝你沒有那些你不想要的東西。」他很重視我的教育，他原本希望我成為機械工程師，但是我在學校裡必須卯足全力才拿得到像樣的成績。我不是讀書的料。我母親——上帝保佑她——總是迴護我，幾乎在所有事情上都堅定支持我。她比較擔心的是「世上許多招搖撞騙的事」，而且會提這麼一句：「巴比，別忘了你在新澤西有親戚。」我常去新澤西，但不是去拜訪親戚。

雷維專心聽完我的一首創作歌曲之後，關掉大大的盤帶機。「咦，伍迪．蓋瑟瑞？有意思。你怎麼會想寫有關他的歌？他和他夥伴李德貝利以前曾在雷辛頓大道的成衣廠大廳表演，我常去看。你聽過〈你嚇不倒我，我對工會忠心耿耿〉嗎？」我當然聽過。

「他到底發生了什麼事？」

「喔，他現在人在新澤西的醫院。」

雷維三兩句話就輕鬆帶過：「但願不會有大礙。你還有什麼歌？全部秀出來吧。」

我的歌不多，但我當場編寫，把老藍調抒情曲的歌詞改寫新詞，這裡那裡加一句我自創的歌詞——最後再加上一個歌名。我盡力了，我必須打從心底覺得我是努力賺取酬勞。

我很難相信自己真的是一名詞曲創作者了。我不是；我不是傳統的詞曲創作者。我絕不是在布里爾大樓賣命工作的那些人，那個生產歌曲的化學工廠就在幾條街外，但它像是位在宇宙的另一端。在布里爾大樓裡，他們快速做出可以登上電台播放曲目的暢銷歌曲。譬如傑瑞・葛芬和卡洛・金，或是巴瑞・曼和辛西亞・威爾，或是波莫斯和舒曼，李伯和史托勒——這些年輕的詞曲創作者們是西方世界的詞曲創作專家，流行歌曲都出自他們之手，那些得到電台強力播送、具有巧妙旋律和簡單歌詞的歌。其中我最喜歡的人是尼爾・席達卡，他自己作詞作曲並演唱自己的歌。我從來沒與這些人合作過，因為流行歌曲完全與民謠音樂或底層生活無關。

我喜歡非常非常傳統的東西，而那是與偏重青少年口味的樂壇相差最遠的音樂類型。我可以完全照民謠音樂的結構，當場編曲，並錄進雷維的盤帶錄音機。這事兒我信手拈來毫不費力。至於嚴肅的詞曲創作，假如我有那種才華，我會寫自己想唱的歌。這件事，除了伍迪・蓋瑟瑞，我不認為世上還有人辦得到。坐在雷維的辦公室裡，我哼著我本來就會的東西——〈坎伯蘭岬口〉、〈山中的戰火〉、〈蔭影樹林〉、〈難哪，真是難〉。我更改歌詞，東加一點西加一點自己的東西。沒有什麼非做不可的東西，也不算公式化的東西，都是大和弦，偶爾做個典型的小調，像〈十六噸〉這樣的歌。只要稍微改一下，就能根據一首旋律寫出二十首以上的歌。我可以從老的靈歌或藍調裡取幾個段落或句子出來，這樣做沒問題；別人一直是這麼做的。做這事不太需要動腦子。通常我的做法是取用某一個寫好的句子，把它改成另一句——讓它變成與原先樣子不同的東西。我並沒有苦練這種技巧，它也不會太耗神。反正我不會在台上唱它們。

雷維從來沒聽過這樣的音樂，所以他沒什麼反應。他偶爾按下停止鍵，叫我再重複某一句。他會說：「蠻好聽的。」然後要我再唱一遍。這時，我通常會唱不一樣的東西，因為我根本沒注意自己剛才唱了什麼，所以我無法重複他剛剛聽到的。我不知道他要拿這些東西做什麼，這些是與強勢主流極端相反的東西。里茲音樂出版公司發行過〈布基烏基小號手〉、〈真美好〉、〈巴黎天空下〉和〈孤注一擲〉等歌，還有亨利・曼契尼的歌譬如〈彼得・岡〉、〈我不再微笑〉，以及暢銷百老匯音樂劇《歡樂青春》中的所有歌曲。

讓我和里茲音樂搭上線的那首歌，說服了約翰・漢蒙來找我進音樂圈的那首歌，完全不以一般觀眾為訴求對象，而是以歌詞和旋律向偉大的伍迪・蓋瑟瑞致敬——他為我指出我的身分和命運出發點。我寫歌時想著他，並使用了他一首舊作的旋律，完全沒想到這將會成為日後我所寫的近千首歌中的第一首。我幾年前在明尼亞波利第一次聽到蓋瑟瑞的唱片，此後我的人生丕變。我第一次聽他唱歌，覺得像是一顆百萬噸的炸彈引爆了。

一九五九年初春，我離開家，從明尼蘇達州北部——也就是從鐵礦產區、美國鋼鐵之都麥沙比嶺——往南行，在明尼亞波利度過夏天。我在希秉市長大，不過我是在杜魯司出生的。杜魯司位在希秉東方七十五哩的蘇必略湖畔——這個湖被印第安人稱為「大水」。我們住在希秉，而父親有時會用他的老別克汽車載我們到杜魯司度週末。父親在杜魯司出生成長，他的朋友都還在那兒。父親有四兄弟；他一輩子在工作，尚未成年就開始工作。父親十六歲時，看到一輛車撞上電話線桿並起火燃燒，他跳下單車，把開車的人拉出車外，撲倒在駕駛人著了火的身體上——他冒著生命危險拯救他根本不認識的人。後來他到夜校修會計課，我出生時，他在印第安那標準石油公司工作。小兒麻痹症使得他行動不便，也迫使他離開杜魯司、丟了工作，我們因而搬到我母親的家鄉——鐵嶺地區。在杜魯司附近，我有堂兄姊住在吊橋對面的威斯康辛州蘇必略市——一個以色情和賭博業而博得臭名的城市；我有時會住他們家。

我記憶中的杜魯司，多半是藍灰色的天空和神祕的霧警號角聲，以及似乎總是來勢洶洶的暴風雨，無情咆哮的狂風在黑色而神祕的湖面捲起變化莫測的十呎巨浪。人們說，假如在這種時候還得下水，等於被判了死刑。杜魯司的多數地區都位在斜坡上，這裡沒有平地；整個城蓋在陡坡的一邊，你不是在爬上坡就是在走下坡。

有一回，父母帶我去杜魯司的雷夫．艾瑞克森公園，聽杜魯門總統在一場政治集會中演講。雷夫．艾瑞克森是個維京海盜，可能早在清教徒移居到普利茅斯岩之前就來到此地。那時我應該才七、八歲，但至今記憶猶新：我記得身處人群中的興奮，我穿著白色小牛仔靴、頭戴牛仔帽，騎在叔叔肩上。當時的場面真是振奮人心——喝采與歡騰，聽眾專注聆聽杜魯門的每一句話……杜魯門白髮蒼蒼，身材瘦小，講話的鼻音和聲調像個鄉村歌手。他那緩慢而拉長調子的說話方式和嚴肅感，以及人們聚精會神聽他說的每一個字的氣氛，令我心醉神馳。那之後幾年，他會說白宮像一間牢房。杜魯門是個很務實的人，有一次他甚至對一名批評他女兒鋼琴彈奏技巧的記者出言不遜。但他在杜魯司沒有做那種事。

美國中西部的北半部是一塊說變就變、熱中於政治活動的區域——這兒有勞工黨和社會民主黨，也有社會主義者和共產主義者。這裡的群眾很難取悅，而且不太接受共和政治體制。甘迺迪當選總統之前、在他還是參議員的時代，曾在競選活動中來到我們希秉市，不過那時我已經離家差不多半年。母親說，那天有一萬八千人到退伍軍人紀念大樓去看甘迺迪，大家攀在欄杆上，有人則站在街道上。她說甘迺迪就像一道光芒，而且對於他來拜票的這個地區有深刻的認識。母親還說甘迺迪發表了一場英雄式的演說，帶給人們無窮希望。全國知名的政治人物或其他名人，難得有人來過鐵嶺區。(二十世紀初，威爾遜總統曾到此短暫停留，在火車車尾發表演講。我母親當時十歲，躬逢其盛。）假如我當時有投票權，我會因為甘迺迪的光臨而投他一票。真希望我見過他。

母親的家族出身於一個叫雷托尼亞的小鎮，位於火車經過的那一頭，離希秉不遠。她小時候，雷托尼亞鎮上有一間雜貨店、一家加油站、幾處馬廄和一所學校。我成長時的環境就稍微不同了，稍微現代化一些，但仍大多是碎石子路、沼澤地和冰雪覆蓋的山丘，鎮外圍繞著樹林形成的陡峭天際線，還有茂密的森林、大大小小的原始湖泊、鐵礦坑、火車與單線道公路。冬季常常是零下十度的低溫加上零下二十度的風寒指數，春天冰雪融化，夏季炎熱而潮濕——刺眼的艷陽和穩定的天氣，氣溫超過華氏一百度。夏天裡到處飛著足以穿透靴子咬人的蚊子——而冬季的暴風雪可以凍死人。秋季風光明媚。

我從小到大總是在等待自己的時機。我一直知道外面有一個更大的世界，雖然我所生活的世界還不錯。當時沒有多少傳播媒體，基本上生活就像眼睛看到的樣子。我長大過程中所做的事，我以為是跟大家一樣的——參加節慶遊行、騎單車比賽、打冰上曲棍球。（不是所有人都要會打美式足球或籃球甚或棒球，但一定要會溜冰和打冰上曲棍球。）我也做其他尋常事物，譬如游泳和釣魚、滑雪橇，還有一種叫「滑保險桿」的遊戲，就是抓住一輛汽車尾端的保險桿，在雪地中滑行。國慶日煙火，樹屋——在樹屋裡可以玩各式各樣的事物。你也可以一跳就跳上載礦火車，用手抓住火車側邊的鐵梯，搭順風車到任何一個湖畔去玩耍和戲水。我們常那樣玩。小時候，我們會射空氣槍或BB彈氣槍——把酷似點二二手槍的子彈——射錫罐或瓶子，或是鎮上垃圾堆裡吃撐了的老鼠。我們也玩橡膠槍戰。橡膠槍的做法是把松木削成L形，在手握的短端側邊則用膠布牢牢黏上一個有彈簧的衣夾。我們那時候從輪胎內胎弄來的橡膠是貨真價實的厚橡膠；我們把橡膠裁成一圈一圈的條狀，綁在弓上，並從設在衣夾頂端的擊錘位置把橡膠圈往後拉撐——一直拉到槍管的使用端。手握著L形槍（可以做成各種尺寸），然後壓擠槍身，橡膠就會又快又猛地射出，最遠可以射中十幾呎外的目標。這種槍會傷人，被橡膠射中會痛得像是火在燒灼，而且會留下痕跡。這些遊戲一個接一個玩，可以玩一整天。通常一開始先把大家分成兩組，然後一邊玩一邊禱告別被射中眼睛。有些小孩擁有三、四把槍。被射中後，你必須到某一棵樹下等候下一局再下場。這一切，在某一年發生了改變：礦坑的牽引機和卡車開始使用合成橡膠。合成橡膠的品質和密致度不如真橡膠，用合成橡膠圈來玩，會突然從槍管末端掉下，或者飛個四呎就掉到地上，一點都不好玩。我現在猜想，假如你用真正的橡膠去玩的話，效果會和使用達姆彈頭一樣。

大約在合成橡膠出現的同時，大銀幕汽車電影院也蔚為風潮。但汽車電影是家庭活動，因為你必須有車。還有其他事物。涼爽夏夜，會舉辦改裝車的賽車，那些是煤渣運送車，大多改裝自四九年或五〇年的福特汽車，車身凹洞累累，後掀式車廂裡有翻車保護桿和滅火器——座椅取出，車門焊死——在半哩長的跑道上奔馳，猛衝猛撞，還打轉，滾出跑道……跑道上盡是可以送進廢車場的車子。有個一次可提供三棚演出的大馬戲團，每年會來鎮上幾次，帶來各式怪人、歌舞女郎和怪胎，內容應有盡有。我在一場全郡嘉年華上看到了後來就失傳的白人喬裝黑人表演。聞名全國的鄉村樂巨星在紀念館演唱。有一年，巴帝・里屈帶了他的大樂團在鎮上高中大禮堂演出。夏天最令人興奮的盛事莫過於「國王和廷臣」快速壘球隊來到鎮上，邀集全郡的高手前來挑戰。假如你喜歡棒球，你一定要看這個球隊。「國王和廷臣」共有四名球員：投手、捕手、一壘手各一，另有一名不斷移動的游擊手。那個投手厲害極了，他有時從二壘投球，有時矇住雙眼，有時把球從雙腿間投出來。鮮少有球員能擊中他的球、打出安打。「國王和廷臣」從來沒輸過。電視機開始流行，但還不是家家戶戶都擁有。圓形映像管。節目通常從下午三點鐘左右開始，頭幾個小時的畫面是幫助觀眾調整收視的幾何圖表，然後是幾個從紐約或好萊塢播送的節目，大約七、八點鐘就結束。好看的節目不多……米爾頓・伯爾、郝迪・杜迪、西斯科小子、露西和她的古巴籍樂隊指揮丈夫、黛西；電視影集《父親最知道》裡的一家人連在家裡也總是盛裝。這兒和大城市不一樣，大城市的電視節目豐富得多。小鎮上沒有《美國音樂台》這類節目。當然，我們有其他事兒可做，但都是小鎮玩意兒——狹隘、土氣，這裡人人認識彼此。

如今我終於到了明尼亞波利，感到自由且相當著迷，絕不想再回家鄉。我瞞著別人，偷偷搭上灰狗巴士來到明尼亞波利——沒有人來接我，也沒有人認識我。我喜歡這樣。母親給了我一個位在大學大道上的兄弟會宿舍的住址，我不太熟的表哥查基當過兄弟會會長。他大我四歲，高中時代是多才多藝功課又好的學生——班長、美式足球隊隊長、畢業生致詞代表，他能當上兄弟會會長是理所當然的。母親說，她請我阿姨打電話給查基，讓我在那兒住一段日子——至少在暑假，大多數會員都不在的時候。我抵達時，有幾個傢伙在宿舍裡，其中一人說我可以住樓上走廊盡頭的房間。房間很簡陋，只有一個上下舖，沒有窗簾的窗戶邊有張桌。我放下行李，眺望窗外。

我想我尋找的是我在《旅途上》讀到的東西——五光十色的大城市，城市的速度和聲音，亞倫・金斯堡筆下那個「氫氣的點唱機世界」。也許我已經在那種世界活了一輩子，我不知道，從來沒有人用那種方式稱呼它。那是「垮掉一代」詩人羅倫斯・費林格帝口中「塑膠馬桶座椅、衛生棉條和計程車組成的防吻世界」。那也行。不過，葛雷格利・柯索的詩作〈炸彈〉，比較中肯也更貼近這個時代的精神——一個荒蕪的世界，徹底機械化——紛紛擾擾——許多棚架等著清理，箱子等著堆疊。我不會把自己的希望寄託於此。就創造活動來看，沒什麼搞頭。總之，我已降落在另一個平行的宇宙，帶著比較舊派的原則和價值觀；在眼下這個宇宙裡，行動和道德是老式作風，引起各種評斷。這個文化裡，有從事違法活動的女人、超級惡棍、惡魔戀人和福音真理……街道和山谷，富含泥煤的沼澤，地主和石油工人，史戴格・李、漂亮波莉、約翰・亨利——這個隱形世界盤距在頭頂上方，一排一排廊道的牆面發出微光。都在那裡，非常清晰——理想化並且敬畏上帝——但你必須自己找到它；它不會盛在紙盤上端到你面前。民謠音樂存在於一個更優異的次元，它超越人類的理解極限，假如它呼喚著你，你會消失並被它吸進去。我在這神話般的國度裡覺得很自在，這個國度不是由個人組成，而是由原型組成，那些鮮明展示了人性的原型，抽象的形狀，每個堅毅靈魂都充滿了天生的認知和內在智慧。每個靈魂都要求得到某種程度的尊敬。我可以相信它的全部，並且歌頌它。它是如此真實，比生命本身更忠於生命。它是放大的生命。我只要有民謠音樂就能活下去；問題是，它逐漸式微。民謠音樂已然過時，它與現實和趨勢之間缺少適當連結。它有龐大的內容，但不容易被人理解。我一旦從邊緣鑽進了這世界，我的六弦吉他就成為一把水晶魔杖，而我便擁有了不曾有過的魔力。除了民謠，我不曾在乎其他東西；我只對民謠感興趣。我的生活繞著它打轉。志不同道不合的人，與我沒有交集。

從兄弟會宿舍二樓窗戶向外望，從蒼綠的榆樹蔭中看到車流緩慢在大學大道上前進，雲朵低懸……小鳥在鳴唱。彷彿一片帷幔緩緩揭起。那是六月初一個美麗的春日，宿舍裡除了我表哥查基之外，只有幾個人在。他們待在飯廳，也就是佔了整個地下室的廚房。他們剛從大學畢業，打著零工——等待邁入人生另一階段。大多數時候，他們穿著破T恤和剪短的牛仔褲一塊兒打牌喝啤酒。一群色鬼。他們完全不管我，我可以隨意來去，這裡沒有人會煩我。

我做的第一件事是賣掉我用不上的電吉他，換回一把馬汀型的木吉他。店員說不用補差額。我把新吉他裝在盒子裡提走。接下來大約兩年，我都是彈這把吉他。大學周圍的區域被稱為「小城」，有點像小型格林威治村的意思，很不同於明尼亞波利市的其他街區。這裡大都是維多利亞風格的學生公寓，因為學校放暑假，所以大都空著。我在小城中心找到一家唱片行；我想來尋找民謠唱片，而我看到的第一張是歐黛塔在傳統唱片廠牌「傳統」所發行的專輯。我拿進試聽間聽；歐黛塔真棒，我以前沒聽過她的音樂。她的歌聲深沉，吉他刷弦強而有力，用鍾擊式的風格彈奏。我當場就差不多學會了那張唱片的每一首歌，甚至模仿了鍾擊式的演奏。

懷著新學到的曲目，我在街上繼續走。我走進「十點鐘學者」，這是一家「垮掉一代」風格的咖啡屋。我在尋找目標與我相同的樂手。我在明尼亞波利遇到了第一個與我相像的人，他就坐在這家店裡。他名叫約翰．寇納，也帶了一把木吉他。寇納又高又瘦，臉上總帶著愉快表情。我們一拍即合。我們都知道〈瓦巴許砲彈〉和〈等火車〉等歌。寇納剛從海軍陸戰隊退伍，學過航空工程。他來自紐約州的洛契斯特，已婚，比我早幾年對民謠音樂產生興趣。他向一個叫哈利．韋伯的傢伙學了許多歌——大都是街頭歌謠，但他也唱很多藍調曲風、傳統酒吧風格的東西。我們坐著，我唱著我剛學來的歐黛塔的歌和李德貝利的幾首歌——我先前就聽過李德貝利的唱片。寇納唱〈凱西．瓊斯〉、〈金色浮華〉——他彈很多散拍風格的曲子，如〈達拉斯散拍〉。他說話的聲音很柔和，但唱歌時會變成大吼大叫。寇納是個很棒的歌手，我們開始一起彈唱。

在與寇納唱合聲的過程裡，我向他學到很多歌。此外，他家有很多我從未聽過的民謠歌手的唱片。我常去聽那些唱片，最常聽「新墮落城市浪人」的專輯。我立刻愛上他們，關注他們的一切——他們的風格、演唱方式和聲音。我喜歡他們的模樣和他們的打扮，尤其喜歡他們這個團體的名字。他們涵蓋各種曲風，從山地歌謠到小提琴曲和鐵道藍調。他們所有的歌曲都帶有某種令人暈眩的警世意味，我會連著幾天都聽他們的歌。那時我不知道他們完全只是翻唱一些七十八轉唱片的老歌，但知道了也不會如何。我覺得他們很有原創性，充滿神祕感。他們的唱片我聽再多遍都不覺得膩。寇納還有其他重要唱片，大都出自於民風唱片公司——其中我百聽不厭的一張是《水手歌和漁村歌謠》，演唱者包括大衛·凡·朗克、羅傑·亞布蘭斯等人，我簡直為之神魂顛倒。這張唱片收錄了大合唱式、強勁有力道的合聲曲，例如〈拖走，喬〉、〈絞刑台上的強尼〉、〈拉德克利夫公路〉，寇納和我有時候會用重唱方式來唱這些歌。他還有伊萊翠唱片公司的民謠歌曲選集，集合了多名歌手。我在這張唱片上頭一次聽到大衛·凡·朗克和佩姬·席格，甚至收了亞倫·羅麥克斯本人所唱的牛仔歌〈唐妮姑娘〉，這首歌也被我加入我的表演曲目。寇納還有幾張亞胡里唱片公司發行的藍調合輯，我從中認識了盲眼雷蒙·傑佛森、盲眼布雷克、查理·派頓和湯米·強森等人。

我也常聽約翰·雅各·奈爾斯的唱片。奈爾斯並不是傳統歌手，但他唱傳統歌曲。這個來自卡羅來納州的惡魔人物，錘擊著某種像豎琴的樂器，以令人冷到骨子裡的高音唱出歌聲。奈爾斯很詭異，無法以邏輯理解，極端濃烈，會讓人起雞皮疙瘩。他絕對是個癲狂人物，幾乎像個巫師。奈爾斯來自另一個世界，他憤怒的聲音裡滿是奇怪的咒文。我聽了許多次〈從絞刑台釋放的少女〉和〈離開我的窗〉。

寇納說，我應該去見一個叫哈利．韋伯的傢伙，於是我透過寇納認識了他。韋伯是英國文學教授，穿花蘇格蘭呢的衣服，是個守舊的讀書人。他真的知道很多歌，多數是流浪歌謠——一本正經的歌謠，那些意味深重的東西。我學了一首叫〈老灰鬍子〉的歌，歌詞是說母親要女兒去親吻經由媒妁之言所安排的未婚夫，而女兒卻要母親自己去親吻那個男人……老灰鬍子已被刮乾淨。這首歌以第一、第二和第三人稱來唱。我是一聽到這些歌謠就喜歡，它們非常浪漫，遠遠超越我聽過的任何流行情歌。你只需要把自己的字彙加以組合，不必學新字。就歌詞來說，這些歌謠是在某種超自然的層次上產生意義，你不必另外加以解析。我還常唱另一首叫〈當男人陷入愛河〉的歌，歌詞描述一個戀愛中的男孩不畏寒冷——他在雪地裡跋涉為要見到女友，帶她去某個寧靜之處。我開始覺得自己很像這些歌曲中的人物，甚至融入他們的思考方式。另一首學自韋伯的歌〈羅傑紳士〉，講的是金錢和美貌如何激發想像，並迷惑雙眼。

我可以用背誦方式唱出這些歌，不加上我自己的意見，彷彿所有智慧和詩意的歌詞都出自我，而且專屬於我。這些歌曲的旋律優美，主角都是日常生活裡的人物，譬如理髮師和僕人，情婦和士兵，水手，農場工人和工廠女工——他們的際遇——當他們在歌曲中開了口，他們就進入你的人生。這些歌的意義遠遠不止於此……我還喜歡歌曲最深層的鄉村藍調氣味；那是非常接近我內心的音樂。我喜歡這種和早期搖滾樂有關的藍調，因為它比馬帝‧瓦特斯和豪林‧沃夫還要古老。鄉村藍調的主要幹道——六十一號公路，起點就在我家鄉……精確地說，是杜魯司。我總覺得自己從這條路出發，一直在這條路上，可以走這條路到任何地方，甚至往南深入密西西比三角洲地區。同樣這條路，有同樣的矛盾，同樣的蕞爾小鎮，同樣的靈魂先祖。藍調的血流在密西西比河沿岸，而這條河也從我家附近流出。我從未離它太遠，它是我在世間的立命之地，我一直覺得它就在我的血液裡。

研究民俗學的歌手也會來到雙子市，從他們身上也能學到歌曲——資深表演者如喬‧希克森、羅傑‧亞布蘭斯、艾倫‧史戴克、羅夫‧康等人。正統民謠唱片很罕見，有如鳳毛麟角，你必須去結識擁有這些唱片的人。譬如寇納那幾個人，但這類人是稀有動物。唱片行就算進貨，數目也不多，因為詢問的人很少。有些歌手，譬如寇納和我，會為了聽我們以為沒聽過的唱片而上山下海。有一回，我們去某人在聖保羅的家，聽說他有盲眼安迪‧簡金斯的〈佛洛伊‧柯林斯之死〉七十八轉唱片；那人不在家，我們無緣聽到唱片。但我在另一個人的父親家中聽到了湯姆‧達比和吉米‧塔爾頓，這位父親擁有他們專輯的一個舊版唱片。我一直以為這兩人的「哇吧嚕啦」的哼唱是最高境界，直到我聽到他們演唱〈騎摩托車去佛羅里達〉才改觀。達比和塔爾頓也是不世出的厲害角色。

寇納和我常以二重唱方式一起彈唱，但我們各過各的生活。我早上、中午和晚上都在彈吉他。我整天不做別的事就光是彈吉他，往往抱著吉他入睡。我整個夏天這樣度過。秋天來了，我老是坐在葛瑞雜貨店的午餐吧台；葛瑞雜貨店位於「小城」的中心，我搬到了這家雜貨店樓上的房間去住。學校開學後，大學生活復甦。我表哥查基和死黨們都搬出了兄弟會宿舍；沒多久就出現了兄弟會的會員或即將入會的成員。他們問我是誰，在這裡做什麼。沒有啊，我在這裡不做什麼……我在這裡睡覺。我當然知道接下來會發生什麼事，於是趕緊收拾行李離開。葛瑞雜貨店樓上的房間月租三十元，那地方還過得去，而且我付得出這筆錢。

到這時候，我在附近兩家咖啡館或是聖保羅的「紫洋蔥」披薩店的演出，每一場可以賺三到五塊錢不等。葛瑞樓上的臨時住處其實是個儲藏室，裡面只有盥洗台和一扇俯瞰巷子的窗戶，沒有衣櫥之類的其他傢具。廁所在走廊盡頭。我放了張床墊在地上，買了個二手衣櫃，在櫃子上面擺個烤盤——天氣冷時就把窗戶外面的窗台當作冰箱。有一天，我坐在葛瑞店裡的吧台邊——冬天提早來臨——風在中央大道橋上呼嘯，白雪開始覆蓋大地。我在「巴士底」咖啡屋結識的弗蘿・凱斯納走進店裡，坐到我旁邊。凱斯納是戲劇學院的女演員，對演戲胸懷大志。她長相怪異，但有種古怪的美。她有一頭紅色長髮和一身白皙的皮膚，從頭到腳黑色裝束。她的態度矜貴但頗為友善，相信神祕主義和先驗論——她相信樹木之類的奧祕力量，也認真看待輪迴之說。我和她常常出現奇特的對話。

「某一世，我可能是你。」她會這麼說。

「對，但我那輩子就不會是我了。」

「沒錯，我們繼續努力。」

這一天，我們只是聊天，她問我有沒有聽過伍迪・蓋瑟瑞的音樂。我說當然聽過，我聽過由史廷森唱片出版的、伍迪・蓋瑟瑞和桑尼・泰瑞與西斯可・休斯頓的合唱曲。她接著問我，有沒有聽過他的個人專輯；我不記得。凱斯納說，她哥哥有幾張蓋瑟瑞的唱片，她會帶我去他家聽——她說我絕對要好好認識伍迪・蓋瑟瑞這號人物。這句話聽起來很重要，於是引起我的興趣。雜貨店離她哥哥家不遠，差不多半哩路吧。她哥哥林恩是明尼亞波利社會服務處的律師——頭髮疏薄，戴著領結，臉上架一副和作家詹姆斯・喬伊斯一樣的小圓框眼鏡。他在夏天裡看過我，我也看過他幾次。我聽過他唱幾首民謠歌，但他話不多，我也沒跟他交談過。他從未邀請我去他家聽誰的唱片。

凱斯納領我前去他哥哥林恩家時，林恩在家。他說我們可以參觀他的唱片收藏，他說有幾張我應該聽一聽，便抽出幾張七十八轉老專輯。其中一張是《卡內基音樂廳音樂會選集：從靈歌到搖擺音樂》，裡面收錄了貝西伯爵、梅德・拉克斯・路易斯、喬・透納和彼特・強森、羅莎塔・沙爾普修女等人的歌。另外一部分收藏就是凱斯納提過的——大約十二張的伍迪・蓋瑟瑞雙面七十八轉唱片。我把其中一張放上唱盤；唱針一落下，我當下目瞪口呆——分不清自己是醉還是清醒。我聽到蓋瑟瑞獨自唱著自己的作品，包括〈勒德羅大屠殺〉、〈一九一三大屠殺〉、〈耶穌基督〉、〈美少年弗洛德〉、〈辛勤奔波〉、〈手提鑽約翰〉、〈大深谷水壩〉、〈豐饒的牧草地〉、〈乾旱塵暴藍調〉、〈這是你的土地〉等歌曲。

一首接一首聽，我頭昏腦脹，而且喘不過氣。我感覺腳底下的土地好似崩裂了。我以前聽過蓋瑟瑞的音樂，但都不是他的個人專輯——大多是他和別的歌手合唱。我不算真正聽過他；不是以這種天崩地裂的方式聽到他。我不敢相信蓋瑟瑞竟如此洞察世事。他那麼詩意、剛強又富有節奏感。他的音樂威力強勁，他的嗓音像一把刀。他與我所聽過的歌手都不一樣，他的歌也和別人的都不一樣。他固執且獨特的風格——一切都從他口中傾洩而出——簡直令我五體投地。我猶如被唱機抬起，拋到房間的另一端。我仔細聆聽他唱腔，他有一種已臻完美的歌唱方式，似乎從來沒有人想過要這樣唱。他會隨興強調某一字最後一個字母的音，而那個音就會猛力劈下來。歌曲本身——他的曲目——實在是無法歸類，它們包含了全部的人性。這些歌裡沒有一首是平庸之作，伍迪・蓋瑟瑞把他遇到的東西都撕成碎片。那對我來說是頓悟，宛如某個沉重的錨被拋進港灣的水裡。

那天我整個下午在聽蓋瑟瑞，入神而恍惚，彷彿進入狂喜。我覺得我發現了掌握自我的本質所在；我覺得自己進入了內心深處，從來不曾那麼貼近自己。我腦中一個聲音說：「原來是這樣。」這些歌我全都能唱，每一首都可以；它們都是我想唱的歌。過去我好像一直在黑暗中，而今有人來為我打開了燈光的電源。

我對此人產生莫大的好奇。我必須弄清楚伍迪・蓋瑟瑞的來歷。我並沒有花多少時間就做到了；大衛・惠德克把蓋瑟瑞的自傳《迎向榮光》借了我；魏德克是「垮掉一代」裡的活躍詩人，有小說人物斯文加利一般的魅力。我像颶風似的橫掃全書，從第一頁開始，全神貫注仔細閱讀每一個字，直到最後一頁。這本書像收音機一樣對我歌唱。蓋瑟瑞的書寫像一股旋風，光是文字的聲音就能讓你興奮莫名。隨便打開這本書的任一頁，你都躲不開那些字句的席捲。他是誰？他來自奧克拉荷馬，是個繪製緊急出口標示牌的畫匠，是一名在大蕭條時期和三〇年代「沙碗」時期長大但反抗物質主義的人——他移居西部，童年過得很艱苦，人生裡有很多火——既是字面上的火，也是抽象意義的火。他是個愛唱歌的牛仔，但不只如此。蓋瑟瑞擁有一顆詩意至極的靈魂——他是來自於堅硬大地和泥濘爛土的詩人。他把世界分成兩半，一邊是工作的人，一邊是不工作的人。他關心人類解放的議題，想打造一個值得生存的世界。《迎向榮光》是一本了不起的書。它很巨大，龐大得差一點讓人難以承受。

但他的歌是另一回事。就算沒讀過他的自傳，也能藉由他的歌認識他。對我來說，他的歌使得其餘一切嘎然而止。我當場下定決心，日後只唱蓋瑟瑞的歌。就當作我別無選擇。我喜歡自己原本的演唱曲目——〈玉米麵包、肉和糖漿〉、〈貝蒂和杜普蕾〉、〈摘棉花〉之類的——但我要把它們擱下來，不知道將來會不會再把它們拿出來。透過蓋瑟瑞的作品，我的世界觀旋即成形，我要成為蓋瑟瑞的嫡傳弟子。這似乎是一件值得做的事，我甚至像是和他有親戚關係。雖然距離遙遠，而且我從未見過他，我卻能在想像中清楚看見他的臉。他孿像我父親年輕時候的模樣。我對蓋瑟瑞所知有限，甚至不確定他是否還活著，這本書使得他像個年代久遠的人物。但惠德克告訴我蓋瑟瑞的近況，他說蓋瑟瑞臥病在東岸某處。我陷入沉思。

接下來幾個星期，我又去了林恩的家裡幾次，去聽那些唱片。好像只有他擁有那麼多張蓋瑟瑞的唱片。我開始唱他的歌，一首接著一首唱，覺得自己與這些歌緊密相連。它們像宇宙一樣浩大。伍迪・蓋瑟瑞當然從未見過我，也沒聽過我名字，但他彷彿在說：「我即將離去，但我把這個工作交給你。我知道我可以信賴你。」

□

我跨越了分水嶺，全心全意只唱蓋瑟瑞的歌——不管是在家庭聚會上、咖啡館裡、街頭、有寇納在的時候或者他不在的時候——我連洗澡時都哼著蓋瑟瑞的歌。他有很多歌，在主要作品之外還有少見的歌曲。他較早期的唱片並未重新發行，只有原版，但我想盡辦法蒐集，還去明尼亞波利市立圖書館的「民俗區」尋找。(不知為何，公共圖書館是收藏最多民風唱片的地方。）我老是在調查外地歌手的演唱曲目，想看一看他們是不是還知道哪些蓋瑟瑞的歌而我卻不知道。我開始發現，蓋瑟瑞的歌曲涵蓋了驚人的範圍——薩柯和凡澤帝、沙碗和兒歌、大深谷水壩歌、與性病有關的歌、工會和工人的歌謠，甚至他那些粗礪苦楚的傷心情歌。他的每一首歌都像一棟高聳的建築，但各自有不同的場景；蓋瑟瑞的歌詞裡每一個字都具有作用；他是在用文字作畫。加上他極具風格的演唱方式，他對樂句的編排方式，以及他牛仔一般粗獷、面無表情卻認真且富含旋律性的演唱方式，在在像電鑽一般鑽進我腦袋。我竭盡全力模仿他。許多人或許認為蓋瑟瑞的歌過時了，但我不認為。我認為它們完全是此刻的東西、是當今的音樂，甚至預告了未來的音樂發展。我覺得自己不再是六個月前初出茅廬的年輕民謠生手，彷彿從自願入伍的民兵立即晉升為受人尊敬的騎兵——有了軍階與標誌。

蓋瑟瑞的歌對我就是有這麼大的作用，它們影響了我的一切，從我的飲食和穿著，到我想結識哪些人和我不想認識哪些人。在五〇年代末和六〇年代初，青少年的反叛聲音逐漸響起，但我沒有受到吸引，並不真心感同身受。沒有理由的反叛，是不夠務實的舉動——我認為，就算是一個注定失敗的理由也比毫無理由好。對於「垮掉一代」來說，他們把中產階級的拘謹守舊、社會的矯柔做作和穿灰色法蘭絨西裝的人，看成魔鬼。

在這種氣氛下，民謠歌曲自然起而反對，蓋瑟瑞的歌更是與之擷抗。相較之下，其餘一切都顯得狹隘單調。民謠與藍調給了我屬於自己的文化觀點，如今蓋瑟瑞的歌進入了我心中，把我帶入另一個文化的宇宙中。世上其他文化也不錯，但對我來說，我的這個文化，這個我所進入的文化，可以做到那些文化所能做的一切，而蓋瑟瑞的歌甚至能做到更多。

太陽已經轉頭朝我照射。我覺得自己跨過了門檻，舉目望去，已無障礙。我唱著蓋瑟瑞的歌，便可以與其餘一切保持安全距離。然而這個幻象無法久留。就在我以為穿著最挺拔的制服和最閃亮的靴子之時，我突然覺得一陣晃動，在跑道中途被攔下。我覺得有人把我挖走了一大塊。一位抱持純粹主義並且熱力十足的民謠音樂界人士，兼事文學教學工作並對電影多所涉獵的強・潘凱克，花了一段時間觀察我在樂壇的表現；他自認有責任告訴我，我的所作所為沒逃過他的眼睛。「你以為自己在做什麼？你只唱蓋瑟瑞的歌。」他這樣說著時，用手指戳著我的胸膛，好像在對一個可憐的傻瓜說話。潘凱克是權威型人物，對人事的要求很嚴格。大家都知道潘凱克擁有數量驚人的正統民謠唱片，談起這些唱片是如數家珍。他就算不是民謠界的最高指揮官，也可說是民謠界的警察，沒有一個新人能讓他眼睛發亮。在他眼中，沒有人的能力是優秀的——沒有人對於任何傳統民謠音樂的詮釋是成功的，是足可稱道的。他的意見當然是對的，但他不是樂手，也不是歌手，他不必被別人評判。

他有時也發表影評。當其他知識分子在討論艾略特的詩和康明斯的詩有何不同，潘凱克則論述為何約翰・韋恩在《赤膽屠龍》裡飾演的牛仔比他在《失落的傳奇》中的角色出色。他闡述霍華・霍克斯和約翰・福特等導演為何在其他導演不敢用韋恩的時候採用了他。潘凱克說得也許對，也許不對，沒什麼大不了。說到約翰・韋恩，我其實在六〇年代中期遇過這位人稱「公爵」的當紅電影明星，那時他正在夏威夷拍攝有關珍珠港的戰爭電影《火海情濤》，有個我以前在明尼亞波利認識的女孩，邦妮・彼查，在那部片裡演一個配角。我和我的樂團「鷹合唱團」在前往澳洲的途中，在夏威夷暫停，這女孩邀請我去拍片現場——一艘海軍戰艦上參觀。她要把我引介給韋恩認識，韋恩一身戎裝，身旁簇擁著一群人。我在旁看他拍戲，然後邦妮帶我過去見他。韋恩說：「聽說你是民謠歌手。」我點頭。他說：

「唱首歌來聽聽。」我拿出吉他，唱起〈剝水牛皮的人〉，他微笑，轉頭看著坐在帆布椅上的伯傑斯‧梅洛迪，然後又回頭看我說：「我喜歡。讓牛販子的骨頭曬到白，是吧？」「對。」他問我會不會唱〈馬鞍上的血〉，我會一點，但〈日正當中〉那首我比較熟。我心忖著要不要唱，假如我旁邊站的是賈利‧古柏，我可能會唱。但韋恩不是賈利‧古柏，我不知道他喜不喜歡〈日正當中〉。韋恩的身材相當魁梧，看來像一大塊枕木，彷彿沒人能跟他並肩而立，至少電影裡沒有。我想著要不要問他為什麼他演某些片裡的牛仔演得比較好，有些卻不怎麼樣，但這樣問很失禮——也許不會失禮……我不知道。總之，我在明尼亞波利與潘凱克面對面時，絕對想不到我有一天會站在太平洋中的一艘戰艦上，唱歌給偉大的牛仔約翰‧韋恩聽……

「你很努力在嘗試，但你永遠不會成為伍迪‧蓋瑟瑞。」潘凱克像是站在高處俯視我，彷彿什麼東西擾亂了他的直覺。站在潘凱克身邊並不好玩，他讓我覺得緊張。他的鼻孔噴出火來：「你最好想點別的事做，你這樣不會有出路的。傑克‧艾利特以前就做過同樣的事，聽說過他嗎？」我沒聽過這個名字。「從來沒聽說過他。他唱什麼樣的歌？」潘凱克說他會播放傑克‧艾利特的唱片給我聽，他說我聽了會大為震驚。

潘凱克所住的公寓房間，在麥卡許書店樓上。麥卡許書店專賣各式各樣的舊書、古籍和十九世紀以降的哲學政治小冊子。這家書店是住附近的知識分子和「垮掉一代」經常聚集之處，位於一棟老維多利亞式房子的一樓，離我家只有幾條街。我跟著潘凱克到他家，發現他確實擁有非常多珍稀唱片，從沒看過、也不知該上哪兒找的唱片。對於他這樣一個不是歌手和樂手的人來說，擁有那麼多這類唱片真是令人稱奇。他播放給我聽的第一張唱片，是倫敦「主題」唱片公司發行的《傑克起舞》——這是張極為罕見的進口唱片。這張唱片在全美國可能只有十張，說不定潘凱克這張是全美唯一的一張；誰知道。假如潘凱克沒有播給我聽，我這輩子應該都不會聽到。唱片開始轉動，傑克・艾利特的歌聲在房間裡轟隆作響；〈舊金山灣藍調〉、〈老萊利〉和〈臭蟲藍調〉轉眼就唱完。該死，我心想，這傢伙真的厲害。他的歌聲很像伍迪・蓋瑟瑞，不過比他薄弱一點，而且曲目不一樣。我覺得自己突然被拋進地獄。

傑克・艾利特是音樂技巧大師。唱片封面很神祕，但沒有陰沈不祥的味道。封面上的人物有某種隨性的氣息，模樣瀟灑，是個英俊的騎馬流浪漢，作牛仔打扮。他的音色犀利、強勁，可以穿透人心。他的聲調會拉得很長。他如此自信，自信得讓我想吐。除此之外，他彈吉他的撥弦方式，流利又順暢。他的歌聲瀰漫整屋，極為慵懶，但他在想要的時候又能爆開聲音。你聽得出來，他非常熟悉伍迪・蓋瑟瑞的風格。另外還有一點——他是個娛樂高手，這一點是多數民謠歌手不會費心去做的。民謠歌手通常都被動等著觀眾上前，但艾利特主動出擊。比我大十歲的艾利特，曾和蓋瑟瑞一起四處演唱，他親炙蓋瑟瑞的歌曲和風格，並把它們學個徹底。

艾利特遠遠領先我；潘凱克說得沒錯。潘凱克還有幾張艾利特的其他唱片——其中一張唱片裡，艾利特和戴洛・亞當斯合唱。亞當斯是艾利特的歌手好友，來自波特蘭，彈得一手和蘭斯佛一樣高明的班鳩琴，唱歌時的風格不加修飾而且不多廢話，與艾利特十分相稱。他倆的合唱，好像萬馬奔騰。他們的曲目包括〈不只一個漂亮女孩〉、〈憂愁男人藍調〉和〈約翰・亨利之死〉。但艾利特獨唱時是另一種風格。在他的《約翰跳舞》專輯封面上，看見他的眼睛；他的雙眼訴說著某種訊息，但我不知道是什麼。潘凱克讓我聽了幾遍那張唱片，它很振奮人心，也令人洩氣。先前潘凱克就說過，艾利特是民謠歌手之王，至少是城市民謠歌手之王。聽了他的音樂，對此你不會有絲毫懷疑。我不知道潘凱克是企圖打開我眼界還是打擊我信心，但我無所謂。艾利特確實超越了蓋瑟瑞，而我還在努力達到蓋瑟瑞的水準。唱片中那種令人懾服的自信，我還差得遠。

我垂頭喪氣離開了潘凱克家，走回寒冷街上，漫無目的閒晃。我覺得無處可去，覺得自己像個地下墓穴裡的行尸走肉。很難不被剛剛聽到的那傢伙影響。但我必須把它驅出腦海，忘記這件事，告訴自己我沒聽過他，他並不存在。反正他人遠在歐洲，過著自我放逐的日子。美國人還沒辦法接納他。很好，我希望他別回來，而我要繼續尋找蓋瑟瑞的歌。

幾個星期後，潘凱克又聽了我的表演，立刻說我騙不了他；他說我以前模仿蓋瑟瑞，現在則是模仿艾利特，我真的以為能與他匹敵嗎？潘凱克說，我也許該回去唱搖滾。我不知道他怎麼會曉得我以前是唱搖滾的——也許他是個密探，但，我無意欺騙任何人。我只是以自己此時此地所擁有的全部力量去努力。然而，潘凱克說得對。你不能只上了幾堂舞蹈課就自以為是舞王佛雷・亞斯坦。

像潘凱克這類的人，把傳統民謠捧到了天上；他們瞧不起任何帶有商業色彩的音樂，而且對此直言不諱：在潘凱克那些人眼中，像「四兄弟」、「查德・米契爾三重唱」、「旅人」和「響馬」這樣的樂團，是在剝削一種神聖事物。是沒錯，那些音樂不會帶給我高潮，但它們不具威脅性，所以我根本不在乎。大多數民謠界人士都鄙視商業民謠音樂，譬如〈跳華爾滋的瑪蒂達〉、〈咖啡色小水壺〉和〈香蕉船之歌〉之類的入門民謠歌曲。這些歌，我幾年前都還很喜歡，所以我不認為有必要貶低它們。事情很公平，在商業民謠世界裡也有自命不凡者，他們看不起傳統民謠歌手，認為他們過時，被裹在蜘蛛網裡。來自芝加哥的偶像型商業民謠歌手鮑伯・吉伯森，擁有廣大歌迷，也出過幾張唱片。他去看別人表演時，都會坐在第一排。聽個一、兩首歌，假如表演者不夠商業，表現生澀，或者不夠圓滑流暢，他可能就會用誇張的動作站起身，大肆抱怨，然後當著表演者的面離席。完全沒有中間地帶。每一個人似乎都在某一方面自命不凡。我努力客觀面對這些。

不管別人說什麼都無所謂——好話壞話，我都不會受影響。反正我沒有預設我的聽眾應該要是哪些人。我只需要勇往直前，而我確實在努力。前方道路總是會出現陰暗的障礙，必須想辦法克服，如今又新增了一個。我知道艾利特就在前方某處，我沒忘記潘凱克對他的評語：艾利特是民謠歌手之王。

□

至於「民謠歌手之后」當屬瓊・拜雅了。拜雅和我同一年出生，我們兩人的未來將會相關，但此時的我若敢這樣想像，就太愚蠢可笑了。她在先鋒唱片公司發行了一張專輯《瓊・拜雅》。我看過她上電視。她上了哥倫比亞廣播公司在紐約向全美放送的民謠音樂節目，節目中另有西斯可・休斯頓、喬許・懷特、閃電霍普金斯等人。拜雅獨唱了幾首抒情曲，然後坐在閃電霍普金斯旁邊，與他合唱了幾首。我目不轉睛盯著她，捨不得眨眼。她的模樣真是美得不得了——閃亮而烏黑的長髮，垂過苗條且曲線玲瓏的身軀，長到臀部，長長的睫毛時而垂下時而上翻。她不是那種尋常的鄰家清秀女孩。光是看著她，我就覺得興奮，而她的歌聲更不得了。那副嗓音可以驅逐邪靈。她彷彿來自另一個星球。

她的唱片很暢銷，原因不難理解。當時民謠界的女歌手有佩姬・席格、琴・瑞奇和芭芭拉・丹，但她們引不起聽眾的共鳴。拜雅不一樣，她獨樹一幟。還要再過幾年，才會出現茱蒂・柯林斯或瓊妮・米契爾。我喜歡年紀較長的女歌手——茉莉・傑克森阿姨和琴妮・羅賓森——但她們沒有拜雅那種穿透力。我常聽藍調女歌手的唱片，譬如菲斯・明妮和瑞妮老媽；就某方面來說，拜雅很接近她們，和她們一樣沒有小家碧玉的味道。拜雅身上同時有蘇格蘭和墨西哥的血統，她就像個宗教人物，一個你願意為她獻上自己的人，而她的歌聲直接通往上帝……她也是一名非常出色的樂手。

她在先鋒唱片公司出版的這張唱片一點都不是來唬人的；這張專輯簡直讓人害怕——無懈可擊的曲目，從頭到尾是傳統民謠。拜雅顯得非常成熟、誘人、情感強烈而充滿魔力。她所做的一切都有效果。她和我同齡，這讓我覺得自己一無是處。不管聽起來多麼不合邏輯，但直覺告訴我：她將會是我的最佳拍檔——我的歌聲能在她的歌聲中找到最完美的合音。那時我和她之間的距離遙遠，我們之間是兩個世界。我仍被困在偏僻地區。然而我有種奇怪感覺，覺得我們注定會相遇。我對瓊・拜雅所知有限，完全不知道她是個不折不扣的獨行俠，這一點跟我有點相像，但她也很活躍，住過巴格達、聖荷西等許多城市。她對世界的體驗比我豐富太多。即使如此，想到「她應該比我更像我」，不免覺得自己有點過分。

從她的唱片中，完全聽不出她對於社會改革之類的事物感興趣。我認為她很幸運，那麼早就接觸正確的民謠音樂種類，並完全投入——學會以專業方式彈奏並演唱，超越評論，超越類型。她無與倫比，並且遙不可及——她像是住在義大利宮殿裡的埃及豔后。當她開口唱歌，你的牙齒會掉下來；她也像約翰・雅各・奈爾斯一樣，詭譎難測。我不敢見她本人，她可能會用毒牙咬住我後頸。我沒有要見她本人，但我知道我將來會遇到她。儘管當時我遠遠落在她後面，但我正朝著與她相同的方向前進。她心中有一把火，我覺得我也有相同的火苗。我可以唱她的歌，譬如……〈瑪莉・漢彌爾頓〉、〈銀色短劍〉、〈約翰・萊利〉、〈亨利・馬汀〉。我可以和她唱出一樣的效果，不過我會用不同的詮釋方式。不是人人都能把這些歌唱成具有說服力，歌手必須說服聽者，讓聽者相信他耳朵所聽到的；這一點，拜雅做到了。我相信拜雅的母親會殺掉她女兒所愛上的男人；我相信。我相信她來自那樣的家庭，你必須相信。民謠音樂會讓你成為某種信徒。我也相信「金斯頓三重唱」的大衛・嘉德將會殺掉——或者說不定已經殺掉了——可憐的蘿拉・佛斯特。我也相信他還會殺其他人，我不認為他是說著玩的。

城裡還有其他歌手，但數目不多。有個高中生歌手大衛・雷，他用一把十二弦吉他彈唱李德貝利和波・迪德利的歌，那大概是整個中西部唯一一把十二弦吉他——然後有口琴手東尼・葛洛佛，他有時會和我及寇納一同表演。他偶爾也唱歌，但多數時候都是吹口琴——他把手拱成杯狀，捧著口琴，吹口琴的模樣好像桑尼・泰瑞或小華特。我也吹口琴，不過我是把口琴放在架子上吹……那大概是當時中西部唯一的口琴架。口琴架非常不容易買到，有一陣子我用有斜邊的衣架來替代，但不是很好用。我在漢尼潘大道的樂器行地下室找到了真正的口琴架，它被擺在一九四八年以來都沒有拆封的箱子裡。至於口琴吹奏的風格，我傾向於盡量簡單。

我無法吹得像葛洛佛那樣，我也沒有試著模仿他。我大都吹得像伍迪・蓋瑟瑞，大致上是這樣。葛洛佛的口琴吹奏很有名，常常引起大家討論，但沒有人評論我的吹奏。我唯一獲得的評論是若干年後在紐約市下百老匯的約翰・李・虎克的旅館房間裡，在場的桑尼・威廉森小子聽了我吹口琴後說：「天哪，你吹得太快了。」

最後，終於到了我該離開明尼亞波利的時候了。雙子市就像我故鄉希秉一樣，變得有些擁擠，能做的事只有那麼一些。民謠音樂世界太封閉，這城市也開始變得像泥潭。我想去紐約市。於是我在一個下雪天，剛剛破曉的清晨，在「紫洋蔥」披薩店（那是我和寇納表演的地方）後面的房間一覺醒來，拎著只塞了幾件破爛衣服的行李箱、一把吉他和一支口琴架，站在城市邊緣，搭上便車，往東邊開去，去找伍迪・蓋瑟瑞。他仍然是我的偶像。那天溫度很低。我雖然在很多事情上很懶散，不過那天我的腦袋淸晰無比、規規矩矩，而且我不感到冷。很快的，穿越了威斯康辛州白雪皚皚的草原；拜雅和艾利特的身影依稀在不遠處。我前去的世界——它將會經歷很多變化——其實是傑克・艾利特和瓊・拜雅的世界。不管這句話有幾分真實，我手上都握著利斧，亟欲離開，前往一處機會更多、更有前途的地方——我覺得，我的歌聲和吉他可以勝任。

□

紐約市，仲冬，一九六一年。我的發展還算順利，我打算持續下去。我覺得我正在接近某種東西。我固定在「煤氣燈村」演出，那是熱鬧的麥杜格街上最重要的俱樂部。我剛開始到「煤氣燈」工作時，那兒的老闆是約翰・米契爾，一個叛逆又健談的布魯克林人。我只見過他幾次，他脾氣火爆，生性好鬥。他的女友頗富異國風情；凱魯亞克有一本小說就是以她為主角。當時米契爾已經是傳奇人物。格林威治村的義大利裔人口眾多，但米契爾完全不對本地黑幫讓步。大家都知道他不給賄賂，因此消防員、警察和衛生稽查員經常到他店裡拜訪。但米契爾找了律師來，把抗爭行動鬧到市政府；而他的酒吧不知為何總能熬過難關，不至於關門大吉。米契爾隨身攜帶手槍和刀。他也是個技術精湛的木匠。後來，幾個密西西比人看到南方一本雜誌上的廣告，悄悄買下「煤氣燈」；那時我還在那裡唱歌。米契爾沒跟別人說他要賣掉俱樂部，也沒說俱樂部會換老闆。他就只是把它賣掉，然後離開了美國。

這家哥德式風格的「煤氣燈」俱樂部位於比街面低的地下室，不過由於路面較低，看起來並不像地下室。晚上大約有六到八個主要表演者輪流上場演出，直到黎明。每週的報酬是六十元現金——我拿到的是這數字，有些表演者拿到的可能多一點。能脫離格林威治村那些矮房子，對我來說是跨出大大的一步。

節目主持人是後來成為「彼得，保羅和瑪麗」一員的諾爾・史都奇。史都奇是個印象派、脫口秀主持人、歌手和吉他手，白天在照相器材店工作，晚上則穿上整齊的三件式西裝，打理得一絲不苟，還留一小撮山羊鬍，他身材高瘦，有副鷹勾鼻。有些人可能會說他很冷漠。史都奇看起來像舊雜誌上的人物。他會模仿各種東西的聲音——阻塞的水管、馬桶沖水、汽船、鋸木廠、車水馬龍、小提琴和長號。他會學歌手模仿其他歌手的模樣，他非常有喜感。他最誇張的模仿表演之一，是學狄恩・馬汀模仿小理查的樣子。

後來成為迷幻小丑「波浪肉汁」的休・朗尼，也在那裡表演。在還叫做休・朗尼的時候，他是你放眼所及打扮最整齊的人——他的服裝總是整齊有型，經常穿「布魯克斯兄弟」牌子的淺灰色西裝。朗尼表演的是單口相聲，講出長長一串從個人經驗出發而反抗現存社會體制的長篇大論。他有斜視，你難以分辨他的眼睛是開是閉，看起來像是視力很差。他會走上舞台，瞇著眼看藍色聚光燈，開始說話。他說話的樣子彷彿他剛剛結束一場長途旅行，剛自某一遙遠國度返回——像是從伊斯坦堡或開羅回到這裡，而他要來啓迪你，帶你深入了解某個古老的歷史謎團。並不是他所說的內容讓你有這種感覺，而是他說話的方式。那裡還有其他人也做類似的表演，但朗尼是其中最有名的一個。朗尼受到巴克利爵爺的影響，但無法和他相提並論。

巴克利像個傳教士一樣在傳揚爵士咆勃樂風，是個難以歸類的人物。他不是滿腔怒氣的「垮掉一代」詩人，而是個盛氣凌人的說書人。他用爵士重複句的方式唱出各種人事物，從超市景象到炸彈事件到釘死於十字架。他也用節奏急促的口白方式，評論甘地和凱撒大帝等歷史人物。巴克利還成立了一個叫做「活躍搖擺教會」（在教會演出爵士樂）的組織。他說話的方式很迷人，喜歡把字拉長。每一個人——包括我——或多或少都受到他影響。我來到紐約之前一年，巴克利去世，所以我沒有機會親眼看到他表演，但我聽過他的唱片。

「煤氣燈」裡的表演者還有一個霍爾・瓦特斯。他是口譯員，以精緻優美的風格演唱民謠歌曲。約翰・溫恩彈著羊腸弦吉他，以歌劇式的唱腔演唱民謠。性質與我比較接近的人是路克・佛斯特，這個會彈五弦斑鳩琴的歌手唱的是阿帕拉契山歌；另外還有後來到好萊塢演戲的路克・艾斯裘，他來自喬治亞州，演唱馬帝・瓦特斯、豪林・沃夫和吉米・瑞德等人的歌。他不彈吉他，但帶了一名吉他手。艾斯裘是白人，歌聲類似巴比・藍・布蘭德。

藍・錢德勒也在「煤氣燈」表演。錢德勒來自俄亥俄州，曾經是一名正經的樂手，在家鄉的管弦樂團吹奏雙簧管，能讀、寫和編交響樂曲。他唱的是帶有商業色彩的半民謠歌曲，演唱時活力十足，擁有所謂的大眾魅力。錢德勒表演的模樣，彷彿他是在消滅什麼；他的人格特質比他的曲目更引人注意。錢德勒也寫一些以報紙頭條新聞為內容的歌曲。

保羅・克雷頓偶爾也來表演，他的歌都是從舊版樂曲改寫而來。他知道幾百首歌，他想必擁有過目不忘的記憶力。克雷頓很特別——對往事念念不忘，出手闊綽——他半是北方翩翩紳士，半是南方逸樂公子。他從頭到腳一身黑色裝束，不時引用莎士比亞的句子。克雷頓往返於維吉尼亞州和紐約兩地。他和我結成朋友。他的朋友都是外地人，也都像他一樣「自成一派」——他們對人事自有定見，但只有他們自己明白——這些人並非等閒之輩。他們是徹底的反對社會規範——一群浪子，但他們和凱魯亞克派不同，他們不是窮途末路、貧困潦倒的人，流浪街頭為非作歹。我喜歡克雷頓和他的朋友。透過克雷頓，我四處認識不少朋友，這些朋友對我說，有需要時隨時可以去住他們家，不必客氣。

克雷頓和凡．朗克的交情也很好。大衛．凡．朗克；我熱切盼望能得到他的真傳。他的音樂很棒，而本人更棒。凡．朗克是布魯克林區的人，擁有水手執照，留一把海象般的鬍子，褐色長直髮垂蓋住半邊臉龐。他把每一首民謠歌曲都轉變為超現實的傳奇劇——直到最後一刻都緊張懸疑。凡．朗克總是能觸及事物的真相。彷彿他有取之不盡的酒，我也想來一點……這東西是不可或缺的。凡．朗克看起來年紀很大，飽經風霜。每天晚上我都覺得自己像是坐在一尊歷史悠久的古蹟腳下。凡．朗克演唱民謠歌曲、爵士標準曲、迪克西蘭爵士樂和藍調抒情曲，表演曲目沒有特定順序，也沒有多餘之物。細膩的歌、豪爽的歌、私密的歌、歷史的歌，或者充滿靈性的歌，應有盡有。他把所有物件放進一頂帽子裡——突然間——變出一個新的東西。我受凡．朗克的影響很深。後來我錄製第一張專輯的時候，半數歌曲歌都是在詮釋凡．朗克唱過的曲目。這並不是我事先規劃的做法，而是一切順其自然發生。在潛意識裡，我信賴他音樂的程度，勝過我相信自己的音樂。

凡．朗克的聲音像生鏽的砲彈碎片，而他能在聲音裡做出許多微妙的變化——細膩、輕柔、沙啞、爆發，有時可以在同一首歌中出現這全部的變化。他可以像變戲法似的變出一切——恐懼的聲調，絕望的聲調。他也是技巧高超的吉他高手。除此之外，他還有嘲諷式的幽默感。在樂壇所有人裡面，我對凡・朗克的感覺最不一樣：他是帶我入行的人，而我很高興能每晚在「煤氣燈」與他同台演出。這裡是真正的舞台，有真正的觀眾，會發生真正的大事。凡・朗克也在其他事上幫助我，我可以隨時去他位於威佛利廣場公寓的沙發借宿。他也帶我去看格林威治村裡他常去的俱樂部，多半是「楚狄・海勒的店」、「先鋒」、「村門」和「藍調」等幾家爵士樂俱樂部，讓我有機會近距離欣賞多位爵士大師的演出。關於凡・朗克的表演，還有一點令我覺得有趣。

他有一招獨創的戲劇效果：他會在演唱時盯著觀眾裡的某一個人一直看。他會直視那人的眼睛，彷彿只為他一人歌唱，輕聲說出什麼祕密，對那人說出他生命裡懸而未決的事物。他從來不用同樣的方式唱同一段樂句第二次，有時我聽到他唱起前一場也唱過的歌，卻產生迥然不同的感受。他會做改變，讓人覺得從未聽過那首歌，或者覺得不像記憶中的那首歌。他的音樂複雜得很，然而卻非常單純。他掌握住這些技法，而且能夠催眠觀眾，令他們目瞪口呆，或者讓他們大吼大叫。他把觀眾掌握於股掌之上。他的身材魁梧，酒喝得很兇，話不多，全力鞏固自己的地盤——全速向前衝，全力工作。凡・朗克是高高在上的龍。假如你晚上想到麥杜格街看表演，絕對不要錯過他。他就像山一樣聳立在街上，但他絕不做撈大錢的通俗表演。那不是他的目標，他不想放棄太多自己。他絕不要成為傀儡。他巨大非凡，像天一樣高，我非常尊敬他。他來自巨人王國。

□

凡・朗克的妻子泰莉絕不是個配角型的人物；她負責為凡・朗克接洽表演機會，尤其是外地的表演；而她也開始幫我安排表演場子。她和凡・朗克一樣，直言不諱，堅持己見，尤其是在有關政治的事情上——倒不是指政治議題，而是對政治體系背後的誇張意識型態很有看法。尼采式的政治學。沉重的政治學。一般人很難在智性討論上與他夫妻倆較勁，倘若你試圖趕上他們，你會發現自己置身異地。這兩人都反對帝國主義和物質主義。「電動開罐器這種東西真可笑，」有一次我們經過第八街一間五金行的櫥窗，泰莉批評道：「什麼蠢蛋會去買那種東西？」

泰莉幫凡・朗克在波士頓和費城等地安排了表演……甚至遠到聖路易一間叫「笑臉佛陀」的民謠俱樂部演出。至於我，我是不可能到那些地方表演的；你至少得出過一張唱片——即使是在小廠牌發行也好——才能打進那些俱樂部。泰莉倒是為我在伊利薩白、新澤西和哈特福接洽了幾場表演——有一次在匹茲堡一間民謠俱樂部，一次是在蒙特婁。零星而分散。我大多數時候都待在紐約市，不是很想到外地表演。假如我想到其他地方，我當初就不會來紐約市。有幸能固定在「煤氣燈」演出，我不會白費力氣去追求外地的機會。我可以呼吸，我是自由的，絲毫不勉強。不表演的空檔，我通常到處廝混，在隔壁的「魚壺客棧」喝野火雞牌波本威士忌和舒麗茲冰啤酒，或去「煤氣燈」樓上打撲克牌。生活一切順利，我盡可能學習，時時保持熱力。有一回，泰莉說要帶我去見伊萊翠唱片公司的老闆賈克・霍茲曼，這家唱片公司發行過凡・朗克的幾張些專輯。「我可以幫你約個時間。你想跟他坐下來談談嗎？」這對我沒有多少吸引力。「我不想跟任何人談。」那個夏天結束前，泰莉安排我去上一個民謠大會串的廣播節目，是在河岸大道上的河岸教會現場播出。又一次，人生即將改變，變得嶄新而奇異。

□

在後台，逐漸變得潮溼。表演者來來去去，有些人等著上台，有些人急得團團轉。一如往常，真正精采的東西都發生在後台。我和一個只有點頭之交、有深色頭髮的女孩卡拉・洛托羅攀談，她是亞倫・羅麥克斯的私人助理。卡拉介紹我認識她妹妹蘇西，但蘇西把自己的名字寫成蘇芝。第一眼看到蘇西，我就目不轉睛。她是我見過最挑人色慾的尤物。她皮膚白皙，一頭金髮，是純種義大利人。空氣中突然到處是香蕉葉。我們開始聊天，我開始發暈。愛神邱比特的箭曾經射過我耳邊，但這回它射中了我的心，箭的重量把我拖下水。蘇芝芳齡十七，來自東岸。她成長於皇后區一個左翼家庭，原先在工廠工作的父親不久前去世。她活躍於紐約藝術界，為各式各樣的出版物繪製油畫和素描，兼做平面設計，也參與外百老匯的戲劇製作，並且在民權委員會工作——她真是多才多藝。見到她，有如走進了《天方夜譚》故事裡的阿拉伯夜晚。她非常活潑，她的微笑可以照亮一整條摩肩接踵的街道。她具備一種特別的圓潤性感——像是一尊活過來的羅丹雕像。她讓我想起某個放蕩不羈的女主角。她正是我喜歡的類型。

接下來一個星期裡，我老是想著她——無法把她身影趕出腦海，想要再見到她。我覺得這是我生平第一次墜入愛河，我在三十哩外都能感覺到她的氣息——希望她的身體就靠在我身邊。現在，就是現在。我一直覺得看電影是美妙的體驗，而時報廣場那幾家像東方廟宇的電影院，是最棒的地方。我最近看了《暴君焚城錄》、《聖袍千秋》，現在要去看《失落的大地》和《萬王之王》。我需要轉移一下注意力，暫時忘掉蘇芝。《萬王之王》由瑞普・托恩、瑞塔・甘主演，傑佛瑞・杭特飾演基督。銀幕上的劇情緊湊，但我無法專心看電影。

另一部電影《失落的大地》開始播映，我的情況還是一樣糟。銀幕上盡是發出致命死亡光線的結晶體、巨大的潛水艇、地震、火山和海嘯等等，這大概是史上最刺激的電影吧。但我就是無法專心。

是命運的安排吧，我又遇到卡拉。我問起她妹妹。卡拉問我想不想見她，我說：「想。你不知道我有多想。」她說：「她也想見你。」我們很快見了面，而後見面的次數日益頻繁。最後，我們離不開彼此了。除了音樂以外，和她在一起成為了我生活的重心。也許我們是心靈上的靈魂伴侶。

然而，她在醫學期刊當翻譯的母親瑪莉並不這麼想。瑪莉住在薛若登廣場一棟公寓大樓的頂樓，她好像把我當成一個得了淋病的人。假如她能為所欲為，我可能已經被警察關進大牢。蘇芝的媽嬌小而聒噪——她性格反覆無常，一雙眼睛漆黑如煤炭，盯著你看時可以在你身上燒出洞來。她非常保護女兒，總是讓你覺得自己做錯了什麼。她認為我的生活說不出所以然，永遠無法養活別人，但我認為她懷有更深層的理由。我認為，我只是出現的時機不對。

有一次她問我：「那把吉他花了多少錢？」

「不多。」

「我知道不多，但還是很花錢。」

「幾乎不用錢。」我說。

她刁著菸，怒視著我。她總是試圖挑弄我。她這麼討厭我，但我沒給她惹麻煩。蘇芝父親去世之類的事又不歸我負責。有一次我對她說，我認為她很不公平。她直直盯著我，彷彿在凝視遠方的什麼，然後對我說：「你行行好，在我面前，你不要思考。」蘇芝後來告訴我，她母親不是故意的。但她就是故意的。她想盡辦法要把我和蘇芝拆開。可是我和蘇芝繼續見面。

□

局面越來越僵，成為嚴重問題。這表示我需要找到自己的住處，有自己的床、爐子和桌子。差不多是時候了。我想我可以早點這麼做，但我喜歡和別人一起住。這樣比較省事兒、比較方便，責任也比較少——我可以隨意來去——有時甚至能拿到別人家鑰匙——屋裡書架上排著許多精裝書和一大堆黑膠唱片。沒事時可以翻閱那些書，聽聽唱片。

沒有自己的住處，這件事開始刺激著我過度敏感的天性。於是，在這城市住了將近一年後，我租下西四街一六一號一間無電梯公寓的三樓，月租六十美元。這地方不豪華，只是「布魯諾義大利麵坊」樓上的兩房公寓，隔壁有家小唱片行，另一邊是家具五金店。公寓裡有一間非常小的臥室——比較像是個稍大的儲藏室——一間小廚房，以及一個有一座壁爐和兩扇窗的客廳，窗下是消防梯和一塊小院子。這種大小的空間只能住一個人，而且暖氣會在天黑之後自動關閉，必須把兩個煤氣爐的火開到最大，才能讓公寓暖和。我租下它時，屋裡是空的。搬進去後不久，我自己做了一些家具。我借來一些工具，做了幾張小桌，兩張小桌拼起來就能充當書桌。我也做了一個櫃子和一個床框架。木材來自樓下的五金店。我用買木材所附的零件——鍍鋅鐵釘、門鎚和鉸鍊條、八分之三吋方形熟鐵片、圓頭木螺絲釘——把木板片組裝起來。不必跑遠，這些工具在樓下一應俱全。我用鋼鋸、鑿子和螺絲起子把家具拼裝起來——我在高中工藝課所學到的技術派上用場，我用玻璃板、水銀和錫箔做了幾面鏡子。

除了玩音樂之外，這些事我也喜歡做。我買了台二手電視機，擺在一個櫃子上；我買了床墊，也買了一張地毯來鋪在硬木地板上。我到伍爾沃斯商店買了台唱機，放在一張桌上。我認為我這地方很完美，覺得生平頭一次有了屬於自己的地方。

蘇芝和我常常膩在一起。我開始打開視野，去了解她的世界是什麼樣，尤其是外百老匯的種種……譬如勒羅伊・瓊斯的多部作品，像是《荷蘭人》和《洗禮》。我也看了傑爾柏的毒蟲劇《關聯》、生活劇團的《監獄》等等多部優秀的舞台劇。我和她去藝術家和畫家聚集的場所，譬如「奇諾咖啡館」、「卡米諾藝廊」、「庇護藝廊」。我們去看「藝術喜劇」，這是下東區一家商店改建成的小劇場，像真人一樣大的木偶在裡面搖晃擺動。我看了幾齣木偶劇，其中一齣裡的士兵、妓女、法官和律師全都是同一個木偶扮裝的。那兒的空間狹窄，大尺寸的木偶看起來很怪異，有種格格不入的感覺，讓人覺得不舒服……不像有趣的木頭假人——不像喜劇演員艾德嘉・勃根所搭檔的木偶查理・麥卡錫那樣穿著燕尾服，有名氣又廣受喜愛。

嶄新的藝術世界讓我大開眼界。有時我們一大早就到上城的市立美術館，欣賞委拉斯蓋茲、戈雅、德拉克洛瓦、魯本斯、艾爾・葛瑞柯等藝術家的巨幅油畫，或欣賞二十世紀畫家的作品，譬如畢卡索、布拉克、康丁斯基、魯奧、波納。蘇芝最喜歡的代主義藝術家是瑞德・葛魯恩斯，而他也是我的最愛。我喜歡他作品中的事物把事物自己壓垮，成為一個脆弱世界，搖搖欲墜的碎片零件全部塞在一起，但你倒退幾步，可以看到一個複雜的全貌。我在葛魯恩斯的東西裡面看到深遠的涵義。所有藝術家之中，我最常仔細端詳他的作品。葛魯恩斯的東西很放肆，把東西剪裁得像是被強酸腐蝕過。我喜歡他把他所有的媒材——蠟筆、水彩、水粉、雕刻或綜合媒材——拼貼畫作——融合在一起的方式。這些作品很大膽，以耀眼的細節宣告著自己的存在。葛魯恩斯的作品與我唱的許多民謠歌曲之間有種關聯，兩者似乎位在同一塊舞台上。民謠歌曲用歌詞來表達的東西，葛魯恩斯則以視覺方式來呈現——那些流浪漢和警察、瘋狂喧囂、引起幽閉恐懼症的巷子——底層而原始的生命力。葛魯恩斯是藝術界的大衛・馬康叔叔。他讓生活中每一件東西都體現另外一個東西的意義，並讓它發出吶喊——所有東西以平等方式並列——破舊網球鞋、自動販賣機、爬過下水道的鱷魚、決鬥手槍、斯塔田島渡輪和三位一體主教堂、四十二街、摩天樓剖面圖。婆羅門聖牛、女牛仔、馬術大會皇后和米老鼠的頭、塔樓和歐雷里太太的牛、卑鄙小人和小混混與怪胎，以及戴著珠寶、露出笑意的裸體模特兒，帶著憂鬱神情和一抹哀傷氣息的面孔——在在引人發噱，但它們不是玩笑之物。他以精湛技巧畫出大家熟悉的歷史人物——林肯、雨果、波特萊爾、林布蘭——讓它們散放出壯烈之氣。我很喜歡葛魯恩斯把歡笑當作一種強力武器。我在潛意識裡問自己能不能用同樣的方式寫歌。

大約在這段時間，我開始作畫。事實上，我這是向經常作畫的蘇芝學來的習慣。畫些什麼呢？就從手邊的東西開始畫吧。我坐在桌前，拿出鉛筆和紙，畫下打字機、十字架、玫瑰、鉛筆、刀子和別針、空菸盒。我絲毫沒有感覺到時間流逝，一、兩個小時像是只過了一分鐘。我自認不是多厲害的畫家，但我覺得自己在週遭的混亂中建立出一種秩序——

和葛魯恩斯所做的一樣，只不過他做的規模更大。我發現，很奇怪的，作畫淨化了我的視覺經驗。此後我就經常畫畫。

在這張作畫的桌上，我將會伏案寫歌。不過還不是現在。我必須先找到榜樣。當時只有幾名表演者自己寫歌，在那些人裡面，我最喜歡藍・錢德勒。但我認為他寫歌是他的事，還不足以激勵我開始寫。對我來說，伍迪・蓋瑟瑞寫出了最傑出的歌曲，不可能超越。後來，我雖然並不是為了改造世界，但我確實寫了一首略帶嘲諷意味的歌，〈讓我在我的腳步聲中死去〉。這首歌是以羅伊・亞柯夫的一首老抒情曲為基礎，靈感來自於冷戰引起大家對於輻射塵避難屋的關注。我猜想有人會認為這樣的歌太過激進，但我一點都不認為。在明尼蘇達州北部，大家並不熱中於輻射塵避難屋，鐵嶺區沒有受到影響。共產黨徒認為，這事兒不值得大驚小怪；人們不害怕輻射塵，覺得整件事只是場無謂的慌亂。共產黨徒好比外太空訪客的象徵；再怎麼說，人們更應該害怕礦場老闆吧，他們還比較像敵人。在這裡，挨家挨戶推銷輻射塵避難屋的業務員會被趕走，這東西在商店裡買不到，也沒有人在建造。反正家家戶戶都有厚牆地下室，而大家不會希望別人有而自己沒有。倘若你家有而別人沒有，那很不妙，可能會因此造成鄰居和朋友間反目成仇。你不會希望鄰居來敲你家大門說：「嘿，這是生死大事，你這樣做是要告訴我說，我們的友誼連一個屁都不值。是這樣嗎？」

要是有個朋友像暴君似的闖進你家，對你說：「聽著，我的孩子還小，女兒三歲，兒子兩歲。在我讓你把他們拒於門外之前，我會帶槍上門來找你。你馬上給我停止這詭計。」你怎麼回應？找不到正大光明的脫身之道。為了防空洞而造成家庭分裂，還可能製造叛變。不是說大家不擔憂原子彈爆炸——對此大家很擔心，只不過大家會對上門推銷避難屋的人擺出毫無表情的臉。

再說，一般人認為，假使爆發原子彈攻擊，你真正需要的是一部可以偵測輻射量的蓋氏計算器。這計算器可能會成為你最珍貴的資產，它能告訴你吃什麼才安全，吃什麼卻會有危險。蓋氏計算器很容易買到，我在紐約的寓所就有一部。所以，寫一首歌描繪有關輻射塵避難小屋的無益，不算偏激。我又不是非要信奉什麼教條才能寫它，但這樣一首歌既與我個人經驗有關，同時又有社會性。這很特別。雖然如此，這首歌卻沒有為我帶來突破或造成奇蹟。我想說的話，多半都能在一首老民謠或蓋瑟瑞的某首歌中找到。當我開始唱〈讓我在我的腳步聲中死去〉的時候，甚至沒說這是我自己的作品；我偷偷把它塞進曲目裡，說它是「織布工」的歌。

□

我上述想法很快將會改變。氣氛很快會變得熱烈而更具影響力。我在宇宙裡所居住的簡陋小屋，即將擴展成為一座壯麗的大教堂，至少在寫歌方面是如此。蘇芝最近參與了一齣音樂劇的幕後工作，這齣劇會在克里斯多福街的百合劇院演出。劇中要演唱布雷希特和柯特・威爾所寫的歌。布雷希特是個德國詩人劇作家，反對法西斯，信奉馬克思主義，他的作品在德國是被禁止的。威爾的旋律結合了歌劇和爵士樂。他們以前合寫了一首非常暢銷的歌曲〈劊子手麥克〉，由巴比・德林唱紅。與其說這是一齣戲劇，不如說是演員們用一連串歌曲串起來的作品。我到劇院接蘇芝，馬上就由於這些歌曲所具備的力道而精神為之一振……〈晨曲〉、〈婚禮之歌〉、〈卑鄙的世界〉、〈波莉之歌〉、〈探戈情歌〉、〈安逸生活之歌〉，每一首的歌詞都措詞強硬，而且聽起來古怪、沒有節奏感又不流暢——不可思議的幻境。歌手不是小偷、清潔工就是無賴，扯著嗓子吼叫咆哮。整齣戲的世界就是窄窄四條街之間的範圍。在狹小的舞台上，道具難以辨識——街燈、桌子、門廊、窗戶、建築物一角、有月光透過遮雨棚的院子——陰森的場景令人毛骨悚然。每一首歌似乎都來自某個怪異的傳統，好像都放了一把手槍、棍棒或磚頭在後褲袋裡，而它們撐著拐杖或支架、或坐著輪椅走向你。它們在本質上像民謠，但它們不是民謠，因為它們很精緻。

不到幾分鐘時間，我卻覺得自己好像已經三十個鐘頭沒吃沒睡；我看得太入神了。令人印象最深刻的歌是最受歡迎的〈黑貨輪〉。這首歌原本的歌名是〈海盜珍妮〉，但我沒在歌詞裡聽到這個詞，所以一開始並不知道它的原名。唱這首歌的人是個有幾分男性化的女子，她扮成清潔婦的模樣，在一間破爛的水岸旅館裡鋪床打雜。這首歌最先引我注意的是一句描寫黑貨輪的歌詞，它出現在每一段歌詞的最後一句。那句歌詞喚起我的記憶，讓我回想起年少時期常聽的船隻靠岸時的霧號聲；那個巨大聲響縈繞在我腦海裡，彷彿就盤旋在我們頭頂。

杜魯司距離最近的海洋有兩千哩之遠，但它是一座國際海港。每天都有來自南美洲、亞洲和歐洲的船隻來去，霧號的厚重而低沉的聲音會使你整個腦袋都嗡嗡作響，感覺不到其他東西。你在霧中看不到船隻，但那好比貝多芬第五號交響曲似的猛然爆發出來的轟隆聲——兩聲低音裡的第一聲，像巴松管一樣又長又沉——會讓你知道船隻位在何處。霧角聽起來像是某種重大宣示。大船進進出出，那乘風破浪的船艦是來自深海的鐵製巨獸。對一個瘦小、內向又苦於氣喘的孩子來說，那聲音如此龐然而籠罩一切。我可以感覺到聲音充滿我全身，讓我覺得自己是中空的。遠方有什麼東西可以把我吞噬。

聽了那齣戲裡的這首歌幾次之後，我忘掉了霧號，轉而注意到清潔婦的角度和她的出身背景。她來自最乾燥而寒冷的地方。她的態度強硬又激烈，睡在她鋪理整齊的床上的那些「紳士們」完全不知道她心中懷有敵意，而黑色貨輪似乎象徵著某種救世主。貨輪不斷靠近，也許甚至已進了大門。清潔婦擁有力量，但她僞裝成無名小卒——她心中自有盤算。這首歌的場景是一個醜惡的下層社會，這兒很快會變成「所有建築物……每一間平房，整片發臭的地方，都被夷為平地。」只有她的房子例外。她的房子沒事，而她本人也會安全無恙。歌曲隨後唱到紳士們開始懷疑是誰住在那間房子裡，麻煩近了，他們卻毫不知情。他們總是惹上麻煩，卻從不明白。人們成群往碼頭附近聚集，紳士們被鐵鍊縛鍊在一塊兒，被帶到她面前；人們問她，是要現在呢還是稍後處死那些紳士。由她決定。歌曲結尾，老清潔婦的雙眼閃著光。貨輪上的人從船頭開槍，紳士們臉上的微笑倏然消失。貨輪還在港口裡打轉。老婦人說：「立刻殺了他們，讓他們學點教訓。」紳士們到底做了什麼，落得如此命運？歌曲裡沒有說明。

這是一首野性十足的歌，歌詞裡充滿魔法和刺激的動作場面。這一句歌詞像是從十呎高空往下落，急速奔跑過街，向你衝來；接著另一句歌詞好像一拳打在你下巴上。然後出現那句陰魂不散、描述黑船的副歌，把一切鎖住。這是一首令人不愉快的歌，由一個邪惡的魔鬼所唱；當她唱完，大家啞口無言。這首歌讓你喘不過氣。在小劇院裡，當表演進行到高潮的結尾，所有觀眾都瞠目結舌，向後靠著椅背，抱住腹部。我知道為什麼會這樣，因為觀眾就是歌曲中的「紳士們」，她所整理的就是他們的床。她分發郵件的地方就是他們的郵局，她教書之處就是他們的學校。這首歌讓你低下頭，頹然屈服；它要你認真看待它。歌曲縈繞，久久不散。蓋瑟瑞沒寫過這樣的歌。這不是抗議歌或話題歌，這首歌對歌曲裡的人物不帶一絲關愛。

稍後，我試著拆解這首歌，想弄清楚出它為什麼會令人難忘，為何能達到如此效果。我看得出來，歌曲裡的一切都顯而易見，但不會引起太大注意。所有東西都用一個沉重的托架撐起，固定在牆壁上，但你看不到全貌，除非你往後退得老遠，並且等到整首歌結束。就像畢卡索的畫作〈格爾尼卡〉一樣。這首歌對我的感官是一次新的刺激，它非常像一首民謠歌，然而是出自另一個後院另一個水甕裡的民謠歌曲。我想抓起一把鑰匙去看那地方，看看那兒還有些什麼。我把那首歌分解，拉開——它能成為大作，使得它走在尖端，原因完全在於它的形式、自由詩體、結構，以及不採用可預測的旋律。這首歌還擁有與歌詞搭配得宜的副歌。我想了解如何操控這種特別的結構與形式，那是讓〈海盜珍妮〉屹立不拔、力量驚人的關鍵。

回到破舊的住處後，我繼續思考這個問題。我什麼成績都還沒有做出來，還談不上是個詞曲創作者，但我對於在歌詞和旋律的範圍內能做到哪些物質上和意識型態上的可能性，已經產生了正確的認識。我明白了我越來越喜歡唱的那類歌曲是不存在的，於是我開始玩形式，想要掌握形式——試圖做出一首可以超越歌中訊息、人物和情節的歌。

我深深受到〈海盜珍妮〉的影響，但我和它的意識型態保持距離。我開始胡搞——從〈加塞特警官〉擷取一段庸俗故事，講克利夫蘭一名牧師的女兒後來以花名「白雪公主」成為妓女，以一種怪誕又醜惡的方式殺害客人。以這段故事為開端，用另一首歌為原型，然後加入許多句簡短歌詞……五、六句自由詩句，然後使用〈法蘭琪與亞伯特〉這首抒情曲的頭三句歌詞為副歌。那三句歌詞是：「法蘭琪是個好女孩，大家都知道，花了一百元幫亞伯特買新西裝。」我喜歡這整個點子，卻寫不出一首歌。我還少了點什麼。

□

蘇芝和我的戀情並不全然是一場快樂假期。最後，命運之神終於打出停止的旗號，我倆的關係劃下句點。它不得不結束。她在人生道路上轉了個彎，我在另一個地方轉了彎。在我們揮別彼此之前，在火苗熄滅之前，我們經常窩在我西四街的公寓裡。每到夏天，暑熱難耐的時候，小公寓就像個烤箱，瀰漫著窒悶氣息。簡直一張口就可以嚼到熱氣。冬天則沒有暖氣，屋子裡寒冷刺骨，我們依偎在毯子裡互相取暖。

我開始為哥倫比亞唱片公司錄音的時候，蘇芝還在我身邊。一些意想不到的機緣，促成了我有機會到哥倫比亞錄音。我並沒有認真想要加入大型唱片公司。倘若先前有人預測我會為哥倫比亞唱片公司錄音，我自己會是最不相信這件事的人。那是全國最頂尖的唱片公司之一，旗下網羅了強尼・梅西斯、東尼・班奈特和米屈・米勒等主流大牌藝人。讓我躋身這群人行列的是約翰・漢蒙。漢蒙是在卡洛琳・希斯特的家裡第一次見到我、並聽到我唱。希斯特是一位德州來的吉他手兼歌手，我和她在紐約一同表演。她的表演機會一個接一個，我一點都不驚訝。希斯特很亮眼，個性樸直而熱情，外貌非常漂亮。她認識巴帝・哈利，也與他合作，對此我印象深刻。我很喜歡和她相處。哈利很有貴氣，而我覺得希斯特是一座橋樑，聯繫著我與我早期演唱的搖滾樂及其中精神。

希斯特嫁給了理查・法林尼亞，他業餘寫小說，也從事冒險活動，據說曾和卡斯楚一起躲在馬德雷山區，還曾與愛爾蘭共和軍並肩作戰。不管實情如何，我認為他是全世界最幸運的男人，因為他娶了希斯特。我們在她家聚會——我和吉他手布魯斯・藍宏恩，以及低音提琴貝斯手比爾・李；比爾・李的兒子那時四歲，後來成為電影導演，叫做史派克・李。後來，這兩人成為我專輯裡的樂手；他們也曾與歐黛塔合作，他們從旋律優美的爵士到搖滾藍調，什麼音樂都會彈奏。假如你找到他們，你大概什麼樂風都能得到。

希斯特邀我合作，為她在哥倫比亞錄製的第一張專輯中幾首曲子吹口琴，順便教她一些她聽過我表演的東西。我欣然同意。漢蒙想見我們，把全部演出曲序排定，並聽希斯特想錄哪些歌。這便是這場聚會的目的。漢蒙在這裡第一次聽到我吹口琴和彈吉他，甚至和希斯特唱合音，但我沒發現他在注意我。我怎麼可能會發現，我是為了希斯特才去聚會的。散會之前，漢蒙問我是否替誰錄過音；他是第一個問我這種問題的權威人物。他像是順口問起的，而我搖了搖頭，並沒有屏息等待他的回應。他沒回話。那天的情況就是這樣。

從那次見面，到我再次見到他，這之間彷彿發生過海嘯；至少我的世界發生了巨變。我在全美最重要的民謠俱樂部「傑德民謠城」裡演唱，與藍調草根樂團「綠荊棘男孩」同台演出，並且博得《紐約時報》民謠與爵士樂版的熱烈好評。這很不尋常，因為我是節目單上的第二場節目，而評論中隻字不提「綠荊棘男孩」。我在那裡演唱過一次，並未獲得任何評論。《紐約時報》這篇樂評在希斯特錄音前夕見報。漢蒙看到了報紙。希斯特那場錄音順利完成。當所有人收拾東西準備離開時，漢蒙找我到音控室，說他希望我為哥倫比亞唱片錄音。我說好啊，我願意。我覺得自己的心臟跳到了空中，蹦到銀河裡的某顆星星上面。我心中猶如一根不穩定的平衡桿，但我沒有顯露出來。不敢置信。太棒了。不敢相信這是真的。

如今，我的整個人生即將離開迄今的軌道。彷彿萬古之前，我在弗蘿・凱斯納的哥哥位於明尼亞波利東南角的公寓裡聽《從靈歌到搖擺音樂會選集》和伍迪・蓋瑟瑞的歌。此時，我不敢相信自己就坐在製作出那張《從靈歌到搖擺音樂會選集》專輯的大人物面前，而他把我簽給哥倫比亞唱片公司。

漢蒙徹頭徹尾是個做音樂的人。他說話速度很快——盡是短短的句子——而且生性急躁。他和我有同樣的語彙，非常了解自己喜歡哪種音樂，他非常了解他製作過的每一個藝人。他說話真心而誠懇，而且絕對說到做到。漢蒙不說大話，金錢對他來說沒有太大意義。怎麼會有意義呢？他家族祖先裡有一個柯內里厄斯・范德比爾特曾說過：「金錢？我何必在乎金錢？我有的是權力！」漢蒙是貨真價實的美國貴族，一點都不在乎唱片趨勢或音樂潮流的變化。他高興做什麼就做什麼，一輩子如此。他長久以來一直在提供機會給身分卑微者和弱勢的人。如今，他要帶我進哥倫比亞唱片公司——迷宮的中心。其他民謠唱片廠牌全都拒我於門外，現在，我無所謂了。我很高興。環顧漢蒙先生的辦公室，我看到一個朋友的照片，小約翰・漢蒙。這個約翰，我在麥杜格街認識他的時候他的名字是叫吉普，年齡與我相仿。他是藍調吉他手兼歌手，後來憑實力成為一名備受讚揚的歌手。我剛認識他時，他才從大學畢業，我想他那時也才接觸吉他不久。有時我們會去他位在休斯頓街南邊的麥杜格街上的家，他從小在那裡長大。他家裡收藏了驚人的唱片，我們聽了許多……大都是七十八轉藍調唱片和草根搖滾樂。我從沒想過他就是傳奇人物約翰・漢蒙的兒子，直到這時我看到那張照片，這才恍然大悟。我想，沒有人知道吉普的父親是誰，他從來沒提過。

約翰・漢蒙把一紙合約放在我面前——這是他們與所有新藝人簽訂的標準合約。他說：「你知道這是什麼嗎？」我看到印著「哥倫比亞唱片」字樣的第一頁，我說：「我要在哪裡簽名？」漢蒙翻到簽名處，我工工整整寫下我的名字。我相信他。誰不相信他呢？世界上也許有一千個國王，而他是其中一個。要離開他辦公室之前，他給了我兩張尚未發行的唱片，他認為我可能會對這些唱片感興趣。哥倫比亞買下三〇和四〇年代幾個次要廠牌——布倫斯威克、歐凱、佛卡里恩、ARC——的庫存唱片，即將發行他們的若干專輯。他給我的一張唱片是戴摩爾兄弟和韋恩・瑞尼合作的專輯，另一張專輯叫做《三角洲藍調之王》，演唱者是羅伯・強森。我以前常在廣播中聽韋恩・瑞尼的歌，他是我最喜歡的口琴樂手兼歌手。我也很喜歡戴摩爾兄弟合唱團。但我沒聽過羅伯・強森這名字，沒見過他出現在任何藍調合輯唱片上。漢蒙說我該聽一聽，這傢伙能「打敗所有人」。他讓我看唱片封面的美術設計，在那幅不尋常的畫裡，畫家從房間天花板往下凝視這位極度專注的歌手兼吉他手；他看來大概只有中等身高，卻有特技演員般的厚實肩膀。真是震撼人心的封面。我盯著圖畫瞧，不管畫中的歌手是誰，我已經被他迷住。漢蒙說，他很早就認識強森，打算找他上紐約參與著名的「從靈歌到搖擺音樂會」，但就在那時他得知強森已經過世，在密西西比州離奇死亡。強森只錄了大約二十面母帶，而哥倫比亞唱片擁有全部的錄音，如今即將重新發行其中部分錄音。

漢蒙從月曆上挑出一個日子要我來錄音，並告訴我到時候該去哪一個錄音室。然後，我帶著雀躍無比的心情離開，搭地鐵回到市中心，跑到凡・朗克家。泰莉來開門，她正在廚房做家事。小廚房一團混亂——爐子上放著麵包布丁——砧板上放著不怎麼新鮮的法式硬殼麵包——還有葡萄乾、香草和蛋。她正在用人造奶油塗抹平底鍋鍋底，等待糖熔化。她幫我開門時，我說：「我有一張唱片要放給大衛聽。」凡・朗克正在讀《每日新聞報》，當天新聞包括美國政府正在內華達州試爆核子武器，俄國也正在國內測試核子武器。密西西比州立大學的黑人學生詹姆斯・梅洛迪斯，被校方禁止進入教室。都是壞消息。凡・朗克抬起頭，從角質框眼鏡後面看著我。我手中拿著羅伯・強森的厚黑膠唱片。我問凡・朗克有沒有聽說過羅伯・強森，他說沒有。於是我把唱片放到唱機上，我們開始聽。從擴音器傳來的第一聲震動就讓我寒毛直豎，尖利的吉他聲簡直可以震碎窗戶。強森開始演唱，彷彿一個從宙斯的頭殼分裂出來的全副武裝傢伙。我馬上聽出他和我聽過的其他歌手之間的不同；他唱的歌不是傳統藍調，而是結構完美的歌——每一首歌包含四、五段歌詞，每一個對句以隱微的方式與下一個對句交纏。每一首都非常流暢。剛開始聽時，歌進行得很快，不容易趕上速度。這些歌所關注的範圍和主題很多，簡短有力的歌詞則描繪一個故事背景——人類的火苗在這旋轉的塑膠唱片表面爆炸開來。〈好心女人〉、〈河岸漫遊〉、〈請進我的廚房〉。

強森的歌聲和吉他響徹房間，我被捲入音浪中，無法想像有人能在這種音樂中保持鎮定。然而凡・朗克就可以氣定神閒。他不斷指出這首歌來自另一首歌，那首歌又完全複製另一首歌。他認為強森沒有什麼原創性，我了解他意思，但我的看法與他相反。我認為強森把原創性發揮到極致，他的人和他的歌都無人能及。凡・朗克後來播放了雷洛伊・卡爾、史基普・詹姆斯和亨利・湯瑪斯的唱片，對我說：「明白了嗎？」我確實明白他為什麼會那樣說，但蓋瑟瑞也使用了老卡特家族的多首歌曲，加以重新詮釋，所以我從未仔細思考這個問題。凡・朗克認為強森還不錯，很有力量，但他的音樂是模仿別人的。與凡・朗克爭論是無意義的，至少不必跟他比聰明。我有一種簡單的看事情方式，而且我喜歡鄉下菜市場式的政治學。我最喜歡的政治人物是亞利桑那州參議員巴瑞・歌德瓦特，他令我想起湯姆・密克斯，我沒辦法向別人解釋為什麼。我對於精神病人式的嘮叨爭辯不是很舒服，不是很合我胃口。當今新聞也使我緊張；我比較喜歡昔日的新聞。新的新聞都在報壞事，幸好不用整天面對它們。假如二十四小時都在報導新聞，那將會是人間煉獄。

我讓凡・朗克繼續讀報，說我晚一點再來找他。我把唱片放回白色硬紙板封套。那個唱片封套是空白的，唯一的標示是唱片上的手寫字跡，而且只寫出羅伯・強森的名字和曲目。這張不受凡・朗克重視的唱片，卻使得我呆掉了，彷彿被打了一槍鎮定劑。稍後，我回到西四街的公寓，再把唱片放上唱機，一個人默默聆聽。我不想再給任何人聽。

接下來幾個星期，我不斷聽這張唱片；我坐著聽，盯著唱機，一首接一首聽。每當我聽它的時候，都像是有個鬼魂進入了房間，出現令人害怕的幽幽身影。這些歌曲的歌詞精簡無比，令人吃驚。強森化身為二十個以上的人物；我檢視每一首歌，思忖著他是怎麼做到的。寫歌對他來說是件複雜精密的工作。他的作品似乎直接從口中傾洩而出，而不是源自記憶。我沉思歌詞段落的結構，比較它們與蓋瑟瑞的作品有何不同。強森的每個字都讓我的神經像鋼琴弦一樣顫動，它們的意義和情緒如此龐大，展現出深刻的內心世界。這並不表示你有辦法審慎釐清每一刻，因為你辦不到。他的歌曲中有太多失落環節和雙重性。

強森不像其他藍調詞曲創作者那樣用一整首歌描寫冗長乏味的東西；他歌詞中敘述的事物很難確定一定發生過、說過，甚或想像過。當他唱起樹上垂掛的冰柱，我感到寒冷刺骨；他唱到壞掉的牛奶……我覺得反胃。真不曉得他是怎麼辦到的。此外，所有的歌都怪異地引發共鳴。有些平淡的歌詞如「但願今天是耶誕夜，明天是耶誕節」，我也能感同身受——感覺得到一年之中那段特別的耶誕季節。在老家鐵嶺那邊，耶誕季節就像狄更斯筆下的描述。像圖畫書：耶誕樹上有天使站立，馬兒拉著雪橇駛過白雪覆蓋的街道，松樹上燈飾閃耀，市區商店妝點著花環，救世軍樂隊在街角演奏，唱詩班挨家挨戶吟唱耶誕頌歌，壁爐的火熊熊燃燒，人們頸間圍著羊毛圍巾，教堂鐘聲響起。到了十二月，一切事物都變得緩慢，變得沉靜而充滿懷舊氣氛，白雪皚皚，積雪沈沈。我總以為每個人、每一地的耶誕節都是這樣；我無法想像事情不會永遠如此。強森只用快速幾筆就描繪出上述景象，沒有任何歌曲可以比擬——就連偉大的〈白色耶誕〉也做不到。對強森來說，有如探囊取物。一首名為〈死蝦藍調〉的捕魚歌，你完全想不到——這首神經質的捕魚歌，歌詞活力十足，非筆墨所能形容。另一首歌描寫破爛的車款 Terraplane，大概是史上最棒的與汽車有關的歌。假如你沒看過 Terraplane 車，聽了這首歌後，你會以為它是流線的子彈造型。強森這首汽車歌真是難以言喻。

我把強森的歌詞抄在紙片上，想仔細檢視歌詞和節奏型態、古體詩歌詞，以及他所使用的自由詩體、才氣洋溢的諷喻、包裹在看似無意義的抽象硬殼之下的赤裸真相——自由飛翔在空中的主題。我沒有類似的夢想或想法，但我要去追尋。我經常想起強森，想知道是哪些人會聽他的歌。很難想像佃農和農場工人在低級酒館會對這樣的歌曲覺得心有戚戚焉。你不得不懷疑強森是否只演唱給一群只有他自己看得到的觀眾聽，那些將來才會出現的聽眾。「我的傢伙會讓你的腦袋開花。」他唱道。強森是認真的，像一片焦土。他和他的歌都沒有一絲玩笑成分，我也要像他一樣。

這張唱片終於得到發行，並且像炸彈一樣襲擊所有的藍調愛好者。研究人員對強森一無所知，於是開始尋索他的背景，蛛絲馬跡都不放過，而後有了一點收穫。強森在三〇年代錄製作品，到了六〇年代的密西西比三角洲地區仍然有人知道他，甚至有人認識他。有個故事在那一帶傳開，說他午夜時分在一個十字路口把靈魂賣給了魔鬼，才會功力大增。這事兒我可不知道。認識他的人說了另個故事：他在密西西比州鄉下黏著幾個年長的藍調樂手，吹口琴，大人們嫌他煩，把他趕走，於是他去找一個叫艾克・辛納曼的農場工人學吉他；這個辛納曼從沒在任何文獻上面出現過，是個神祕人物。也許是因為他沒出唱片的關係，但他一定是個了不起的老師。知情的人說，辛納曼教導強森如何彈出普通水準的基礎原理，其餘的技巧是強森無師自通；他們說，強森主要是聽唱片，從唱片中學習所有技巧。成為強森歌曲原型的那些唱片，市面上仍然找得到。這種說法比較合理。強森有一首歌名為〈唱機藍調〉，他是以這首歌對一個唱針生鏽的唱機致敬。約翰・漢蒙告訴過我，他認為強森讀過惠特曼的詩。也許吧，可是這樣無法解釋什麼。我只是無法想像強森的腦子怎麼能裝進那麼多東西，他似乎無所不知，甚至能在恰當段落放進可比孔夫子般的格言。孤獨、無望或者羈絆——什麼都阻擋不了他。樂壇裡的大師已經夠偉大，他更上一層樓。你無法想像他唱「華盛頓是個中產階級城市」這種句子，他不會注意這種事；就算注意到了，他也不在乎。

三十多年後，我會在一個八秒長的八釐米影片中親眼看到強森。影片是在三〇年代末一個陽光普照的下午，由一群德國人在密西西比州的陸勒市街頭拍攝而得。有人懷疑這部片中的人到底是不是強森，但如果把八秒的影片慢轉成八十秒，你看得出來那人真的是羅伯・強森，一定是他——不可能是別人。他那雙巨大的、蜘蛛般的雙手，在吉他弦上神奇地移動。他脖子旁架了個裝上口琴的口琴架。他看起來完全不像是個鐵石心腸的人，不像是個情緒始終緊繃的人。他的外貌可說是孩子氣的、如同天使般的人物，非常純真。他身穿白色亞麻布工作服，長袖連身服，以及一頂像《小公子》故事裡主人翁的怪異金色帽子。

他看起來完全不像個被惡鬼追趕的人。他彷彿對人類的恐懼免疫了，你盯著片中影像，不敢置信。

□

若干年後，我譜寫並演唱了〈老媽，沒關係。我只是在流血〉、〈鈴鼓手先生〉、〈哈提・卡洛孤單之死〉、〈誰殺了大衛・摩爾〉、〈只是他們的一顆小棋子〉、〈暴雨將至〉等歌曲。假如我不曾在百合劇院聽到〈海盜珍妮〉，我可能就不會茅塞頓開，寫出那些歌，而我也不認為我寫得出那樣的歌。大約在一九六四和六五年，我無意識地使用了五、六個羅伯・強森的藍調歌曲形式，但比較是用在歌詞的意象上。倘若我沒聽過羅伯・強森那張唱片，我寫歌時腦中恐怕會有幾百句歌詞都會被壓下來——我就不會覺得自己可以自由寫下那樣的歌。我不是唯一一個從強森的作品中學到東西的人，比我小幾歲的吉他演奏者，強尼・溫特，改寫了強森一首描寫唱機的歌，把它變成描寫電視機的歌。溫特歌裡寫到了電視機爆炸，難以用影像展現。這首歌羅伯・強森聽了應該會喜歡。順道一提，溫特也錄了一首我的歌〈再訪六十一號公路〉，而這首歌原本就是受到強森的影響。世事是這樣環環相扣，真奇妙。羅伯・強森的語法截然不同於我以前聽過的東西，也和我以後聽到的東西不一樣。

某一天，蘇芝介紹了我讀法國象徵派詩人韓波的詩，那也對我產生重大影響。我讀了他的〈我是他，另一個人〉，那些文字引起我腦海裡的鐘聲響起。這首詩非常有意思，真希望更早一點就有人介紹給我知道。這首詩，與強森的靈魂暗夜、蓋瑟瑞的工會會議致詞和〈海盜珍妮〉的架構，一脈相合。一切在變動，而我正站在入口處；很快的，我將會走進去，帶著十足的火力和生氣，躍躍欲試。但現在還不到時候。

□

路·雷維在里茲音樂出版公司擁有自主權，就像約翰·漢蒙在哥倫比亞唱片可以作主。這兩人都不會官腔官調，也不會自我膨脹。他們都來自一個較老派的世界，秩序觀比較古式而比較辛辣的世界。他們把自己的角色看得很清楚，而且敢於堅持自己的信念。你不想讓他們失望，不管你的夢想是什麼，這些人會幫你實現。

雷維關掉盤帶錄音機，打開幾盞燈。我為他錄的歌，是那麼不像他習慣聽到的搖擺風味歌曲。夜幕低垂，對街閃起琥珀色燈光，冰珠打在建築物的外牆像在敲擊鋼鼓。窗外景象彷彿鑽石遍灑在黑絲絨上。我聽到隔壁房間傳來雷維的祕書匆忙趕去關窗的腳步聲。

雷維的公司絕不會發行我的任何一首最佳作品，這件事，亞伯特·葛羅斯曼關照過了。

葛羅斯曼是格林威治村的大牌經紀人，他看過我表演，但不怎麼注意我。直到我在哥倫比亞的首張唱片發行後，他的態度明顯轉變，說他想當我的經紀人。我欣然接受，因為葛羅斯曼有好多客戶，他讓每個客戶都有工作機會。他當我的經紀人後所做的第一件事，就是讓我與哥倫比亞解除合約。我認為這樣是胡搞。葛羅斯曼說，我簽約時不滿二十一歲，所以還未成年，這就使得我那紙和哥倫比亞的合約毫無價值和效力……他說我應該去哥倫比亞的辦公室找約翰・漢蒙，告訴他，我的合約不合法，然後葛羅斯曼會來找他談新合約。當然好。我去見漢蒙先生，但我不打算解約。就算給我一筆錢我也不願意。漢蒙相信我，用行動展現他對我的信念，幫助我在世界舞台上起步，其他人，包括葛羅斯曼，在這件事上一點功勞都沒有。再怎麼說我都不會為了葛羅斯曼而忤逆漢蒙；絕對不可能。但我知道合約的事必須弄清楚，所以我去找漢蒙。漢蒙一聽到葛羅斯曼的名字，差點中風；他不喜歡葛羅斯曼，說他齷齪下流；他很擔心葛羅斯曼當我的經紀人，但他會支持我。漢蒙說，我們應該當場立即釐清合約，以免日後變成礙手礙腳的問題，於是我們就做了。一名唱片公司的年輕律師走進來，漢蒙向我引介。我們制訂出修正版的合約，我當場簽了字，我那時滿二十一歲了。那個新律師，就是逐漸嶄露頭角的克里夫・戴維，他將會在一九六七年全面接掌哥倫比亞唱片。

稍晚，我告訴葛羅斯曼我做了什麼事。他暴跳如雷：「你說什麼？」事情出乎他意料，但葛羅斯曼確實幫我從里茲音樂的合約中脫身。我覺得這份協定不頂重要，怎麼說雷維都不是真心賞識我，他也無法發行我的歌——至少不是我當時做的歌。反正我只是為了漢蒙才去找雷維的。為了解約，葛羅斯曼給了我一千元，叫我去找雷維，把錢拿給他，並告訴他我要賠錢解約。我照做了。雷維興高彩烈答應了。「當然行，孩子，」他還在抽著可惡的雪茄，「你的歌有獨特的地方，只是我說不上來。」我把一千元交給雷維，他把合約還給我。

葛羅斯曼後來把我簽給威特馬克音樂，那是一間懷舊音樂取向的唱片出版公司——通俗流行音樂的象徵，發行過〈愛爾蘭雙眸在微笑〉、〈一想到你〉、〈老天爺〉等無數暢銷制式歌曲。我的命運不會在里茲音樂展現樣貌，但在雷維把我早期的歌放進盤帶機的那一刻，我還無法預知這一點。

□

雷維聽了我唱蓋瑟瑞的歌之後，問我有沒有為棒球球員寫過歌。我說沒有。他說，有些球員值得為他們寫歌。雷維是棒球迷，說得出各個球員的各種成績。他的櫃子上有一張鑲框照片，是他和著名職棒經理佛德・弗利克的合照。在另外一張照片中，雷維在一場慈善宴會裡和貝比・魯斯的遺孀克蕾兒同坐一桌。雷維對棒球瞭若指掌，他問我有沒有聽過保羅・威納這個人。雷維說，威納這位打擊手能以時速一五〇哩把球轟到投手身上，砸爛他的臉。就是那麼準。跟威納對壘的投手，最害怕對著本壘板上的他投出觸身球。泰德・威廉斯也有如此能耐……投手寧可把球投到看台上，也不願意冒險擊中這兩人。雷維受不了全壘打，認為全壘打是棒球比賽中最無聊的部分……他說，每當有人擊中全壘打，他就想退票。雷維一面說這些話，一面猛抽廉價大雪茄，房間裡滿是不成形的菸雲。我不太懂棒球，但我知道洋基隊的羅傑・馬利斯可望打破貝比・魯斯的全壘打紀錄，相當了不起。馬利斯恰巧就來自明尼蘇達州的希秉市，但我在家鄉從沒聽說過這個人；沒有人聽說過。但我現在常常聽到有關他的新聞，家鄉的人也是。在某種程度上，我以與他同鄉為榮。還有幾個明尼蘇達人也讓我覺得親切。林白，二〇年代第一位不著陸飛越大西洋的飛行員，他來自利特佛斯。來自聖保羅的費茲傑羅，先祖是寫了美國國歌的法蘭西斯・史考特・齊，而費茲傑羅寫出了《大亨小傳》，被譽為「爵士年代的先知」。辛克雷・路易斯是第一個獲得諾貝爾文學獎的美國作家，他寫了《埃爾默・甘特利》，是純粹的寫實主義大師，這種文學風格可說是他發明的；他來自明尼蘇達州的索克森特。此外，還有早期搖滾樂史上一個天才人物，艾迪・柯克蘭，他是明尼蘇達州亞伯特李的人。這些與我同鄉的人——冒險家、先知、作家和音樂家，都來自北國。人人追求自己的夢想，不在乎任何限制。他們都能理解我說不出來的夢想。我覺得我像是他們當中的某一個人；我覺得我是他們加起來之後的綜合體。

民謠音樂界是我必須離開的樂園，就像亞當必須離開伊甸園。這個樂園太過美好。幾年後將會捲起一場狗屎風暴，很多東西會被拿來燒。胸罩、兵役卡、美國國旗，還有橋——人人夢想著興風作浪。群眾心理即將改變，在很多方面將會像電影《活死人之夜》；前方的道路將會崎嶇艱難，我不知道它通往何方，但我還是踏上這條路。眼前即將展現一個奇怪的世界，亂雲罩頂，閃電頻傳。那個世界，許多人不理解，也從來沒能弄懂。我卻直直走了進去。那是個寬廣的世界。有一件事我很確定：這個世界不是由上帝掌管，也不由魔鬼掌管。

名詞中英對照

第一章

• 里茲音樂（Leeds Music Publishing）。路・雷維（Lou Levy）。

•「阿波羅神殿」（Pythian Temple）。比爾・哈利（Bill Haley）。彗星樂團（Comets）。〈全天候搖滾〉（Rock Around the Clock）。

• 傑克・丹普西（Jack Dempsey）。

• 哥倫比亞唱片（Columbia Records）。約翰・漢蒙（John Hammond）。

• 傑瑞・維爾（Jerry Vale）。艾爾・馬汀諾（Al Martino）。安德魯斯姊妹合唱團（The Andrews Sisters）。納・京・高（Nat King Cole）。派蒂・佩吉（Patti Page）。平頭合唱團（The Crew Cuts）

• 比莉・哈樂黛（Billie Holiday）。泰迪・威爾森（Teddy Wilson）。查理・克里斯汀（Charlie Christian）。凱伯・凱洛威（Cab Calloway）。班尼・古德曼（Benny Goodman）。貝西伯爵（Count Basie）。萊諾・漢普頓（Lionel Hampton）。

• 貝熙・史密斯（Bessie Smith）。

- 范德比爾特家族（Vanderbilt），美國經營鐵路和航運等交通事業的望族。
- 披頭四（The Beatles）。何許人（The Who）。滾石（The Rolling Stones）。
- 彼特・席格（Pete Seeger）。織布工（The Weavers）。五月花號（The May Flower）。
- 麥卡錫（McCarhy）。美國共和黨參議員麥卡錫於一九五〇至五四年間發動全國性反共運動，經常以不足或不明確的證據硬行逮捕疑似與共產黨有關的人士。
- 比利・詹姆士（Billy James）。
- 大衛・范・朗克（Dave Van Ronk）。佩姬・席格（Peggy Seeger）。艾德・麥克迪（Ed McCurdy）。布朗尼・麥吉（Brownie McGhee）。桑尼・泰瑞（Sonny Terry）。喬許・懷特（Josh White）。新墮落城市浪人（The New Lost City Ramblers）。蓋瑞・戴維斯牧師（Reverend Gary Davis）。伍迪・蓋瑟瑞（Woody Guthrie）。蛾摩拉（Gomorrah）是聖經裡的罪惡之城。
- 「啥？咖啡館」（The Cafe Wha?）。麥杜格街（MacDougal Street）。弗瑞迪・尼爾（Freddy Neil）。
- 《泰德・麥克的業餘表演秀》（Ted Mack Amateur Hour）。
- 〈大家都在講〉（Everybody's Talkin）。
- 李察・普萊爾（Richard Pryor）。伍迪・艾倫（Woody Allen）。瓊・瑞佛斯（Joan Rivers）。藍尼・布魯斯（Lenny Bruce）。
- 旅人樂團（The Journeymen）。小提姆（Tiny Tim）。

• 〈高跟運動鞋〉(High-Heel Sneakers)。

• 月狗（Moondog）。

• 凱倫・達頓（Karen Dalton）。丹佛（Denver）。吉米・瑞德（Jimmy Reed）。

• 瑞奇・尼爾森（Ricky Nelson）。〈旅人〉(Travelin' Man)。

• 比利・萊恩斯（Billy Lyons）是美國民間故事裡的人物，據說與朋友酒後爭吵遭到殺害，後來成為許多歌曲的主題。「在山裡大肆搜尋，站在開羅東邊，黑貝蒂啦啦啦。」(rootin' the mountain down, standing 'round in East Cairo, Black Betty bam be lam.)。梭羅（Henry David Thoreau）。華爾騰湖（Walden）。

• 民風唱片公司（Folkways Records）。

• 煤氣燈（Gaslight）。魚壺（Kettle of Fish）。

• 艾倫・柏爾（Aaron Burr）。奇異咖啡館（Bizarre）

• 理奇・海芬斯（Richie Havens）。

• 〈哥倫布市軍人監獄〉(Columbus Stockade)。〈豐饒的牧草地〉(Pastures of Plenty)。〈在韓國的兄弟〉(Brother in Korea)。〈輸了就輸了〉(If I lose, Let me Lose)。

• 民俗中心（Folklore Center）。

- 伊席・楊恩（Izzy Young）。
- 克雷倫斯・艾許利（Clarence Ashley）。葛斯・坎能（Gus Cannon）。曼斯・理普斯康（Mance Lipscomb）。湯姆・派利（Tom Paley）。艾瑞克・達林（Erik Darling）。
- 吉姆克勞（Jim Crow）。一八七〇年代，美國南部各州通過一條以「吉姆克勞」為名的法令，在學校、公園、餐館等公共場所對黑人和其他有色人種施行種族隔離，直到一九五〇年代方廢止。
- 《情婦法蘭德斯》（Moll Flanders）。丹尼爾・狄福（Daniel De Foe）。
- 約翰・亨利（John Henry）。美國鐵路公司於十九世紀末僱用工人開鑿山洞，相傳約翰・亨利為了展現其超乎常人的力量，遂與機器比賽開挖山壁。約翰・哈迪（John Hardy）。
- 道格拉斯（Frederick Douglass）是廢奴和人權運動的領袖人物之一，曾在南北戰爭期間擔任林肯總統的顧問。
- 《白鯨記》（*Moby-Dick*）。
- 鄉村紳士樂團（Country Gentlemen）。〈吧台後方的女孩〉（Girl Behind the Bar）。查理・普爾（Charlie Poole）。〈白屋藍調〉（White House Blues）。大比爾・布魯錫（Big Bill Broonzy）。〈有人得走〉（Somebody's Got to Go）。
- 〈當你貧困潦倒，無人理會你〉（Nobody Knows You When You're Down and Out）。
- 磨坊客棧（Mills Tavern）。璜・莫連諾（Juan Moreno）。過火（Outre）。

第二章

- 「牛頭」（Bull's Head）。約翰•魏克斯•布思（John Wilkes Booth）。保羅•克雷頓（Paul Clayton）。雷・古屈（Ray Gooch）。克蘿伊・姬爾（Chloe Kiel）。
- 《騎士》（*Cavalier*）。喬・布洛（Joe Blow）。喬・許莫（Joe Schmoe）。卓古拉（Dracula）。古騰堡（Gutenberg）。
- 坎登軍事學院（Camden Military Academy）。魏克森林神學院（Wake Forest Divinity School）。拜倫（Byron）。〈唐璜〉（Don Juan）。朗費羅（Longfellow）。〈伊凡潔琳〉（*Evangeline*）。南灣（South Bend）。奧馬哈（Omaha）。奧許威辛（Auschwitz）。亞道夫•艾希曼（Adolf Eichmann）。
- 安茲奧（Anzio）。
- 水星芒特克萊（Mercury Montclair）。
- 羅伊•歐比森（Roy Orbison）。〈戰戰兢兢〉（Running Scared）。〈使壞的大約翰〉（Big Bad John）。〈麥可划船靠岸〉（Michael Row the Boat Ashore）。〈一百磅的泥土〉（A Hundred Pounds of Clay）。布魯克・班頓（Brook Benton）。〈棉子象鼻蟲〉（Boll Weevil）。金斯頓三重唱（The Kingston Trio）。四兄弟合唱團（The Brothers Four）。〈逃走的約翰〉（Getaway John）。〈緬懷阿拉摩之役〉（Remember the Alamo）。〈黑色長來福槍〉（Long Black Rifle）。裘蒂•雷諾茲（Jodie

Reynolds）。〈不醒的睡眠〉（Endless Sleep）。法蘭基・瓦里（Frankie Valli）。〈嗚比嘟比〉（Ooby Dooby）。喬治・瓊斯（George Jones）。吉姆・瑞夫斯（Jim Reeves）。艾迪・亞諾（Eddy Arnold）。貓王（Elvis Presley）。《旅途上》（*On the Road*）。《嗥叫》（*Howl*）。《汽油》（*Gasoline*）。

- 葛瑞・馬可斯（Greil Marcus）。
- 《篷車隊》（Wagon Train）。馬龍・白蘭度（Marlon Brando）。詹姆士・狄恩（James Dean）。米爾頓・伯利（Milton Berle）。瑪麗蓮・夢露（Marilyn Monroe）。露西（Lucy）。厄爾・華倫（Earl Warren）。赫魯雪夫（Khrushchev）。卡斯楚（Castro）。小岩城（Little Rock）。《冷暖人間》（Peyton Place）。田納西・威廉斯（Tennessee Williams）。喬・狄馬喬（Joe DiMaggio）。J・艾格・胡佛（J. Edgar Hoover）。西屋（Westinghouse）。尼爾森家族（The Nelsons）。假日飯店（Holiday Inns）。米奇・史匹蘭（Mikey Spillane）。喬・麥卡錫（Joe McCarthy）。李維特鎮（Levittown）。
- 《殉道史》（*Fox's Book of Martyrs*）。《凱撒眾皇行誼生平錄》（*The Twelve Caesars*）。塔西佗（Tacitus）。伯里克利（Pericles）。《民主的理想狀態》（*Ideal State of Democracy*）。修昔底德（Thucydide）。《雅典將軍》（*The Athenian General*）。
- 果戈里（Nikolay Gogol）。巴爾札克（Honore de Balzac）。莫泊桑（Guy de Maupassant）。雨果（Victor Hugo）。狄更斯（Charles Dickens）。馬基維利（Machiavelli）。《君王論》（*The Prince*）。《神曲地獄篇》（*Inferno*）。盧梭（Rousseau）。《社會契約論》（*Social Contract*）。《聖安東尼的誘

惑》（*Temptation of St. Anthomy*）。奧維德（Ovid）。《變形記》（*Metamorphoses*）。大衛．克羅克特（Davy Crockett）。索福克雷斯（Sophocles）。西蒙．玻利瓦（Simon Bolivar，委內瑞拉政治人物，領導南美洲國家脫離西班牙殖民統治）。《聲音與憤怒》（*The Sound and the Fury*）。福克納（William Faulkner）。阿貝特斯．馬納斯（Albertus Magnus）。艾倫．坡（Edgar Allen Poe）。〈鐘〉（The Bells）。喬瑟夫•史密斯（Josepf Smith）。以諾（Enoch）。萊奧帕爾迪（Leopardi）。《孤寂生活》（*La Vita Solitaria*）。

• 佛洛伊德（Sigmund Freud）。《超越快樂原則》（*Beyond the Pleasure Principle*）。羅伯．李將軍（Robert E. Lee）。

• 米爾頓（Milton）。〈皮德蒙大屠殺〉（Massacre in Piedmont）。

• 普希金（Pushkin）。托爾斯泰（Leo Tolstoy）。杜斯妥也夫斯基（Dostoyevsky）。

• 艾格•伯若夫（Edgar Rice Burroughs）。路克•修特（Luke Short）。朱爾•凡爾納（Jules Verne）。HG威爾斯（H. G. Wells）。艾爾．卡朋（Al Capone）。「尋找那鎮上的流氓」（Looking for that Bully of the Town）。美少年弗洛德（Pretty Boy Floyd）。

• 柴德斯．史蒂文斯（Thaddeus Stevens）。蓋茨堡（Gettysburg）。JP摩根（J. P. Morgan）。

• 〈行走的老闆〉（Walkin' Boss）。〈囚犯之歌〉（The Prisoner's Song）。〈查爾斯•吉托之歌〉（Charles

Guiteau）。

•馬瑟偉爾（Motherwell）。賈斯伯•強斯（Jasper Johns）。格魯渥（Grunwald）。亞道夫•凡•曼澤爾（Adolf von Menzel）。克勞塞維茨（Clausewitz）。《戰爭論》（*Vom Kriege*）。興登堡（Von Hindenburg）。羅伯•伯恩斯（Robert Burns，蘇格蘭民族詩人，有許多以蘇格蘭方言所寫的著名詩作）。蒙哥馬利•克里夫特（Montgomery Clift）。

•妙喬治（Gorgeous George）。史林•懷特曼（Slim Whitman）。漢克•史諾（Hank Snow）。韋伯•皮爾斯（Webb Pierce）。

•羅伯•葛雷夫斯（Robert Graves）。《白色女神》（*The White Goddess*）。《粗皮》（*Luck and Leather*）。《彭堂弟》（*Le Cousin Pons*）。

•諾爾•史都奇（Noel Stookey）。休•朗尼（Hugh Romney）。霍爾•瓦特斯（Hal Waters）。路克•佛斯特（Luke Faust）。藍•錢德勒（Len Chandler）。

•大衛•安藍（David Amram）。葛雷格利•柯索（Gregory Corso）。泰德•瓊斯（Ted Joans）。弗瑞德•海勒曼（Fred Hellerman）。

•巴比•紐渥斯（Bobby Neuwirth）。五弦班鳩琴（Clawhammer Danjo）。尼爾•卡薩迪（Neal Cassady）。

- 祖特・辛斯（Zoot Simms）。漢普頓・霍斯（Hampton Hawes）。史坦・蓋茲（Stan Getz）。，邦伯・比・史林（Bumble Bee Slim）。瘦子蓋烈得（Slim Galliard）。波西・梅菲爾德（Percy Mayfield）。茱蒂・嘉蘭（Judy Garland）。〈逃走的男人〉（The Man That Got Away）。大湍城（Grand Rapids）。艾爾頓・強（Elton John）。「我真希望當時認識你，但那時我只是個孩子。」（I would have liked to have known you, but I was just a kid.）。哈洛・亞倫（Harold Arlen）。〈彩虹盡頭〉（Somewhere Over the Rainbow）。〈深夜藍調〉（Blues in the Night）。〈暴風雨〉（Stormy Weather）。〈不論好壞〉（Come Rain or Come Shine）。〈快樂起來〉（Get Happy）。漢克・威廉斯（Hank Williams）。
- 《密室》（Inner Sanctum）。《獨行巡警》（The Lone Ranger）。《聯邦調查員》（This Is Your FBI）。《菲伯・麥吉和茉莉》（Fibber McGee and Molly）。《胖子》（The Fat Man）。《黑影》（The Shadow）。《懸疑》（Suspense）。《搜索網》（Dragnet）。《柯蓋特脫口秀時間》（The Colgate Comedy Hour）。
- 帕拉丁（Paladin）。
- 麥可・翰墨（Mike Hammer）。
- 〈我在夢中看見喬・希爾〉（I Dreamed I Saw Joe Hill）。
- 〈空中的派餅〉（Pie in the Sky）。世界工業勞工（Wobblies）。

・威爾遜（Woodrow Wilson）。

・李德貝利（Leadbelly）。〈中產階級藍調〉（Bourgeois Blues）。〈耶穌基督〉（Jesus Christ）。〈勒德羅屠殺〉（Ludlow Massacre）。〈奇異水果〉（Strange Fruit）。

・凱西・瓊斯（Casey Jones）。傑西・詹姆斯（Jesse James）。〈長黑面紗〉（Long Black Veil）。

・「我是個流浪者——我是個賭徒，我離鄉背井。」（I'm a rambler-I'm agambler. I'm a long way from home.）這段歌詞出自愛爾蘭民謠〈私釀烈酒的人〉（The Moonshiner）。巴布・狄倫後來也把這三句歌詞寫在他的〈流浪者，賭徒〉裡。

・亞倫・羅麥克斯（Alan Lomax）。費里尼（Fellini）。《大路》（La Strada）。《甜蜜的生活》（La Dolce Vita）。伊凡・瓊斯（Evan Jones）。

・〈湯姆・裘德〉（Tom Joad）。〈芭芭拉・艾倫〉（Barbara Allen）。〈美麗的艾倫德〉（Fair Ellender）。〈勒佛大人〉（Lord Lovell）。〈小麥提・葛佛斯〉（Little Mattie Groves）。

・柯立芝（Coleridge）。〈忽必烈汗〉（Kubla Khan）。

・《資本論》（*Das Kapital*）。

・托羅斯（Taurus）。魯格（Ruger）。白朗寧（Browning）。

•貝琪‧柴契爾（Becky Thatcher）是《湯姆歷險記》故事裡的人物，也就是湯姆的女友。貝琪的父親是法官。吉米‧羅傑斯（Jimmie Rodgers）。「我是個田納西職業騙子，我不用工作。」（I'm a Tennessee hustler, I don't have to work.）。碧姬‧芭杜（Brigitte Bardot）。

•南丁格爾（Florence Nightingale）。

•「灰燼路」（Ash Grove）。「博茲合唱團」（The Byrds）。〈鈴鼓手先生〉（Mr. Tambourine Man）。桑尼和雪兒（Sonny and Cher）。〈我真正想做的事〉（All I Really Want to Do）。「烏龜合唱團」（The Turtles）。〈不是我，寶貝〉（It Ain't Me, Babe）。葛倫‧坎貝爾（Glen Campbell）。〈別猶豫〉(Don't Think Twice)。強尼‧瑞佛斯(Johnny Rivers)。〈正是第四街〉(Positively 4th Street)。

•查克‧貝利（Chuck Berry）。〈梅柏琳〉（Maybellene）。〈曼菲斯〉（Memphis）。

•森蘭（Sunland）。

•山姆‧庫克（Sam Cooke）。〈改變即將降臨〉（Change Is Gonna Come）。

•麥克‧席格（Mike Seeger）。卡蜜拉‧雅當斯（Camilla Adams）。艾娃‧嘉納（Ava Gardner）。「傑德民謠城」(Gerde's Folk City)。「藍天使」(Blue Angel)。西斯可‧休斯頓(Cisco Houston)。艾羅‧弗林（Errol Flynn）。梅娜‧羅伊（Myrna Loy）。伯爾‧伊福斯（Burl Ives）。

•邁可‧波可（Mike Porco）。約翰‧李‧虎克（John Lee Hooker）。狄蘿瑞斯‧狄克森（Delores

Dixon）。新世界歌手（The New World Singers）。

• 哈洛・雷文索（Harold Leventhal）。

• 亨利・薛里登（Henry Sheridan）。梅・蕙斯特（Mae West）。茱蒂斯・鄧（Judith Dunne）。《金眼鏡蛇》（Blond Cobra）。肯・賈可伯（Ken Jacobs）。彼特・舒曼（Peter Schumann）。《耶誕故事》（Christmas Story）。莫・艾許（Moe Asch）。《地獄驚魂》（The Defiant Ones）。馬克思・穆勒（Max Muller）。席鐸・畢可（Theodore Bikel）。哈利・傑克森（Harry Jackson）。格蘭特（Grant）。

• 麥克・麥肯錫（Mack Mackenzie）。羅蘋・惠特洛（Robyn Whitlaw）。

• 《唱出來！》（*Sing Out!*）。厄文・席伯（Irwin Silber）。邁爾斯・戴維斯（Miles Davis）。《潑婦罵街》（Bitches Brew）。喬瓦・吉貝托（Joao Gilberto）。羅貝托・梅納斯卡（Roberto Menescal）。卡洛斯・里拉（Carlos Lyra）。波沙諾瓦（bossa nova）。

• 戴安娜・山茲（Diana Sands）。李・黑斯（Lee Hayes）。屋頂歌手合唱團（The Rooftop Singers）。〈直接走進去〉（Walk Right In）。洛根・英格里許（Logan English）。巴斯康・拉瑪・蘭斯佛（Bascom Lamar Lunsford），〈庭院裡的錢鼠〉（Mole in the Ground）和〈灰鷹〉（Grey Eagle）。哈利・貝拉馮特（Harry Belafonte）。米勒・湯瑪斯（Millard Thomas）。〈固執的傑瑞〉（Jerry the Mule）。〈我的隊長托爾〉（Tol' My Captain）。〈親愛的柯拉〉（Darlin' Cora）。〈約翰・亨利〉

（John Henry）。〈罪人的祈禱〉（Sinner's Prayer）。《貝拉馮特唱加勒比歌》（Belafonte Sings of the Caribbean）。洛德・史戴傑（Rod Steiger）。《罪魁伏法記》（Odds Against Tomorrow）。范倫鐵諾（Rudolph Valentino）。柯帕卡巴納（Copacabana）。《午夜專車》（Midnight Special）。

•羅斯可•霍康（Roscoe Holcomb）。達克•伯格斯（Dock Boggs）。密西西比•約翰•赫特（Mississippi John Hurt）。羅伯・彼特・威廉斯（Robert Pete Williams）。唐・史托佛（Don Stover）。百合兄弟（The Lilly Brothers）。

•〈五哩的追趕〉（The Five Mile Chase）。〈偉大的密西西比〉（Mighty Mississippi）。〈克勞德・艾倫藍調〉（Claude Allen Blues）

•TS艾略特（T. S. Eliot）。《超越善與惡》（Beyond Good and Evil）。

•新貝德福（New Bedford）。夏洛特市（Charlottesville）

•馬克・史波斯特拉（Mark Spoelstra）。西伯利亞瘋狂修道士拉斯普廷（Rasputin）。塞希爾・泰勒（Cecil Taylor）。〈遼闊大海〉（The Water Is Wide）。比利・希金斯（Billy Higgins）。唐・伽利（Don Cherry）。約翰・塞勒斯弟兄（Brother John Sellers）。

•錢塞勒市（Chancellorsvilles）。奔牛市（Bull Runs）。菲德里堡（Fredericksburgs）或桃樹溪（Peachtree Creeks）。托洛茨基主義（Trotskyites）。

•傑利・李・路易斯（Jerry Lee Lewis），比利・葛拉罕牧師（Billy Graham）。

•艾斯頓・岡（Elston Gunn）。羅伯・艾倫（Robert Allen）。《強拍》（*Downbeat*）。大衛・艾綸（David Allyn）。狄倫・湯瑪斯（Dylan Thomas）。巴比・德林（Bobby Darin）。巴比・斐伊（Bobby Vee）。巴比・里德（Bobby Rydell）。巴比・尼利（Bobby Neely）。

•巴比・辛莫曼（Bobby Zimmerman）。聖伯納迪諾天使隊（San Bernardino Angels）。

•〈好好照顧我的寶貝〉（Take Good Care of My Baby）。法哥（Fargo）。《蘇西寶貝》（Suzie Baby）。「影子」（The Shadows）。

•巴帝・哈利（Buddy Holly）。自由唱片公司（Liberty Records）。

•雪瑞爾合唱團（The Shirelles）。丹尼和小夥子（Danny and the Juniors）。傑基・威爾森（Jackie Wilson）。班・E・金（Ben E. King）。麥克辛・布朗（Maxine Brown）。

•〈少了1首歌〉（Without a Song）。〈老河流〉（Old Man River）。〈星塵〉（Stardust）。〈月河〉（Moon River）。「我的朋友可能也在第十四街轉彎處等待」，典出〈月河〉歌詞裡的1段「我的朋友哈克貝利在轉彎處等待」（waiting 'round the bend, My Huckleberry friend）。法蘭克・辛納屈（Frank Sinatra）。〈退潮〉（Ebb Tide）。

•湯姆・派克斯頓（Tom Paxton）。〈最後1件心事〉（Last Thing on My Mind）。

- 〈傑西・詹姆斯〉（Jesse James）。比利・蓋薛德（Billy Gashade）。
- 睡眼約翰・艾斯提（Sleepy John Estes）。傑利・洛爾・莫頓（Jerry Roll Morton）。克蘭西兄弟（The Clancy Brothers）。湯米・梅肯（Tommy Makem）。
- 「白馬客棧」（White Horse Tavern）。

- 威廉・洛伊・蓋瑞森（William Lloyd Garrison）。
- 尚・惹內（Jean Genet）。《陽台》（*The Balcony*）。賈姬・甘迺迪（Jackie Kennedy）。比爾特摩（Biltmore）。遊騎兵隊（Rangers）。黑鷹隊（Blackhawks）。維克・海德菲爾（Vic Hadfield）。林頓・詹森（Lyndon Johnson）。泰克斯・瑞特（Tex Ritter）。
- 卡瑞・闕斯曼（Caryl Chessman），諾曼・梅勒（Norman Mailer）。雷・布萊伯里（Ray Bradbury）。艾德斯・赫胥黎（Aldous Huxley）。羅伯・弗洛斯特（Robert Frost）。艾蓮諾・羅斯福（Eleanor Roosevelt）。

- 奧德薩（Odessa）。
- 特拉布松（Trabzon）。尤克辛海（Euxine）。卡吉茲曼（Kagizman）。克吉斯（Kirghiz）。
- 瑞奇・維倫斯（Ritchie Valens）。〈在土耳其城裡〉（In a Turkish Town）。「神祕的土耳其人和天

上的星星」（mystery Turks and the stars above）。〈拉邦巴〉（La Bamba）。「奈莉・土耳其人」（Nellie Turk）。

・米堯（Darius Milhaud）。

・喬治・羅素（George Russell）。強尼・柯爾（Johnny Cole）。瑞德・嘉藍（Red Garland）。唐・拜亞斯（Don Byas）。羅蘭・寇克（Roland Kirk）。吉爾・伊凡斯（Gil Evans）。〈艾拉速度〉（Ella Speed）。〈刺青新娘〉（Tattoo Bride）。〈鼓如女人〉（A Drum Is a Woman）。〈遊客觀點〉（Tourist Point of View）。〈喜極而躍〉（Jump for Joy）。艾靈頓公爵（Duke Ellington）。暈眩葛雷斯比（Dizzy Gillespie）。菲茲・納法洛（Fats Navarro）。亞特・法默（Art Farmer）。〈可愛的凱迪拉克輕輕搖擺〉（Swing Low Sweet Cadillac）。〈雨傘人〉（Umbrella Man）。查理・帕克（Charlie Parker）。《火熱之屋》（Hot House）。賽隆尼厄斯・孟克（Thelonious Monk）。〈我親愛的茹比〉（Ruby, My Dear）。藍調（Blue Note）。約翰・歐瑞（John Ore）。法蘭基・唐洛普（Frankie Dunlop）。

・艾佛利・喬・杭特（Ivory Joe Hunter）。

・東尼・班奈特（Tony Bennett）。〈島嶼中央〉（In the Middle of an Island）。〈從貧窮到富有〉（Rags to Riches）。〈冷酷的心〉（Cold, Cold Heart）。

・《老大歐普利》（Grand Ole Opry）。羅伊・亞柯夫（Roy Acuff）。〈過去一點〉（Move It On Over）。

〈當上帝來收取他的珠寶〉（When God Comes and Gathers His Jewels）。〈你是否為主邊走邊傳唱〉（Are You Walking and a-Talking for the Lord）。。《寶貝，我們真的相愛了》（Baby，We're Really in Love）。《低級酒館》（Honky Tonkin）。《迷失公路》（Lost HIghway）。

- 傑瑟羅（Homer and Jethro）。「消息傳遍了全市」（the news is out all over town）。
- 《漂泊者路克》（Luke the Drifter）。
- 羅伯・薛爾頓（Robert Shelton）。

- 歐黛塔・吉伯森（Odetta Gibson）。鮑伯・吉伯森（Bob Gibson）。亞伯特・葛羅斯曼（Albert Grossman）。《梟巢喋血戰》（The Maltese Falcon）。席尼・葛林史崔特（Sidney Greenstreet）。風城（Windy City）。
- 彼得，保羅和瑪麗（Peter, Paul and Mary）。明尼亞波利（Minneapolis）。

- 〈巡警命令〉(Rangers Command)。〈乾旱塵暴藍調〉(Dust Bowl Blues)。〈美少年弗洛德〉(Pretty Boy Floyd)。
- 康尼島（Coney Island）。瑪姬（Margie）。亞洛（Arlo）。
- 比利・布萊格（Billy Bragg）和威爾可樂團（Wilco）。諾拉（Nora）。

- 現代爵士四重奏（The Modern Jazz Quartet）。〈史萊特並不快樂〉（No Happiness for Slater）。
- 麥爾坎・X（Malcolm X）。強尼・凱許（Johnny Cash）。瓊妮・米契爾（Joni Mitchell）。葛雷漢・納許（Graham Nash）。哈倫・霍華（Harlan Howard）。克里斯・克里斯多佛森（Kris Kristofferson）。米基・紐伯里（Mickey Newberry）。喬（Joe Carter）。珍娜・卡特（Janette Carter）。莎拉・卡特（Sarah Carter）。茱恩・卡特（June Carter）。

第三章

- 烏茲托克（Woodstock）。亞奇博德・麥克雷許（Archibald MacLeish）。卡爾・山柏格（Carl Sandburg）。葉慈（William Butler Yeats）。布朗寧（Robert Browning）。雪萊（P.B. Shelly）。

- 《刮傷》（Scratch）。史蒂芬・班內特（Stephen V. Benet）。康威市（Conway）。
- 蒙提祖馬大帝（Montezuma）。科爾特斯（Cortes）。
- 埃茲拉・龐德（Ezra Pound）。《紅色英勇勳章》（The Red Badge of Courage）。史蒂芬・克雷恩（Stephen Crane）。羅伯・強森（Robert Johnson）。
- 〈約翰・布朗〉（John Brown）。「良善躲在其門之後」（Goodness hides behind its gates）。金斯堡（cool Ginsberg）。柯索（Corso）。約翰・唐恩（John Donne）。

•法蘭索瓦・維雍（Francois Villon）。麥克阿瑟將軍（Douglas MacArthur）。

•〈黑夜之父〉（Father of Night）。〈染血的手〉（Red Hands）。〈底層世界〉（Lower World）。

•切・格瓦拉（Che Guevara）。

•朗尼・吉伯特（Ronnie Gilbert）。

•雪城（Syracuse）。彼得・拉法吉（Peter LaFarge）。柯爾特（Colt）。溫卻斯特（Winchester）。

•羅比・羅伯森（Robbie Robertson）。樂團（The Band）。

•瓊・拜雅（Joan Baez）。《紳士》（Esquire）雜誌

•杜恩・艾迪（Duane Eddy）。

•梅爾・海格（Merle Haggard）。

•「……我在逃亡，以公路為家。」（I'm on the run, the highway is my home.)

•亞特蒙（Altamont）。「憐憫魔鬼」sympathy for the devil」，滾石合唱團在亞特蒙音樂節上唱此曲時，台下觀眾發生暴動，一名亮出手槍的黑人被保全人員殺害。契珂夫（Chekhov）。

•梅爾維爾（Herman Melville）。《白鯨記》（Mobby Dick）。

- 東尼・寇提斯（Tony Curtis）。
- 歐斯特洛（Stewart Ostrow）。
- 小法蘭克・辛納屈（Frank Sinatra Jr.）。〈隨風而逝〉（Blowin' in the Wind）。
- 〈Boy Named Sue〉（名叫蘇的男孩）。雷諾（Reno）
- 傑瑞・葵利（Jerry Quarry）。吉米・艾里斯（Jimmy Ellis）。奧克蘭（Oakland）。
- 《尤里西斯》（*Ulysses*）。高德・李伯森（Goddard Lieberson）。
- 鮑伯・強斯頓（Bob Johnston）。亨利・福特（Henry Ford）。韋恩史卡特（Winscott）。斯普林思（Springs）。亞馬岡塞特（Amagansett）。
- 嘉丁納島（Gardiner's Island）。基德（Kidd）。德・庫寧（De Kooning）。
- 大衛・克羅斯比（David Crosby）。
- 華特・利普曼（Walter Lippmann）。科瑞塔・史考特・金（Coretta Scott King）
- 《真相報》（Pravda）。氣象人（Weatherman）。地下氣象（Weather Underground）。
- 艾爾・庫柏（Al Kooper）。

- 偉倫（Waylon）。湯姆・T・霍爾（Tom T. Hall）。費倫・楊（Faron Young）。波特・瓦格納（Porter Wagoner）。
- 查理・丹尼爾斯（Charlie Daniels）。美洲豹樂團（The Jaguars）。衝浪搖滾鄉村樂（surf rockabilly）。歐曼兄弟（Allman Brothers）。林納史基納樂團（Lynyrd Skynyrd）。〈魔鬼去了喬治亞〉（Devil Went Down to Georgi）。
- 皇家少年（The Royal Teens）。〈短短褲〉（Short Shorts）。金・匹特尼（Gene Pitney）。血、汗與淚（Blood, Sweat and Tears）。藍調計畫（The Blues Project）。史帝芬斯・史提爾斯（Stevens Stills）。麥克・布魯菲爾德（Michael Bloomfield）。艾克・透納（Ike Turner）。珍妮絲・賈普林（Janis Joplin）。
- 擬聲唱法（scat singing）。〈狗兒四處跑〉（If Dogs Run Free）。
- 維多莉亞・史派非（Victoria Spivey）。「窮困潦倒上台」（Down and Out on the Scene）。《強尼・凱許在聖昆汀》（Johnny Cash at San Quentin）。
- 《柯里爾氏》（*Collier's*）。《告示牌》（*Billboard*）。《注目》（*Look*）。《男性》（*Male*）。詹姆斯・拉利（James Lally）。羅斯・康可（Russ Kunkel）。
- 巴茲・費騰（Buzzy Feiten）。〈嶄新的早晨〉（New Morning）。哈利・羅倫（Harry Lorayne）。《心智力量的祕密》（Secret of Mind Power）。

第四章

•「湯姆・佩帝與傷心人」（Tom Petty and The Heartbreakers）。

•班蒙特・坦屈（Benmont Tench）。〈自由鐘聲〉（Chimes of Freedom）。〈過往雲煙〉（My Back Pages）。〈西班牙哈林區事件〉（Spanish Harlem Incident）。

•艾略特・羅伯茲（Elliot Roberts）。「死之華」（The Grateful Dead）。聖拉法艾（San Rafael）。

•〈我手中的光陰〉（Time on My Hands）。〈憂鬱星期天〉（Gloomy Sunday）。比利・艾克斯汀（Billy Eckstine）。

•洛卡諾（Locarno）。

•朗尼・強森（Lonnie Johnson）。

•林克・瑞伊（Link Wray）。〈砲聲隆隆〉（Rumble）。瑪莎・利夫斯（Martha Reeves）。

•「鋼鐵製的內褲」（steel underwear）。前句「遭受重大打擊」的原英文為"gotten a cosmic kick in the pants"文字字面意義直譯為「褲子上被狠狠踢了一腳」。作者在此講「鋼鐵製的內褲」顯然是在玩文字遊戲。

- 馬丁尼克島（Martinique）。巴貝多島（Barbados）。
- 喬・泰克斯（Joe Tex）。《強尼・卡森今夜秀》（The Tonight Show with Johnny Carson）。金・凱利（Gene Kelly）。
- 〈政治世界〉（Political World）。

- 「我們活在政治世界裡，旗幟在微風中飄揚，憑空出現——朝你而來——如同利刀切下乳酪。」（We live in a political world. Flags flying into the breeze. Comes out of the blue—moves towards you—like a knife cutting through cheese.）
- 〈輪廓鮮明的孩子〉（Clean-Cut Kid）。
- 尤金・歐尼爾（Eugene O'Neill）。《長夜漫漫路迢迢》（Long Day's Journey into Night）。吉他矮子（Guitar Shorty）。JJ「壞男孩」・瓊斯（J.J. "Badboy" Jones）。吉他瘦子（Guitar Slim）。
- 〈我有什麼用？〉（What Good Am I?）。「當我如履薄冰，當我因狂野而興奮並且跨下濕潤，我有什麼用？當我來到最激烈時刻，卻不明白原因，我有什麼用？」（What good am I if I'm walking on eggs, if I'm wild with excitement and wet between the legs? If I'm right in the thick of it and I don't know why, what good am I?）
- 彼特・馬拉維屈（Pete Maravich）。帕沙第納（Pasadena）。

- 〈尊嚴〉(Dignity)。
- 〈自大症〉(Disease of Conceit)。吉米・史瓦格 (Jimmy Swaggart)。「今晚很多人夢到了自大症，今晚很多人吶喊著自大症。我會煩你，我會甩掉你，我會炸掉你房子。我離開之前會切進你的要害。選個座位號碼，和自大症一起就坐。」(There's a whole lot of people dreaming tonight about the disease of conceit, whole lot of people screaming tonight about the disease of conceit. I'll hump ya and I'll dump ya and I'll blow your house down. I'll slice into your cake before I leave town. Pick a number—take a seat, with the disease of conceit.)
- 〈你要的是什麼〉(What Was It You Wanted?)。「你要的是什麼？我能派上用場嗎？我能為你做什麼嗎？我有足夠的精力嗎？不管你想去哪裡，你都要知道一件事，眼前的路還有七百哩。」(What was it you wanted? Can I be of any use? Can I do something for you? Do I have enough juice? Wherever you're off to, one thing you should know. You still got seven hundred miles yet still to go.)。
- 〈殘破的一切〉(Everything Is Broken)。柯尼島 (Coney Island)。「殘破的草原，殘破的放大鏡片。我造訪殘破的孤兒院，走上殘破的橋。我要過河去荷波肯，也許那裡一切完好。」(Broken strands of prairie grass. Broken magnifying glass. I visited the broken orphanage and rode upon the broken bridge. I'm crossin' the river goin' to Hoboken. Maybe over there, things ain't broken.)。

•波諾（Bono）。楚基（Truckee）。法哥（Fargo）。伯特（Butte）。瑪多拉（Madora）。安迪・沃荷（Andy Warhol）。伊迪・亞敏（Idi Amin）。羅曼・波蘭斯基（Roman Polanski）。摩斯・艾利森（Mose Allison）。蘇亭（Soutine）。吉米・瑞德（Jimmy Reed）。亞力山卓（Alexandria）。

•弗朗田納克（Frontenac）。威登納（Wadena）。鐵徑（Iron Trail）。歐吉布威族（Ojubwa）。

•瑪莉安東尼特飯店（Marie Antoinette）。GE史密斯（G. E. Smith）。

•納維爾兄弟（The Neville Brothers）。《黃月》（Yellow Moon）。〈荷利斯•布朗〉（Hollis Brown）。〈上帝支持著我們〉（With God on Our Side）。艾倫・納維爾（Aaron Neville）。

•拉勒蒙將軍（Lallemand）。

•沃思堡（Fort Worth）。梅森・洛夫納（Mason Ruffner）。老苦艾酒吧（Old Absinthe Bar）。韓波（Arthur Rimbaud）。波特萊爾（Ch. Baudelaire）。曼菲斯・史林（Memphis Slim）。大喬・威廉斯（Big Joe Williams）。「你為人們做好事，他們卻變壞。」（You do good things for people and it just makes them bad.）布萊恩•史托茲（Brian Stoltz）。史萊戴爾（Slidell）。詹姆斯•布克（James Booker）。東尼•霍爾（Tony Hall）。威利•葛林（Willie Green）。席洛•納維爾（Cyril Neville）。

麥爾坎・伯恩斯（Malcolm Burns）。大衛・杜克（David Duke）。

- 〈通常〉（Most of the Time）。強尼・歐提斯（Johnny Otis）。
- 搖滾多普西和他的法裔路易斯安那人樂團（Rocking Dopsie and His Cajun Band）。
- 《終極特警》（The Mighty Quinn）。〈終極特警〉（The Mighty Quinn）。丹佐・華盛頓（Denzel Washington）。薩維耶・昆（Xavier Quinn）。暴風卡特（Hurricane Carter）。

- 「紅糖」（Brown Sugar）。懷諾尼・哈李斯（Wynonie Harris）。羅伊・布朗（Roy Brown）。小華特（Little Walter）。閃電霍普金斯（Lightnin' Hopkins）。查克・威里斯（Chuck Willis）。
- 〈叮鈴噹啷〉（Jingle, Jingle）。〈在雙鷹之下〉（Under the Double Eagle）。〈我抬頭看到一輪新月〉（There's a New Moon over My Shoulder）。〈一副牌〉（Deck of Cards）。瑞德・佛利（Red Foley）。
- 史丹利・克拉克（Stanley Clark）。巴比・赫欽森（Bobby Hutcherson）。查爾斯・伊爾蘭（Charles Earland）。派蒂・奧斯汀（Patti Austin）。大衛・貝諾瓦（David Benoit）。

- 〈什錦飯〉（Jambalaya）。〈欺騙的心〉（Cheatin' Heart）。〈玻璃杯〉（There Stands the Glass）。〈淚流處〉（Where Teardrops Fall）。約翰・哈特（John Hart）。盲眼蓋瑞・戴維斯（Blind Gary

Davis)。

- 「衝擊合唱團」（The Clash）。米克・瓊斯（Mick Jones）。瑪莉安・費斯佛（Marianne Faithfull）。艾爾頓・強（Elton John）。
- 寶拉・阿布杜（Paula Abdul）。小帕克二世（Little Junior Parker）。〈Dangerous Woman〉（危險女人）。

- 安東餐廳（Antoine's）
- 〈連續夢境〉（Series of Dreams）。〈相思病藍調〉（Lovesick Blues）。
- 布萊恩・伊諾（Brian Eno）。
- 〈戰爭高手〉（Masters of War）。〈來自北國的女孩〉（Girl from the North Country）。
- 〈喚醒他們〉（Ring Them Bells）。「打破是與非之間的界線」（breaking down the distance between right and wrong.）。汪達・傑克森（Wanda Jackson）。比利・泰特（Billy Tate）。
- 馬克・霍華（Mark Howard）。波涅湖（Lake Borgne）。安德魯・傑克遜（Andrew Jackson）。
- 〈流星〉（Shooting Star）。
- 橋樑市（Bridge City）。提波多（Thibodaux）。瑞斯蘭（Raceland）。
- 拉福什（Lafourche）。

- 胡瑪（Houma）。育空（Yukon）。拿破崙市（Napoleonville）。
- 菲瑞特湖（Lake Verret）。阿美利亞（Amelia）。
- 太陽派（Sun Pie）。
- 〈你想知道一個祕密嗎〉（Do You Want to Know a Secret）。
- 達爾和葛蕾絲（Dale and Grace）。〈我讓你決定〉（I'm Leaving It Up to You）。
- 〈愛之海〉（Sea of Love）。

- 約翰・勒・卡雷（John Le Carre）。
- 貓咪威爾斯（Kitty Wells）。
- 耶穌會灣（Jesuit Bend）。
- 〈穿黑色長大衣的男人〉（Man in the Long Black Coat）。亞瑟・貝克（Arthur Baker）。《滑稽劇帝國》（Empire Burlesque）。

- 〈深色雙眸〉（Dark Eyes）。
- 爾莎・基特（Eartha Kitt）。
- 貝利・懷特（Barry White）。

- 亞倫・涂桑（Allen Toussaint）。亞瑟・魯賓斯坦（Arthur Rubinstein）。
- 聖女貞德（Joan of Arc）。瓊・亞瑪崔汀（Joan Armatrading）。這兩名字的拼法接近。
- 米基・洛克（Mickey Rourke）。《鐵拳浪子》（Homeboy）。強尼・渥克（Johnny Walker）。克里斯多夫・華肯（Christopher Walken）。
- 「獅穴俱樂部」（Lion's Den Club）。愛爾瑪・湯瑪斯（Irma Thomas）。〈狂熱〉（Fever）。米基與席薇亞（Mickey & Sylvia）。
- 〈光陰站在我這邊〉（Time Is on My Side）。
- 吉姆・狄更森（Jim Dickinson）。曼非斯（Memphis）。「罈罐樂隊」（jug band）。〈野馬〉（Wild Horses）。山姆・菲力普（Sam Phillips）。太陽唱片公司（Sun Records）。〈凱迪拉克男人〉（Cadillac Man）。
- 〈我勇敢前行〉（I Walk the Line）。
- 「我一直仔細觀察我這顆心。」（I keep a close watch on this heart of mine.）這是〈我勇敢前行〉的第一句歌詞。
- 《旅途中的威爾貝利》（The Traveling Wilburys）。《狄倫和死者》（Dylan & the Dead）。
- 〈大雨〉（Hard Rain）。〈伊甸園大門〉（Gates of Eden）。
- 艾斯T（Ice-T）。〈斷裂〉（The Breaks）。寇提斯・布洛（Kurtis Blow）。公敵合唱團（Public

Enemy）。「跑DMC」（Run-D.M.C.）。

第五章

•《錢櫃》（*Cashbox*）。

•〈你嚇不倒我，我對工會忠心耿耿〉（You Can't Scare Me, I'm Sticking to the Union）。

•傑瑞・葛芬（Gerry Goffin）。卡洛・金（Carole King）。巴瑞・曼（Barry Mann）。辛西亞・威爾（Cynthia Weil）。波莫斯和舒曼（Pomus and Shuman）。李伯和史托勒（Leiber and Stroller）。尼爾・席達卡（Neil Sedaka）

•〈坎伯蘭岬口〉（Cumberland Gap）。〈山中的戰火〉（Fire on the Mountain）。〈蔭影樹林〉（Shady Grove）。〈難哪，真是難〉（Hard, Ain't It Hard）。〈十六噸〉（Sixteen Tons）。

•〈布基烏基小號手〉（Boogie Woogie Bugle Boy）。〈真美好〉（真美好）。〈巴黎天空下〉（Under Paris Skies）。〈孤注一擲〉（All or Nothing at All）。亨利・曼契尼（Henry Mancini）。〈彼得・岡〉（Peter Gunn）。〈我不再微笑〉（I'll Never Smile Again）。《歡樂青春》（Bye Bye Birdie）。

•雷夫・艾瑞克森（Leif Erickson）。

•巴帝・里屈（Buddy Rich）。「國王和廷臣」（King and His Court）。米爾頓・伯爾（Milton Berle）。郝迪・杜迪（Howdy Doody）。西斯科小子（Cisco Kid）。露西（Lucy）。黛西（Desi）。《父親最

知道》（Father Knows Best）。《美國音樂台》（American Bandstand）。

•羅倫斯•費林格帝（Lawrence Ferlinghetti）。葛雷格利•柯索（Gregory Corso）。〈炸彈〉（Bomb）。史戴格・李（Stagger Lees）。漂亮波莉（Pretty Polly）。約翰・亨利（John Henry）。

•傳統（Tradition）。

•「十點鐘學者」（Ten O'clock Scholar）。約翰・寇納（John Koerner）。〈瓦巴許砲彈〉（Wabash Cannonball）。〈等火車〉（Waiting for a Train）。哈利・韋伯（Harry Webber）。〈凱西・瓊斯〉（Casey Jones）。〈金色浮華〉（Golden Vanity）。〈達拉斯散拍〉（Dallas Rag）。

•《水手歌和漁村歌謠》（Foc'sle Songs and Sea Shanties）。羅傑・亞布蘭斯（Roger Abrams）。〈拖走，喬〉（Haul Away Joe）。〈絞刑台上的強尼〉（Hangin' Johnny）。〈拉德克利夫公路〉（Radcliffe Highway）。伊萊翠唱片公司（Elektra）。亞倫・羅麥克斯（Alan Lomax）。〈唐妮姑娘〉（Doney Gal）。亞胡里唱片公司（Arhoolie）。盲眼雷蒙・傑佛森（Blind Lemon Jefferson）。盲眼布雷克（Blind Blake）。查理・派頓（Charlie Patton）。湯米・強森（Tommy Johnson）。

•約翰•雅各•奈爾斯（John Jacob Niles）。〈從絞刑台釋放的少女〉（Maid Freed from the Gallows）。〈離開我的窗〉（Go Away from My Window）。

•哈利・韋伯（Harry Webber）。〈老灰鬍子〉（Old Greybeard）。〈當男人陷入愛河〉（When a Man's in Love）。〈羅傑紳士〉（Roger Esquire）。

- 馬帝・瓦特斯（Muddy Waters）。豪林・沃夫（Howling Wolf）。
- 喬・希克森（Joe Hickerson）。羅傑・亞布蘭斯（Roger Abrams）。艾倫・史戴克（Ellen Stekert）或羅夫・康（Rolf Kahn）。盲眼安迪・簡金斯（Blind Andy Jenkins）。〈佛洛伊・柯林斯之死〉（Death of Floyd Collins）。湯姆・達比（Tom Darby）。吉米・塔爾頓（Jimmy Tarleton）。〈騎摩托車去佛羅里達〉（Way Down in Florida on a Hog）。
- 「紫洋蔥」（Purple Onion）。「巴士底」（Bastille）咖啡屋。弗蘿・凱斯納（Flo Castner）。
- 《卡內基音樂廳音樂會選集：從靈歌到搖擺音樂》（Spirituals to Swing Concert at Carnegie Hall）。貝西伯爵（Count Basie）。梅德・拉克斯・路易斯（Meade Lux Lewis）。喬・透納和彼特・強森。羅莎塔・沙爾普修女（Sister Rosetta Tharpe）。〈勒德羅大屠殺〉（Ludlow Massacre）。〈一九一三大屠殺〉（1913 Massacre）。〈耶穌基督〉（Jesus Christ）。〈辛勤奔波〉（Hard Travelin）。〈手提鑽約翰〉（Jackhammer John）。〈大深谷水壩〉（Grand Coulee Dam）。〈乾旱塵暴藍調〉（Talkin' Dust Bowl Blues）。〈這是你的土地〉（This Land Is Your Land）。
- 史廷森（Stinson）。桑尼・泰瑞（Sonny Terry）。西斯可・休斯頓（Cisco Houston）。
- 大衛・惠德克（Dave Whittaker）。《迎向榮光》（*Bound for Glory*）。斯文加利（Svangali）。「沙碗」（Dust Bowl），美國中部平原在一九三〇年代經濟蕭條時期，同時遭遇異常強烈的沙塵風暴襲擊，此地區於是得名「沙碗」。

•〈玉米麵包。肉和糖漿〉(Cornbread, Meat and Molasses)。〈貝蒂和杜普蕾〉(Betty and Dupree)。〈摘棉花〉(Pick a Bale of Cotton)。

•薩柯和凡澤帝 (Sacco and Vanzetti) 是兩名被控殺人搶劫的美國義大利裔工人，後遭處死。此案因被認為判決出於政治偏見而引起抗議。

•強・潘凱克 (Jon Pankake)。康明斯 (e.e. Cummings)。約翰・韋恩 (John Wayne)。《赤膽屠龍》(Rio Bravo)。《失落的傳奇》(Legend of the Lost)。霍華・霍克斯 (Howard Hawks)。約翰・福特 (John Ford)。《火海情濤》(In Harm's Way)。。邦妮・彼查 (Bonnie Beecher)。「鷹合唱團」(The Hawks)。〈剝水牛皮的人〉(Buffalo Skinners)。伯傑斯・梅洛迪 (Burgess Meredith)。〈馬鞍上的血〉(Blood on the Saddle)。〈日正當中〉(High Noon)。賈利・古柏 (Gary Cooper)。

•傑克・艾利特 (Jack Elliott)。主題唱片公司 (Topic)。《傑克起舞》(Jack Takes the Floor)。〈舊金山灣藍調〉(San Francisco Bay Blues)。〈老萊利〉(Ol' Riley)。〈臭蟲藍調〉(Bed Bug Blues)。

•戴洛・亞當斯 (Derroll Adams)。波特蘭 (Portland)。巴斯康・拉瑪・蘭斯佛 (Bascom Lamar Lunsford)。〈不只一個漂亮女孩〉(More Pretty Girls Than One)。〈憂愁男人藍調〉(Worried Man Blues)。〈約翰・亨利之死〉(Death of John Henry)。

- 「查德・米契爾三重唱」（The Chad Mitchell Trio）。「旅人」（The Journeymen）。響馬　（The Highwaymen）。〈跳華爾滋的瑪蒂達〉（Waltzing　Matilda）。〈咖啡色小水壺〉（Little　Brown Jug）。〈香蕉船之歌〉（The Banana Boat Song）。鮑伯・吉伯森（Bob Gibson）。

- 先鋒唱片（Vanguard）。
- 琴・瑞奇（Jean Ritchie）。芭芭拉・丹（Barbara Dane）。茱蒂・柯林斯（Judy Collins）。瓊妮・米契爾（Joni　Mitchell）。茉莉・傑克森阿姨（Aunt　Molly　Jackson）。琴妮・羅賓森（Jeanie Robinson）。曼菲斯・明妮（Memphis Minnie）。瑞妮老媽（Ma Rainey）。
- 〈瑪莉・漢彌爾頓〉(Mary Hamilton)。〈銀色短劍〉(Silver Dagger)。〈約翰・萊利〉(John Riley)。〈亨利・馬汀〉（Henry Martin）。大衛・嘉德（Dave Guard），。蘿拉・佛斯特（Laura Foster）。
- 大衛・雷（Dave Ray）。波・迪德利（Bo Diddley）。東尼・葛洛佛（Tony Glover）。桑尼・泰瑞（Sonny Terry）。小華特（Little Walter）。
- 葛洛佛（Glover）。約翰・李・虎克（John Lee Hooker）。桑尼・威廉森小子（Sonny Boy Williamson）。

- 「煤氣燈村」（Village Gaslight，也就是前文提到的「煤氣燈」）。約翰・米契爾（John Mitchell）。

- 狄恩・馬汀（Dean Martin）。
- 「波浪肉汁」（Wavy Gravy）。休・朗尼（Hugh Romney）。「布魯克斯兄弟」（Brooks Brothers）。巴克利爵爺（Lord Buckley）。
- 「活躍搖擺教會」（Living Swing）。
- 霍爾・瓦特斯（Hal Waters）。約翰・溫（John Wynn）。路克・佛斯特（Luke Faust）。路克・艾斯裘（Luke Askew）。巴比・藍・布蘭德（Bobby Blue Bland）。
- 迪克西蘭爵士樂（Dixieland）。
- 「楚狄・海勒的店」（Trudy Heller's）。「村門」（Village Gate）。
- 「笑臉佛陀」（Laughing Buddha）。賈克・霍茲曼（Jac Holzman）。
- 《暴君焚城錄》（Quo Vadis）」。《聖袍千秋》（The Robe）。《失落的大地》（Atlantis, Lost Continent）。《萬王之王》（King of Kings）。瑞普・托恩（Rip Torn）。瑞塔・甘（Rita Gam）。傑佛瑞・杭特（Jeffrey Hunter）。
- 勒羅伊・瓊斯（LeRoi Jones）。《荷蘭人》（Dutchman）。《洗禮》（The Baptism）。《關聯》（The

Connection)。《監獄》(The Brig)。艾德嘉・勃根 (Edgar Bergen)。查理・麥卡錫 (Charlie McCarthy)。

・委拉斯蓋茲 (Velazquez)。戈雅 (Goya)。德拉克洛瓦 (Delacroix)。魯本斯 (Rubens)。艾爾・葛瑞柯 (El Greco)。布拉克 (Braque)。康丁斯基 (Kandinsky)。魯奧 (Rouault)。波納 (Bonnard)。瑞德・葛魯恩斯 (Red Grooms)。大衛・馬康叔叔 (Uncle Dave Macon)。林布蘭 (Rembrandt)。

・〈讓我在我的腳步聲中死去〉(Let Me Die in My Footsteps)。羅伊・亞柯夫 (Roy Acuff)。

・蓋氏計算器 (Geiger)。

・布雷希特 (Bertolt Brecht)。柯特・威爾 (Kurt Weill)。〈劊子手麥克〉(Mack the Knife)。巴比・德林 (Bobby Darin)。〈晨曲〉(Morning Anthem)。〈婚禮之歌〉(Wedding Song)。〈卑鄙的世界〉(The World Is Mean)。〈波莉之歌〉(Polly's Song)。〈探戈情歌〉(Tango Ballad)。〈安逸生活之歌〉(Ballad of the Easy Life)。

・〈黑貨輪〉(A Ship the Black Freighter)。〈海盜珍妮〉(Pirate Jenny)。

・〈格爾尼卡〉(Guernica)。

・〈加塞特警官〉(Police Gazette)。〈法蘭琪與亞伯特〉(Frankie & Albert)。「法蘭琪是個好女孩，大家都知道，花了一百元幫亞伯特買新西裝。」(Frankie was a good girl, Everybody knows. Paid a hundred dollars for Albert's new suit of clothes.)。

• 強尼•梅西斯（Johnny Mathis）。米屈•米勒（Mitch Miller）。卡洛琳•希斯特（Carolyn Hester）。巴帝・哈利（Buddy Holly）。

• 理查・法林尼亞（Richard Farina）。布魯斯・藍宏恩（Bruce Langhorne）。比爾・李（Bill Lee）。史派克・李（Spike Lee）。

• 「綠荊棘男孩」（The Greenbriar Boys）。

• 布倫斯威克（Brunswick）。歐凱（Okeh）。佛卡里恩（Vocalion）。戴摩爾兄弟（The Delmore Brothers）。韋恩・瑞尼（Wayne Rainey）。《三角洲藍調之王》（King of the Delta）。

• 詹姆斯・梅洛迪斯（James Meredith）。〈好心女人〉（Kind Hearted Woman）。〈河岸漫遊藍調〉（Traveling Riverside）。〈請進我的廚房〉（Come On in My Kitchen）。

• 雷洛伊・卡爾（Leroy Carr）。史基普・詹姆斯（Skip James）。亨利・湯瑪斯（Henry Thomas）。巴瑞・歌德瓦特（Barry Goldwater）。湯姆・密克斯（Tom Mix）。

• 「但願今天是耶誕夜，明天是耶誕節。」（If today were Christmas Eve and tomorrow were Christmas Day）。〈白色耶誕〉（White Christmas）。〈死蝦藍調〉（Dead Shrimp Blues）。

• 「我的傢伙會讓你的腦袋開花。」（The Stuff I got'll bust your brains out.）。

- 艾克・辛納曼（Ike Zinnerman）。〈唱機藍調〉（Phonograph Blues）。
- 《小公子》（*Little Lord Fauntleroy*）。
- 〈老媽，沒關係。我只是在流血〉（It's Alright Ma（I'm Only Bleeding））。〈哈提・卡洛孤單之死〉（Lonesome Death of Hattie Carroll）。〈誰殺了大衛・摩爾〉（Who Killed Davey Moore）。〈只是他們的一顆小棋子〉（Only a Pawn in Their Game）。〈暴雨將至〉（A Hard Rain's A-Gonna Fall）。強尼・溫特（Johnny Winter）。〈再訪六十一號公路〉（Highway 61 Revisited）。〈我是他，另一個人〉（Je est un autre）。
- 亞伯特・葛羅斯曼（Al Grossman）。克里夫・戴維（Clive David）。
- 威特馬克音樂（Witmark）。〈愛爾蘭雙眸在微笑〉（When Irish Eyes Are Smiling）。〈一想到你〉（The Very Thought of You）。〈老天爺〉（Jeepers Creepers）。
- 貝比・魯斯（Babe Ruth）。保羅・威納（Paul Waner）。泰德・威廉斯（Ted Willams）。羅傑・馬利斯（Roger Maris）。查爾斯・林白（Charles Linbergh）。F・史考特・費茲傑羅（F. Scott Fitzgerald）。法蘭西斯・史考特・齊（Francis Scott Key）。《大亨小傳》（*The Great Gatsby*）。辛

克雷・路易斯（Sinclair Lewis）。《埃爾默・甘特利》（*Elmer Gantry*y）。艾迪・柯克蘭（Eddie Cochran）。

・《活死人之夜》（Night of the Living Dead）。

國家圖書館出版品預行編目資料

搖滾記／巴布・狄倫(Bob Dylan) 著 ; 吳貞
儀 譯. 初版.－－臺北市：大塊文化
2006【民95】
面； 公分.－－(Mark；61)
譯自 Chronicles
ISBN 978-986-7059-54-3 (平裝)

1. 狄倫(Dylan, Bob, 1941-) - 傳記
2. 歌星 - 美國 - 傳記

785.28 95020772

LOCUS

LOCUS